EL
AMOR
SOBRE TODAS
LAS COSAS

Un viaje hacia la iluminación

Isha

EL
AMOR
SOBRE TODAS
LAS COSAS

Un viaje hacia la iluminación

AGUILAR

FONTANAR

El amor sobre todas las cosas. Un viaje hacia la iluminación
© Isha Judd, 2012

De esta edición:
D. R. © Santillana Ediciones Generales, S. A. de C. V., 2012
Av. Río Mixcoac 274, Col. Acacias
C. P. 03240, México, D. F.

Primera edición: abril de 2012

Traducción: Alejandra Ramos
Diseño de cubierta: Víctor Ortiz Pelayo - www.nigiro.com

ISBN: 978-607-11-1708-3

Impreso en México

UNO

El cabello largo y negro de Shannon flotaba alrededor de su cabeza como si fuera un velo líquido. Debajo de su cara, King Goldie se asomó con suspicacia desde el arrecife de coral plástico sin haber decidido aún si se uniría a la niña en su juego acuático. Imitando a Marine Boy, su héroe, Shannon había comenzado a practicar para ver cuánto tiempo podía contener la respiración bajo el agua. El tanque de King Goldie era perfecto para sus experimentos. El pez dorado nadaba en círculos bajo su nariz y generaba un remolino diminuto. Shannon observó las ondulaciones cristalinas y se sintió peculiarmente atraída. Era como un túnel suave y fresco; por un instante habría jurado que había algo ahí, al final, del otro lado: manchitas de luz que bailaban, la llamaban, la jalaban. No, que la empujaban, ¡y la empujaban con mucha fuerza! Cierto peso sobre la nuca de Shannon hizo que se sumergiera más en la pecera; burbujas de frenesí escaparon de su boca. Colocó las palmas sobre la pulida superficie del tanque de vidrio; sus pulmones ardían. Trató de liberarse, pero la sujeción sobre su cuello no cedía. Un grito apagado rasgó la turbulenta agua alrededor de su cabeza, y a pesar del enloquecedor tintineo en sus oídos, Shannon pudo distinguir la voz de Nana. Su mano se transformó en una garra. La sacó con tanta fuerza que el tanque se desequilibró sobre la mesa y cayó al suelo haciéndose añicos.

—En el nombre de Dios, ¿qué estabas tratando de hacer? —cuestionó Nana al mismo tiempo que revisaba a la mojada y temblorosa niña.

—La estaba sacando de la pecera, Nana. Un día de estos esa niña va a llegar demasiado lejos con sus juegos —dijo Katrina, la hermana mayor de Shannon mientras aplanaba las arrugas de su blusa.

—¡Mentira! —gritó Shannon, tosiendo y escupiendo—. ¡Estabas tratando de matarme!

La desgarbada joven se rió burlonamente.

—Por favor, como si no tuviera algo mejor que hacer.

—Sí, Katrina —dijo Nana con un tono estricto—. Ve y búscate algo mejor que hacer, como… no sé, ¿tal vez quemar tu sostén?

—¡Nana!, ¿cómo me puedes hablar así? ¿Y además, por qué siempre te pones de su lado? Recuerda que no eres su verdadera…

La queja de Katrina se congeló ante el frío acero de los ojos de la anciana. La joven se dio la vuelta y corrió llorando hasta la puerta; la azotó detrás de sí y salió de la casa.

—King Goldie —gimió Shannon.

La niña y la abuela comenzaron a gatear para atrapar al pez saltarín que, cosa rara, no se veía ni un poquito preocupado por lo precario de su situación. Por fin tuvieron éxito y, unos minutos después del incidente, King Goldie, aunque un poco enojado, ya estaba nadando de nuevo en la cubeta de la limpieza. Mientras tanto, Shannon trataba de recobrar el calor con un poco de chocolate caliente y Nana le desenredaba con suavidad la enorme masa de negro y húmedo cabello.

—¿Nana?

—¿Sí, peque?

—¿Qué fue lo que trató de decir Katrina?, ¿que no soy tu verdadera qué?

—No lo sé. No tiene caso tratar de entender a esa niña hasta que todas sus hormonas dejen de dar saltos y saltos.

Shannon se rió.

—¿Cuáles hormonas?

—Te lo explico después. Ahora apúrate con ese chocolate porque tenemos que limpiar el desastre que quedó en la sala.

—Está bien —dijo la niña mientras hundía sus carnosos labios en la densa espuma.

Nana suspiró. Esa noche hablaría con su hija Martha y con William. Había llegado el momento.

DOS

Martha, mi madre, solía decir que mi mirada era distante, como si estuviera tratando de encontrar algo que estaba demasiado lejos para distinguirse a simple vista. Ese rasgo se hacía más evidente en las fiestas navideñas, cuando la familia abandonaba la vida en los suburbios para ir a la inmovilidad de la cabaña de playa de Nana: una casa blanca de madera que parecía de galleta de jengibre, con persianas azules y un pórtico verde, anidada plácidamente frente al mar de Tasmania. Ahí me quedaba tirada en el puerto erosionado, con la mano apoyada con ligereza sobre mi pecho, y esperaba hasta que hicieran su trabajo los arrullos del sol, el viento y el oleaje. Cuando mi cuerpo llegaba a estar tan caliente como el caramelo líquido y mis párpados se sentían tan pesados que era difícil mantenerlos abiertos, lo escuchaba: un latido. Otro. Y luego, una apresurada sucesión de latidos que se producían con vigor y ligereza sobre mis costillas: era mi segundo corazón.

A veces ese latido me advertía que debía mirar dos veces antes de cruzar una calle que parecía desierta, y con bastante frecuencia me encontraba con que un coche inadvertido se acercaba a toda velocidad. Una vez, el latido me hizo evitar el atajo que usualmente usaba para ir de casa a la escuela; poco después me enteré de que a un desafortunado chico lo había mordido, en ese camino, una rara araña de tela de embudo. A veces, el latido se producía mientras hacía mis ejercicios acuáticos, y en esas ocasiones, sabía que alcanzaría con facilidad mi récord de cuatro minutos. Con frecuencia, mi segundo corazón se agitaba cuando me sentía particularmente nerviosa o asustada; al palpitar, sentía un alivio inmediato, la misma sensación que me producía el melodioso tarareo de mi madre cuando trenzaba mi grueso cabello. Estaba segura de que mi segundo corazón tenía algo que ver con mi amor por los animales y con la empatía que sentía con ellos. Sin embargo, lo que más me gustaba de él eran los sueños que me producía: ensoñaciones diurnas.

No sucedían con frecuencia, y, por lo mismo, las celebraba todavía más cuando las tenía. Como regla general, tenía que estar totalmente quieta (algo que de alguna manera iba en contra de mi naturaleza) en ese momento crepuscular entre el sueño y el despertar. Las ensoñaciones llegaban y se iban como las perezosas olas que golpean la playa: jardines ondulantes, delfines, un barco con velas color púrpura, una ciudad llena de edificios, unas cuantas torres de castillos construidos con guijarros, y otras que parecían conos de helado de porcelana. A veces, un hombre alto y guapo, con una ensortijada barba marrón-rojiza y una gema verde en la frente.

Y siempre la luz: fresca y azul, chispeante como los rayos de luna cuando atraviesan un candelabro. La luz resonaba con una voz: francés, alemán o marciano, no podía saberlo. Una voz que a veces susurraba y otras cantaba palabras indescifrables que, de una manera muy extraña, yo lograba entender. Palabras de amor con la promesa de que todo estaría bien.

TRES

Una sombra cayó sobre la adormilada chica. Shannon parpadeó y fijó su atención en la silueta de su padre, quien estaba de pie entre ella y el sol. Con rapidez alejó la mano que tenía apoyada del lado derecho de su pecho.

—¿Estás bien, cariño?

—Sí, papi, bien.

Shannon había abandonado los intentos por explicarle a su familia sobre su segundo corazón. La primera vez que se lo mencionó a su madre, Martha llegó a la conclusión de que la niña tenía aire atrapado, por lo que le administró con prontitud su receta personal de anís de estrella sudamericano y Coca Cola, la cual hizo que Shannon eructara durante días como marinero borracho. Su padre sugirió que eliminaran el brócoli y la col de su dieta, ya que producían gases. El doctor de la familia prohibió los granos y las legumbres después de las ocho. La única que parecía entender lo que Shannon quería decir era Nana, quien creía que se trataba de una forma algo infantil de describir lo que ella llamaba "corazonada". Al final, Shannon decidió que era más sencillo dejar de hablar y mantener en secreto su segundo corazón y todos los sucesos relacionados con él.

William se sentó junto a su hija. Sus largas piernas colgaban sobre la tabla. Shannon vio la caña de pescar y frunció el ceño.

—No estarás usando gusanos como carnada, ¿verdad, papá?

Su padre puso cara de sorpresa.

—¿Yo? no cariño, ni de broma.

—Y vas a devolverlos al mar, ¿verdad?

—Claro, claro, capitán, mi capitán. ¡Sí, señor!

La niña sonrió satisfecha. Adoraba que su padre la llamara capitán.

—Entonces, ¿qué es lo que estás usando como carnada?

William miró alrededor y bajó la voz.

—El panqué de frutas de tu madre —los ojos de Shannon se abrieron.

—¡Papá!

—Bueno, es que me imaginé que solamente los peces lo querrían. Como no tienen sentido del gusto…

Shannon se rió.

—Ay, papá, ¡no es justo! Pobre mamá, cree que te encanta. ¿Qué pasaría si te viera?

—Shannon, a veces tu madre sólo ve lo que quiere ver.

La niña miró las delgadas mejillas de su padre y los ojos grises detrás de las gafas, y trató de dilucidar si hablaba en serio o no.

—Mamá está teniendo uno de esos días oscuros, ¿no es así?

—Oh sí —respondió William al tiempo que miraba con intensidad el delicado gancho entre sus dedos—, un día bastante oscuro.

Se mantuvieron inmóviles por un segundo o dos. Luego, Shannon se inclinó sobre los tensos hombros de su padre y William dejó caer el sedal al agua.

CUATRO

La primera vez que Katrina intentó eliminar a Shannon fue en la cima de una colina muy inclinada. En aquella ocasión, soltó su carriola y se sentó a observar con gozo cómo se desplomaba la bebé hacia su muy probable deceso. Pero Shannon sobrevivió al incidente y, a pesar de las incesantes provocaciones de su hermana, creció, fue tan feliz como la mayoría de los niños y desarrolló una intensa afinidad con los animales. A una edad muy temprana concluyó que los humanos, con todas sus discusiones y reglas, eran extraños, en tanto que los animales eran mágicos, valientes, fuertes y gentiles. Además de los peces que se negaban a permanecer en su pecera, y del gato de los O'Leary que era demasiado gordo para caminar, Shannon desarrolló una relación con el enorme pastor alemán de sus vecinos. La niña saltaba sobre su espalda y lo montaba mientras su equilibrio y la tolerancia del perro lo permitían. La primera palabra que dijo Shannon no fue mami ni papi, fue "¡caballito!".

Unos años después, Shannon solía levantarse a las cuatro de la mañana para escuchar la llegada del caballo en el que traían la leche a casa. Le encantaba escuchar cómo rasgaba el silencio matinal el eco de sus cascos; cada mañana salía corriendo para verlo pasar. De hecho, un día llegó a reunir cierta cantidad del excremento del caballo y, con mucho cuidado, lo colocó en el jardín de atrás para fingir que tenía un caballo propio.

Para cuando tenía ocho años, Shannon había decidido convertirse en la siguiente Tarzán. En su habitación tenía un mapa de África en el que, con un gran círculo, había indicado en dónde viviría. También había diseñado una especie de casa del árbol que pensaba construir, incluso había escogido el nombre del chimpancé que sería su mascota: Tuffy. Todavía le faltaba dilucidar cómo aprendería a hablar con los animales (habilidad que, por supuesto, era la más impresionante de Tarzán), sin embargo, estaba segura de que para cuando abordara el bote al Continente Negro, lo habría logrado.

William y Martha O'Leary eran gente de mente abierta y se esforzaban por resolver los problemas mundiales y tener un impacto positivo en la humanidad. Martha era una académica destacada con una fuerte tendencia a la depresión y, en ocasiones, padecía de algún tipo de enfermedad física. William era un hombre agradable y de buen trato social, que le permitía a su esposa controlarlo casi por completo. Katrina tenía ocho años cuando Shannon nació, y, aparentemente, había recibido a la nueva bebé con los brazos abiertos y con una profunda preocupación por su seguridad. Sin embargo, sus verdaderos sentimientos respecto a la situación se hicieron evidentes muy poco tiempo después. A pesar de todo eso, en este adorablemente cómodo y disfuncional hogar australiano sería donde Shannon encontraría su ancla, una de las mayores influencias en su vida y la persona a la que más amaría: Nana.

Poco tiempo antes del cumpleaños número doce de Shannon, Nana estaba visitando a sus amigos y parientes en Irlanda. A pesar de que no regresaría sino hasta después de Navidad, ya le había enviado un regalo a la niña. El año anterior le había dado una mascotita llamada Bear. ¿Cómo podría ahora superar aquello? Bear nunca se alejaba de Shannon, aunque en más de una ocasión se había metido en problemas como lo hace la mayoría de las mascotas, para Shannon ella era perfecta.

Shannon deslizó sus piecitos bajo las cobijas y jaló hasta su barbilla el edredón con aroma a limpio. Respiró hondo; la sensación de cansancio y relajación era bastante agradable, y la deleitante emoción de pasar la Navidad con su primo, le hacía preguntarse si sería capaz de dormir aunque fuera un poco.

Buscó el obsequio que Nana le había enviado desde Irlanda. Con toda cautela desenvolvió el paquete café, trozando el cordón con los dientes. El título del libro estaba grabado en relieve sobre la cubierta de piel: *El diamante negro de Atlantis*. Unos trocitos de hoja de oro se desprendieron del título cuando abrió el libro. No encontró el nombre del autor.

I

Cuando la realidad era apenas un esbozo y sus distintos niveles todavía tenían que desplegarse, surgió una poderosa ciudad en el desierto, como una alucinación en medio de las aparentemente infinitas arenas que la rodeaban. Más allá de las murallas que circundaban la metrópolis del desierto se podía ver una multitud de torres, y desde la cima de la más alta, los ojos del rey de Tandra viajaban por las intrincadas calles de la ciudad, en donde no sólo habitaban sus súbditos, sino también los cientos de refugiados que venían de reinos cercanos y que poco tiempo atrás habían huido hacia su reino para conseguir protección.

Para el rey, sólo había una persona en la que podía confiar tanto como en su esposa, se trataba de la mujer que estaba de pie detrás de él, entreteniendo a un bebé que yacía en una cuna dorada. Era poseedora de increíbles poderes mágicos y, simplemente, le llamaban la Bruja.

—¿Estás segura de que no hay manera de impedirlo? —preguntó el rey.

La Bruja se encogió de hombros.

—Ni siquiera yo puedo impedir que las estrellas viajen por los cielos —contestó.

Un temblor recorrió el cuerpo del rey. Volteó a mirar las calles. Los rojizos rayos del sol brillaron sobre los domos de la ciudad, y la gente comenzó a reunirse en la base del palacio. La anciana colocó su mano con dulzura sobre el hombro del monarca.

—Lo único que podemos hacer es prepararnos, Señor, y eso es lo que haremos. Los crendin no se apoderarán de nuestro tesoro, trabajaremos unidos para evitarlo. Ahora, sonría, mi Señor: ¡éste es un día gozoso! —dijo, señalando la cuna—. Tandra tiene un príncipe al fin.

Las celebraciones por el nacimiento del primogénito del rey y la reina comenzaron ese mismo día con un opulento banquete en el salón real. A través de las intrincadas puertas de hierro forjado, dignatarios de todo el reino hicieron una aparición multicolor. El resto de los ciudadanos se unió al triunfante carnaval en los caminos y bulevares adoquinados. Y cuando la comida que la reina le había enviado a su gente atrajo a jóvenes y viejos a las mesas del mercado central, surgió la algarabía de música, colores y aromas. La noche cayó y las ovaciones de la multitud alcanzaron el mayor *crescendo* cuando se abrieron las puertas de la cámara real y el rey y la reina salieron llenos de orgullo al balcón abrazando al bebé. Era el momento que todos esperaban: el bautizo del príncipe. El rey levantó al niño por encima de su cabeza y un silencio repentino cubrió el alegre ruido.

—¡Iko! —dijo el rey.

La multitud gritó emocionada y la reina dio un paso al frente para agradecer a la muchedumbre.

—Le hemos otorgado el nombre del relámpago que iluminará nuestro reino y diluirá la oscuridad. Su voz será como el rugido del trueno que despierta al corazón de la humanidad, y sus lágrimas fluirán hasta convertirse en los ríos que siembran las semillas de la compasión.

Los aplausos y las voces inundaron el aire una vez más. La Bruja caminaba por entre la multitud de felices tandrianos, sintiéndose como un barco que surca el mar abierto. Se detuvo y miró a su alrededor.

—Un barco… —susurró para sí misma— un barco en medio del desierto. ¿Acaso no sería maravilloso?

La Bruja se rió y continuó caminando. —Sí, tal vez sea una buena idea. Tilopa sería un buen nombre. Tilopa…

Iko pasó sus primeros años explorando las maravillas del palacio; sus extensas zonas verdes entretenían enormemente su naturaleza inquisitiva. Había flamencos rosados que se paseaban ufanos por los corredores de los jardines como si fueran los orgullosos dueños de todo el reino. Los pavorreales blancos bailaban con gracia y abanicaban su hermoso plumaje entre las flores de loto. A su vez, los flamencos mantenían la cabeza en alto e ignoraban la existencia de los pavorreales. Unos arrugados perritos miniatura ladraban y perseguían a los patos que nadaban en el estanque más cercano, mientras elegantes cisnes negros y blancos nadaban imperturbables en delicados círculos. El joven príncipe atravesaba aquel idílico refugio corriendo con alegría hasta perderse en los sinuosos caminos de lo que se conocía como el Laberinto de la Iniciación. Pasarían muchos años antes de que Iko descubriera que el laberinto no era lugar de recreo para niños distraídos, sino un sitio que ofrecía gran peligro para quien no estuviese preparado.

Cuando Iko cumplió ocho años, sus padres invitaron a vivir en el palacio a siete niños de las colonias de refugiados. Con ese gesto deseaban mostrar su simpatía por las naciones que los crendin habían destruido. Asimismo, la invitación representaba una oportunidad para que su hijo tuviera algunos amigos que, como después lo señalaría la fortuna, marcarían su vida para siempre.

Iko no sentía la necesidad de tener hermanos, no se sentía solo. Sin embargo, sus padres veían las cosas de manera diferente y, finalmente, eran el rey y la reina de Tandra.

Kía era la mayor del grupo de niños que fueron adoptados. Era gentil por naturaleza, práctica y, además, parecía un mono porque le encantaba trepar a los árboles. Sus ojos color miel brillaban como soles que coronaban sus adorables y redondas mejillas. Kía era un emocionante contraste para H'ra, el niño de los ojos color plata que muy pronto se convertiría en el mejor amigo de Iko. H'ra era un niño excéntrico e imaginativo que, con el joven príncipe, creaba fantásticas aventuras y misiones ficticias en las que participaban todos los niños. Sin embargo, a pesar de su gran habilidad como narrador, la mayor cualidad de H'ra era la feroz lealtad que poseía, lealtad que su carácter juguetón lograba matizar un poco.

Sat era distante y soñadora. Una cierta tristeza enmarcaba su semblante, y a pesar de que todos la adoraban, había algo en ella que resultaba complicado definir. Iko se preguntaba con frecuencia en qué pensaba tanto aquella niña.

Luego estaba la perseverante Sha, con su cabello rebelde y sus fulgurantes ojos azules. Oculta bajo su actitud un tanto salvaje había una sabiduría nata. No obstante, la chica tenía la fuerte necesidad de estar siempre en lo correcto, rasgo que a veces la metía en problemas.

Ocasionalmente, la vivaz Ryu se convertía en el blanco de las bromas del grupo. Esa extraña costumbre que tenía de poner las manos sobre cualquier cosa que pareciera requerir alivio, hacía que los otros niños se rieran y dijeran que Ryu "olía con las manos".

Tok y Ari eran los más chicos. Este último era un escandaloso payasito al que le gustaba lanzarse con alegría sobre sus compañeros de juegos. Luchaba con Tok y lo perseguía hasta que ambos caían extenuados y sus risas provocaban que los cotorros verdelima del palacio salieran volando a toda prisa.

Cuando por fin se liberaban de sus maestros, los niños entraban y salían a toda velocidad por los jardines del palacio, entre las sombras del atardecer temprano, y se reunían en el salón real con el rey y la reina. Ahí, alrededor de la calidez de un fuego radiante y envueltos por las esencias de canela y miel que ondulaban sobre los frescos y dulces rollos y panecillos, se sentaban y escuchaban con los ojos abiertos las ridículas historias del adorable juglar de la corte. Las extravagantes historias de su salvaje imaginación arrullaban a los niños hasta imbuirlos en un mundo de aventuras extraordinarias.

A pesar de que los niños a veces peleaban y discutían, las reconciliaciones siempre llegaban pronto. En poco tiempo ya estaban juntos de nuevo, gritando con deleite mientras corrían con los perros por los jardines y se escondían entre los claros de las zonas verdes. Sus juegos continuaban durante las clases, lo que ponía a prueba la paciencia de sus tutores. Sin embargo, había un maestro cuya paciencia pocas veces se ponía a prueba. Era el maestro Místico, que tenía gran poder sobre ellos, y a quien rara vez lo desobedecían.

II

La caravana se detuvo y los púrpuras y verdes de los estandartes reales bailaron sobre la templada brisa del oasis. Los caballos vestidos de oro se mezclaron con los distantes camellos y con la masiva blancura de los elefantes sagrados, al mismo tiempo que los sharpeis negros de la guardia del palacio corrían sin cesar, dibujando círculos en la arena. Con presteza, los sirvientes se movían como

hormigas: erigían tiendas de seda, encendían fuegos y selecciona-
ban frutas y víveres para cocinar. En el centro del naciente campamento, los músicos y bailarines entretenían a los miembros menos
animados del grupo. Atrás de ellos, los sacerdotes quemaban in-
cienso y sándalo para purificar a los guerreros que, enfundados en
sus armaduras, alistaban sus armas para la cacería del león.

Caminando a través del humo sagrado, tal como si estuviera
en un sueño, Iko se escabulló de la multitud. El rey sonrió cuando
vio al príncipe marcharse. Algunos de los cazadores afilaban sus
lanzas, pero interrumpieron su labor para seguir la mirada del monarca. Uno o dos suspiraron resignados, los otros sólo se encogie-
ron de hombros y continuaron trabajando. ¿Quién podría saberlo?
Tal vez el joven príncipe no tendría tanta suerte esta vez, tal vez no
lograría asustar a todas las presas. De cualquier manera, era un día
hermoso y la persecución sería un buen ejercicio. Casi todo mundo
conocía el secreto de Iko; sólo algunos de los invitados extranjeros
y de los nuevos cazadores no estaban al tanto de que el príncipe
tenía el hábito de advertirles a los leones que se acercaba el peligro.
Cualquier desilusión que la infructuosa cacería pudiera provocar,
siempre se veía opacada por la forma en que los tandrianos admiraban la nobleza y valor de su príncipe. A diferencia de otras ocasiones, sin embargo, esta vez, el rey siguió a su hijo.

Encontró a Iko detrás de las ondulantes rocas negras que
marcaban la frontera del oasis. Iko acariciaba a un cachorro de
león, mientras Créstula, su semental de pura sangre, pastaba a
unos metros de distancia. La leona se acercó caminando lentamente sobre los oscuros pedruscos. Al rey se le detuvo el corazón
por un instante. Luego alcanzó su arco y en su mente aparecieron
todos los resultados posibles. "¿Qué estaba haciendo ese niño?",
se preguntó el rey cuando levantó la flecha con su ligeramente
temblorosa mano. La leona levantó la cabeza y rugió. Iko volteó.

Cuando vio la figura de su padre montado sobre el caballo blanco, soltó al cachorro y le murmuró algo a la madre. Mostrando sus fauces, la leona titubeó. Iko reiteró su petición. Durante un segundo, todos los actores de la obra se quedaron congelados como si fueran parte de un cromo vivo. Entonces la leona se fue y su juguetón retoño la siguió. El rey relajó su brazo y el típico brillo bronceado de su piel tomó el lugar del espeluznante tono gris que había adquirido.

—Padre —dijo Iko con suavidad.

—¿Estás loco? —exclamó el rey mientras desmontaba—. ¡Esa bestia pudo haberte matado!

—¿Ella? No padre, ella jamás me habría hecho daño. Es mi amiga.

El rey se sentó en una piedra y resopló. El niño se sentó junto a él.

—Aunque debo admitir que, cualquier cosa que hayas dicho o hecho, fue muy impresionante —dijo el rey mirando al lugar en donde se había parado la leona.

Iko sonrió.

—Sin embargo, no lo entiendo, Iko —continuó el rey—, si las cacerías te disgustan tanto, ¿entonces por qué insistes en venir?

—Pero sí me gustan las cacerías, padre. Me gustan las fanfarrias, los colores y la música. Me encanta salir al bosque. Es sólo que... —el niño miró hacia abajo y siguió con la mirada una línea que se dibujaba en el lodo.

—¿Y?

—Es que odio la idea de matar.

El rey frunció el ceño.

—Ya veo.

Hubo un pesado silencio entre los dos. El templado viento matinal le cedió el paso al abrasador calor del mediodía.

—¿Y por qué te molesta tanto? —le preguntó el rey después de un rato.

—No sé cómo explicarlo. Es como si... existiera algún tipo de vínculo, como si yo pudiera sentir y pensar lo mismo que ellos, es casi como si me hablaran. ¿Te parece lógico?

—No sabría decirte, jamás he sentido algo así.

Iko volvió a bajar la mirada.

—Pero entonces, creo que eres muy afortunado —agregó el rey—. Una vez, mi padre me dijo que un buen gobernante sentía amor por toda su gente, pero que un gran gobernante, sentía amor por todo, y tú, mi muchacho, vas a ser un gran gobernante, no me queda duda alguna.

El rostro del niño se iluminó. Sus grandes ojos negros brillaron como estanques bajo la luna.

—Lo cual me lleva a otro asunto importante —añadió el rey, levantando la ceja izquierda—, el de tus estudios.

Iko se mordió el labio y trató de verse sorprendido.

—¿Mis estudios?

—O más bien la carencia de ellos. Tus maestros se han quejado mucho de ti y de los Siete. Al parecer, están demasiado ocupados con sus juegos y no les queda tiempo para la sabiduría.

—Yo tomo muy en serio mis estudios de meditación, señor.

—Sí, es lo que me ha dicho el maestro Místico, y me alegra. Pero somos seres materiales, hijo mío, y requerimos de ciertos conocimientos prácticos: matemáticas, ciencia, arte. Me preocupa en particular tu estudio de la geografía. Por lo que entendí, no te interesan los mapas ni las cartas geográficas.

—Bueno, padre, tampoco me he perdido en Tandra.

—Iko, una de las claves para ser un buen líder es estar siempre preparado.

—¿Preparado para qué?

—Para cualquier cosa.

El rey hizo una pausa e Iko lo miró con curiosidad.

—Es por eso que he decidido enseñarte yo mismo, todo.

—¡¿Qué?!

El rey se levantó y sus amplios hombros bloquearon la punzante luz del sol.

—Oh sí, mi muchacho. Después de esta cacería, tú y tus amigos se las tendrán que ver conmigo para todo, excepto para los estudios místicos.

Al niño se le cayó la mandíbula hasta el suelo.

—Ahora —continuó el rey mientras enjugaba su frente con un pañuelo de lino—, volvamos al campamento antes de que nos derritamos; la comida debe estar lista.

El rey montó su caballo y se rió con un tono ligeramente perverso.

—Por cierto, acerca de todas esas travesuras que tú y los Siete les han estado haciendo a sus maestros...

—¿Sí, señor?

—Pues estoy enterado de cada una de ellas.

El rey le guiñó el ojo al joven príncipe, y comenzó a cabalgar. Iko vio su enorme figura dibujada contra el cielo color zafiro, y pensó que su padre era lo más parecido a los dioses que había en este mundo. Entonces oró para que, algún día, él pudiera convertirse en lo más parecido al rey.

III

Fiel a su palabra, en algún momento el rey se hizo cargo de la educación de los niños. Los sorprendidos maestros y nobles observaron cómo el monarca hizo que los jóvenes marcharan al jardín y se unieran a los guardias del palacio en sus ejercicios matutinos.

Algunos levantaron las cejas cuando vieron que las chicas estaban junto a los chicos: saltando, sudando y luchando por igual. Sin embargo, después de ver cómo una de las hijas del rey, Sha, manejaba la lanza y la espada corta, muchos comenzaron a pensar que, tal vez, el rey iba por el camino correcto después de todo. También pensaron que quizás se les debería permitir a algunas de las damas unirse a los hombres en lo que se refiere a la defensa del territorio. Después de los ejercicios de calistenia y esgrima, los niños hicieron una visita a la cocina, en donde recibieron lecciones, incluso prepararon sus propios alimentos. Más tarde comenzaron las clases de idiomas e historia, y luego de muy poco tiempo, el príncipe y sus hermanos comenzaron a argumentar y a conciliar en distintos dialectos. El rey se veía particularmente interesado en que los niños aprendieran geografía, por lo que les ayudó a desarrollar la habilidad de interpretar y dibujar mapas, de entender el movimiento de las estrellas y, además, los familiarizó con los principios de la navegación. Asimismo, el rey descubrió que, en ese aspecto, su hijo H'ra era muy parecido a él. A pesar de su excesivamente fantasiosa imaginación, H'ra podía comprender los cuadros invisibles que se dibujaban en los cielos, podía ver montañas en los ondulados símbolos del papiro, y rostros de garzas en los dibujos de las costas escarpadas. En una ocasión, después de sus clases de misticismo, el rey y sus estudiantes salieron del palacio vestidos de manera muy sencilla. Salieron por la puerta para los sirvientes y caminaron hacia el corazón de Tandra: el mercado central.

Conforme avanzaron, un mundo de imágenes, sonidos y aromas, giró a su alrededor. En el barrio de los artesanos, resonaban los sonidos metálicos de las herramientas de bronce y de las armas a las que se les daba forma sobre las piedras. En el aire caliente viajaba el aroma a cera, y en los moldes de cerámica se vertía el rojo metal fundido para hacer estatuas y cuencos. El barrio de los alfareros era como un paraíso para los niños: había bultos de arcilla fresca y húmeda que giraba en los tornos mientras las hábiles manos la transformaban en platos y floreros. También estaba el barrio de los tejedores, el de los carpinteros, los boticarios y los curanderos. Pero el más popular era el barrio de los mercaderes. Ahí, en el aire se podía percibir el aroma de las especias: canela, *curry*, harissa, comino, nuez moscada, vainilla y azafrán. Todas éstas se mezclaban con el aroma de frutas y hierbas frescas, de aceitunas encurtidas, de pescado seco, queso de cabra, artículos de piel, vino de dátiles, pan de cebada tibio y lirios blancos. Los músicos callejeros desfilaban por los angostos y sinuosos corredores que se formaban entre los coloridos puestos. Las flautas, liras y tambores agregaban sus melodiosos ecos al parloteo de los tandrianos, quienes regateaban, cuchicheaban, comentaban y bromeaban. Y toda esa información les revelaba a los sorprendidos estudiantes que uno de ellos había nacido para gobernar algún día ese reino.

A veces el rey hacía que sus estudiantes les preguntaran a los distintos artesanos sobre su oficio, sobre cómo se fabricaban las cosas, o sobre cómo distinguir un artículo de calidad de uno pobre. Cuando se encontraban con comerciantes que venían de otras tierras, los niños practicaban las lenguas que habían aprendido recientemente. Kía, Ari y Ryu demostraron ser excepcionalmente hábiles en esa materia porque, no sólo aprendían con rapidez, sino que también podían imitar a la perfección los distintos acentos que escuchaban. Cuando los niños se sintieron más cómodos en el territorio de los plebeyos, el rey los alentó para que trataran con los mercaderes de una manera más directa: los hizo negociar el precio de la mercancía, quejarse si recibían algún artículo defectuoso, ofrecer artículos del palacio y venderlos al mejor precio posible. Iko temía que a Sat le resultara difícil este aspecto de la práctica, ya que ella siempre se conformaba con lo que le daban. Sin embargo, su hermoso, aunque casi inexpresivo rostro, parecía atraer el interés de los comerciantes, quienes a veces confundían su indiferencia con una reflexión silenciosa respecto a la negociación, y entonces, bajaban los precios muchísimo para complacerla.

Pero las lecciones aprendidas en la calle no se limitaron a Iko y a sus siete hermanos. Como el rey vestía prendas ordinarias y la mitad de su rostro estaba cubierto, aprendió mucho al mezclarse con sus súbditos. La mayor parte de lo que descubrió comenzó a preocuparle.

Desde mucho tiempo atrás el rey sospechaba que simpatizantes de los crendin se habían infiltrado a través de los muros de la ciudad de Tandra. Asimismo, había percibido poco antes un cambio en el comportamiento del Consejo, cuando, para familiarizar a los recién llegados con la cultura y los valores de Tandra, en el círculo de asesores del monarca se aceptó a nobles de otras naciones, nobles que en algún momento habían sido derrocados.

Al principio las cosas variaron muy poco, pero con el tiempo, el Consejo comenzó a manifestar que se requería un cambio en la política de Tandra respecto a los crendin. Lo que había comenzado como una murmuración, pronto se convirtió en propuestas formales. Se dijo que el momento para considerar a los crendin viles asaltantes ya había pasado. Era cierto que se habían apoderado a la fuerza de varias ciudades y de un reino, pero si uno miraba al pasado con suficiente vehemencia, ¿acaso no era esa la historia de toda civilización? Quienes no reclamaban, ya habían aceptado las costumbres de los crendin, incluso habían florecido en medio de la sociedad crendin, y durante muchos años no se registraron ataques nuevos a Tandra. Tal vez el Consejo había sido demasiado agresivo, demasiado rápido al juzgar a los crendin; en realidad, las disputas territoriales habían existido por generaciones desde antes de que comenzara la última guerra. Pero, ¿acaso no era una de las leyes de la guerra que los vencedores adquirían derechos sobre los territorios conquistados? Respecto a los rumores de que los crendin querían el diamante negro, ¿quién había visto esa piedra? Era una invención mítica de los antepasados. Sólo los niños podrían creer en un diamante que, supuestamente, le otorgaría el poder supremo a quien lo encontrara y, por cierto, nadie que fuera inteligente como lo eran los crendin podría creer que el Isha, el diamante, era real. Tal vez a Tandra le convenía aceptar a los crendin como vecinos y comenzar a comerciar y a establecer relaciones diplomáticas con ellos. Porque, después de todo, no se iban a ir. Eran prósperos, imaginativos y poderosos, y, lo más importante, los crendin estaban dispuestos a iniciar una nueva era de paz y progreso con todos los gobernantes de la región; eso incluía, por supuesto, al gran rey de Tandra.

El rey escuchó en silencio todos aquellos discursos; esperaba que surgieran las protestas, que, con el tono de quien está ofendido, le recordaran al Consejo toda la sangre, muerte y destrucción que los crendin le habían provocado a gente a la que se le había considerado aliada de Tandra. Pero, excepto por una incómoda agitación, no escuchó nada más. Medio enojado, medio sorprendido, el rey miró a sus asesores con dureza, y de pronto advirtió, sintió en verdad el cambio en sus súbditos. La tradicional y sutil elegancia del atuendo de muchos nobles había desaparecido para darle paso a accesorios opulentos que, por lo general, se relacionaban más con las damas de la realeza. En los brazos y pies brillaba cierto tipo de joyería, las túnicas estaban teñidas con los tonos profundos de verde y amarillo (los colores reales de Tandra, como lo reconoció el rey), el cabello se usaba trenzado y se portaban barbas falsas salpicadas con bronce y piedritas de cornalina. A muchos de sus asesores se les veía el rostro hinchado; lucían aturdidos, como en un estupor. Además, burdamente escondidos debajo de brazaletes de cobre, el rey detectó un par de tatuajes de escorpión: el símbolo de los crendin. Era un símbolo que el rey también había comenzado a ver en las calles de la ciudad.

Ahí, los comerciantes y los mercaderes hacían eco a los reclamos del Consejo. Se escuchaba sobre la riqueza de los crendin, sobre la maravillosa mercancía que habían recolectado a lo largo de sus viajes, sobre los inventos maravillosos que sus curanderos y magos estaban desarrollando, y la gente quería acceso a todo eso. Así que, ¿qué importaba que los crendin fueran suficientemente ignorantes para creer en muchos dioses? Ninguno de sus totems influiría sobre los buenos tandrianos para apartarlos de su amada Diosa. Además, algunos hasta habían llegado a murmurar que, tal vez, no era tan mala idea tener un dios distinto para cada necesidad. Parecía ser más efectivo que confiar solamente en una deidad.

El rey mantuvo los oídos y los ojos abiertos mientras los niños deambulaban por el mercado haciendo preguntas. Escuchó los fuertes acentos que se quejaban de manera bastante educada sobre la necedad de rey, así como las débiles voces que justificaban su decisión respecto a los crendin. También comenzó a ver los tatuajes de escorpión con más y más frecuencia; a veces, en los letreros de las tabernas y los puestos. Incluso en las colonias de refugiados había dudas. Después de catorce años, la generación más reciente se preguntaba si no habría llegado la hora de dejar atrás el pasado y seguir a otros pueblos que habían recibido a los crendin como un aliado muy buscado. El rey comprendió que el momento se acercaba y oró, sólo pedía con fervor ser capaz de preparar a Iko y a los Siete para su misión antes de que fuera demasiado tarde.

El rey bebió un trago de su taza de madera y miró de nuevo a la Bruja. No había cambiado en aquellos doce años: no tenía una arruga más, no le habían salido más canas, y su extrañamente juvenil sonrisa continuaba brillando como siempre.

—¿Crees que he sido demasiado indulgente? —le preguntó.

—Claro que no, Señor. El príncipe es joven, también sus amigos. El sol brilla en sus vidas en esta época. Es natural cierto grado de frivolidad.

—Pero se nos está acabando el tiempo.

—Ah, ése es el problema, gran rey. No lo sé, muchos rumores han atravesado las puertas de Tandra.

—Pero tuvimos buenos años, ha habido paz por algún tiempo.

—Me temo que es la paz del gigante que duerme, pero, ¿cuánto puede durar? —la Bruja bajó la voz y miró al rey directo a los ojos—. El príncipe debe estar preparado, señor. Es nuestra única esperanza.

El rey tragó saliva, bebió un poco más, y luego sonrió.

—Siempre existe la posibilidad de que estés equivocada, ¿sabes?

La Bruja se rió con ganas, y sus caireles negros y plateados saltaron rítmicamente debajo de la delgada fibra de su velo.

—Sí, podría estarlo, Señor. ¿No sería increíble? ¡En especial para aquellos pobres hombres que están en las cuevas construyendo la nave!

El rey comenzó a reír con ella al mismo tiempo que golpeaba la rústica mesa con el puño.

—Podríamos navegarlo sobre la arena, hacer que lo impulse el viento del desierto. ¡Sería una visión maravillosa! —dijo entre risitas.

Ambos rieron hasta que las lágrimas comenzaron a correr por sus mejillas. Luego, el silencio cubrió el seco aire de la habitación. La vieja mujer se limpió el rostro y miró por la ventana hacia la noche color amatista de Tandra.

—Pero, por otra parte, también podría estar en lo correcto.

El rostro del monarca se endureció; respiró hondo, se puso de pie y caminó hacia la puerta.

—Hablaré con Iko —dijo—. Me ocuparé de las cosas yo mismo.

La Bruja asintió, y el rey, envuelto en una antigua y sencilla capa, abandonó su cabaña.

***

Cuando la luna vagó hasta ocultarse detrás de una nube y proyectó una sombra en la pared de la habitación, Shannon cerró sus pesados párpados y dejó el libro en el buró. Se escuchó el clic de la lámpara, le siguieron la oscuridad y un suave silencio; luego la chica se durmió casi de inmediato.

CINCO

Martha se tomó las aspirinas de un solo trago. El amargo sabor la hizo mover la boca con nerviosismo. Nana la vio desde la mesa de la cocina mientras sus dedos cortaban con facilidad mecánica las alubias y las colocaban en el cedazo. Del otro lado de la mesa, Katrina pelaba las papas. Su mirada viajaba de una mujer a la otra sin saber cuál rompería el silencio primero.

—No estoy de acuerdo, ¿sabes? —dijo Nana.

—Sí, madre, lo sé —respondió Martha mientras se masajeaba la cabeza con la esperanza de aliviar el intenso dolor de cabeza que le estaba perforando el cerebro—. Ni Dios lo permita. Ni Dios permita que estés de acuerdo conmigo: sería como un signo de que ha llegado el Apocalipsis.

Katrina se levantó de la silla con rapidez y llevó las cáscaras al bote de la basura.

—Debiste hacerlo hace cuatro años, después del incidente de la pecera —agregó Nana sin darle importancia al azotón que Katrina le dio a la tapa metálica del bote de basura—. Todavía era una niña, habría sido más fácil. Pero ahora, por favor, Martha, piénsalo: tiene trece y se está convirtiendo en una adolescente.

—Jesús, María y José, ¿quién te entiende? Al principio, cuando quería hablar con Shannon, ¡te negaste porque estaba demasiado chica!

—Pero es que entonces sólo tenía cuatro años, por todos los cielos, y por favor ¡por favor, no uses el nombre de Dios en vano!

Martha le puso cara y se apresuró a terminar el vaso de agua que estaba bebiendo.

—Como sea. De cualquier forma, ya habríamos terminado con ese asunto. Además, madre, no deberías subestimar a Shannon, es una chica inteligente y lo entenderá.

—No veo cuál es el problema —interrumpió Katrina—. La adopción es algo muy común; algunos de mis amigos piensan que es bastante sofisticado. De hecho, creen que es muy *avantgarde* que las familias normales les abran su hogar a niños que fueron abandonados.

—¿Has estado hablando acerca de tu hermana con tus amigos de la universidad? —preguntó Martha. Katrina retrocedió ante la severidad en el tono de su madre.

—Bueno… no con todos, por supuesto. Sólo lo hice con los más cercanos. Con Jainy y Danielle, y con Robert. Creo.

—¿Crees?

—No lo sé, mamá, había bebido un poco.

—Vaya, maravilloso. Tu padre y yo trabajamos como esclavos para enviarte a esa universidad, ¿y tú qué haces? ¡Te emborrachas y revelas los secretos familiares!

—¿Podrían ambas bajar la voz? —susurró Nana— William y Shannon vienen de vuelta a casa.

—Oh sí, vamos a calmarnos. No queremos que Anita la Huerfanita escuche algo, ¿verdad? —dijo Katrina.

—Katrina Isabel O'Leary —dijo Nana parsimoniosamente.

—¿Sí, Nana?

—No sobreviví a la Depresión, a la Guerra Mundial y a un viaje en bote hasta este país en el que todo está de cabeza, sólo para pasar mi vejez escuchando las quejas de una muchacha malcriada de veintidós años —agregó la anciana entre dientes.

Las pecas de Katrina se hicieron más intensas y el resto de su ya de por sí pálida piel se hizo tres tonos más clara.

—Así que, como una forma de respeto a mis canas, te vas a guardar todos tus comentarios ácidos para ti misma hasta que llegue el final de las fiestas, y así ¡todos podremos tener una pacífica, adorable y maravillosamente gozosa Navidad! ¿Entendiste?

—Sí, Nana —dijo la joven con docilidad.

Nana resolló y continuó partiendo las alubias como si quisiera vengarse de alguien.

—De cualquier forma tenemos que decirle —susurró Martha al mismo tiempo que presionaba su frente con las palmas de sus manos. No era la primera vez que deseaba convertirse en aire y desaparecer.

—Y vamos a tener que hacerlo pronto.

SEIS

Fue la mejor Navidad de mi vida. El ánimo de mi madre había mejorado al fin, y Katrina parecía haber perdido todo el interés que tenía en mí. El 20 de diciembre, tío Ralph, el hermano de mi padre, llegó en su caravana masiva. Traía con él la alegría de la tía Ellen, sus dos perros callejeros y a Iris: mi persona favorita en el mundo (después de Nana).

Considerando la apariencia, no podría haber más diferencias entre la pequeña niña rubia y yo, su alta prima con piel morena. Yo era soñadora e Iris pragmática; yo siempre exploraba nuevas cosas e Iris era cautelosa. No obstante, había un atrevimiento invisible en Iris, al que mi arriesgada naturaleza se sentía atraída. Iris podía inventar los planes más sorprendentes y los métodos más prácticos para llevarlos a cabo. Ella podía resolver problemas y, a veces, también crearlos.

Mientras nos asoleábamos al sol de diciembre, me sentí muy mal por la gente del norte, en la lejana Irlanda de Nana, en donde la Navidad era húmeda y mojada. No importa cuán acogedoras y hermosas se vean en las fotografías las casas cubiertas de nieve: a mí no se me podía ocurrir un peor escenario para celebrar una época de diversión y juegos. La mayor parte de los días nadábamos en el mar. Explorábamos con nuestros *goggles* los estanques naturales de roca que se formaban alrededor del cabo con la marea baja. Íbamos en bicicleta al aletargado centro de Point Lonsdale, y de ahí, nos dirigíamos al viejo faro, en donde subíamos corriendo por las escaleras, gritando y riendo hasta llegar a la parte más alta.

A veces, hacíamos excursiones al pueblo de Queenscliff, el lugar al que los melbournianos adinerados del siglo XIX escapaban por montones para las vacaciones de verano. Ahí se habían construido hoteles y casas de huéspedes para recibirlos. Era una caminata de cinco kilómetros por la costa. La tía Ellie llenaba nuestras loncheras con sándwiches, frutas y chocolates para que pudiéramos tener nuestros propios almuerzos en la playa.

Uno de nuestros pasatiempos favoritos consistía en ir a hurtadillas detrás de William, Katrina y el tío Ralph cuando salían a cazar conejos, y escondernos entre los arbustos para alejar a las peludas creaturitas. Iris no entendía por qué yo armaba tanta alharaca si el tío William siempre fallaba de todas maneras, Katrina sólo quería lucir bien en sus botas de cacería, y mi padre estaba tan imbuido en sus anécdotas y malas bromas, que prácticamente ni siquiera veía a los conejos. Pero la idea de que llegaran a dispararles me angustiaba muchísimo, y eso era suficiente para hacer que Iris se pusiera de rodillas atrás de algún tronco e hiciera imitaciones de animales, las cuales siempre sonaban graciosísimas y eran de un realismo asombroso. Entre sus imitaciones también incluía su propia versión del tristemente célebre y rara vez visto demonio de Tasmania.

Una noche, después de jugar con el maquillaje de Katrina y de asaltar la cocina por segunda vez, comenzamos a planear nuestro brillante futuro. Iris quería ser estrella. No estaba segura en qué ámbito, pero trataría de mantener abiertas sus opciones. Estaba considerando seriamente convertirse en cantante y trabajar para alcanzar el estrellato.

—Pero no puedes cantar —le señalé.

—*Okey*, no tengo tu voz, pero, bueno, tal vez cuando crezca me convierta en una chica *sexy* como todas esas divas disco que agitan la cadera. Al fin que la mayoría tampoco puede cantar.

—¿Y venderte como un objeto sexual? —le pregunté. Estaba horrorizada—. ¿Qué hay de tu orgullo?, ¿de tu dignidad?, ¿del movimiento de liberación femenina?

—Eh… creo que prefiero ser rica y famosa. ¿Y tú?

—Voy a ser bióloga marina —le contesté con toda la arrogancia de mis trece años.

Iris sonrió.

—Eso fue lo más cercano que encontraste a Marine Boy, la Patrulla del Océano, ¿verdad?

—¡Cállate! —le dije, y arrojé una almohada suave contra sus castaños y dorados rizos.

Iris respondió debidamente lanzándome una almohada a mí.

—Si tengo que levantarme e ir hasta allá, alguien lo va a lamentar —nos advirtió Nana desde lejos. Nosotras reímos y apagamos la luz.

El día de Navidad me levanté con el primer rayo de luz. La noche anterior olvidé correr las cortinas después de una de mis eternas conversaciones de medianoche con Iris, y ahora el sol trataba de entrar por mis largas y negras pestañas, me cosquilleaba para que las abriera. Rezongué y me cubrí con las cobijas sin obtener buenos resultados. La luz era demasiada intensa para mantener los ojos cerrados. Giré hacia Iris y me arrastré hasta la ventana. Entonces lo vi, a unos quince metros de distancia. Parpadeé para asegurarme de que estaba despierta y luego, grité.

Iris despertó de un salto.

—¿Qué?, ¿qué? —preguntó, envuelta en la sábana.

—¡Un caballo!, ¡un caballo! —grité al tiempo que agitaba las manos con frenesí.

—¿Un caballo?, ¿soñaste que cabalgabas o algo así?

—Ay no seas tonta, ¡ven!

Jalé a mi prima del cuello del camisón y la conduje a la ventana.

—¡Mira! Hay un caballo en el jardín.

Se quedó con la boca abierta.

—¡Vaya, no lo puedo creer!

—¿Qué? Bueno, olvídalo. ¡Vamos, Iris, apresúrate!

Bajamos corriendo por las escaleras; mi mente iba más rápido que mis pies. ¡Un caballo! No podía creerlo. Desde que tenía memoria les había lloriqueado, suplicado e implorado a mis padres para que me compraran un caballo. En lugar de eso me dieron un pez, un gato y un perro, y el año anterior, en un intento desesperado por apaciguarme, Martha y William me inscribieron en una clase de equitación los sábados. Ese regalo lo recibí con sentimientos encontrados. Por un lado, aprendería a montar y estaría cerca de mis animales preferidos; por otra parte, parecía una advertencia con la que mis padres me indicaban que eso sería lo más lejos que llegarían. Pero ahora estaba segura: yo, Shannon Elizabeth O'Leary, tenía mi propio caballo.

Era un magnífico palomino con crin y cola blancas que ondeaban con el viento. William y el tío Ralph estaban junto a él; sus rostros se veían radiantes cuando me acerqué corriendo.

—¡Oh, papá, gracias, gracias! —le dije a mi padre al abrazarlo.

—Entonces puedo asumir que te gusta.

—¿Que si me gusta? —toqué su aterciopelada piel con mis dedos—. ¡Lo adoro! ¿Cómo se llama?

—Cresta Run

¿Y eso qué signficaba?

—Es el nombre de un tobogán de hielo muy loco que usan en Suiza. La gente se desliza en él con mucha rapidez. Bueno, al menos eso fue lo que dijo el dueño —explicó el tío Ralph en un tono apologético.

—Sí, eso tiene lógica —dijo Iris.

—Bueno, amor, tú puedes ponerle el nombre que quieras, ¿no crees? —preguntó mi padre.

—Pero es de mala suerte cambiarle el nombre a un caballo, papá. Además, creo que me gusta. Se siente bien al decirlo. Cresta Run.

El caballo relinchó y bajó la cabeza.

—Sí, será Cresta Run —dije, y mi segundo corazón comenzó a palpitar ligeramente, con lo que hizo que mi cuerpo se sintiera tibio y suave en aquella fresca mañana.

En poco tiempo me di cuenta de que no era un caballo para principiantes. Cresta Run era un granuja entre los granujas. El hecho de que lo habían castrado no parecía importarle. Siempre actuaba como un semental sin problemas. Días más tarde, Nana dijo que el caballo parecía conocer todo truco conocido para hacer que su dueño mordiera el polvo. Es por eso que todas las mañanas lo monté y terminé en el suelo. Si yo quería que fuera a la derecha, Cresta Run se iba a la izquierda. Cuando quería que corriera, comenzaba a trotar, y cuando quería que fuera más rápido, siempre se detenía. Cuando le hablaba con suavidad, él mostraba indiferencia. Cuando le hablaba con rudeza, él movía las orejas como si fueran un radar y mostraba todos los dientes, como si se estuviera riendo de mí.

—Tal vez deberías devolverlo, prima —sugirió Iris en la víspera del Año Nuevo.

—¿Estás loca? Nunca renunciaría a él con tanta facilidad. ¿Qué tipo de persona crees que soy?

—¿Necia?

—Sí. Papá ya me lo había dicho, y por eso temo que si no controlo pronto a Cresta Run, me forzará a devolverlo.

—Bien, pues tal vez ése es el problema. Estás tratando de controlarlo, y… no lo sé, yo siempre pensé que eras el tipo de niña que considera que los animales son sus amigos. Quizás deberías hablar con Cresta Run como si se tratara de un viejo amigo. Llévalo a tu lugar favorito y sincérate con él o algo así.

—Eres una persona muy rara. Ya lo sabías, ¿verdad?

—Por supuesto, es por eso que nos llevamos tan bien —dijo Iris sonriendo.

—Pero creo que tienes razón. También creo que ya sé a dónde llevar a ese animal cabeza de chorlito.

Las olas se trenzaron y reflejaron los primeros rosas y rojos del inminente atardecer. Cuando tomé al caballo por las riendas y lo conduje a la frontera entre la arena y el mar, la brisa impregnada de sal se peleó con nuestras crines, con la rubia y con la oscura. Me detuve y el caballo volteó hacia el horizonte; sus enormes ojos cafés reflejaron el movimiento del mar. Mis delgadas manos se deslizaron por el cuerpo de Cresta Run hasta que pude sentir su corazón. Coloqué mi rostro en la zona en la que se sentía el pulso, y su corto pelambre me causó comezón en la mejilla.

—Cresta Run, éste es el lugar que más amo en el mundo —le dije con suavidad. El caballo inclinó ligeramente la cabeza.

—Cuando vengo aquí, siento que todo es perfecto y que nada podría salir mal. A veces, cuando me hundo en el agua, tengo visiones extrañas. He visto una ciudad que brilla como si fuera una vela detrás de una ventana en una noche tormentosa. Deseo tanto ir ahí, Cresta Run, caminar por las calles y conocer a su gente. Cuando veo esa ciudad, mi corazón, es decir, mi segundo corazón, canta con fuerza como lo hacen los cantantes de ópera: con tonos dulces e imposiblemente agudos. Entonces me siento como cuando estoy cantando en el coro de la escuela, cuando no me preocupa la letra de la canción ni las indicaciones del maestro, sólo dejo que mi voz siga la música, que mi pecho se expanda y que todo mi cuerpo albergue esa felicidad que sólo puedo expresar si sigo cantando un poco más.

Tomé entre mis manos calientes la cabeza del caballo y la bajé a mi altura.

—Jamás le había dicho esto a nadie, Cresta Run. Eres el primero.

Hice una breve pausa y luego continué.

—Si tú no quieres que te monte, está bien. Pero si me lo permites, entonces me convertiré en la mejor persona que te haya montado jamás. Porque no quiero ser tu ama, Cresta Run, quiero ser tu amiga.

Entonces solté las riendas y caminé de vuelta a la cabaña. Conté mentalmente: uno… dos… cinco… ocho…, y entonces, sentí la respiración del caballo sobre mi hombro. Dejé de contar y sonreí.

Sabía que corría el riesgo de volver a caer, pero al final, él me aceptaría. Me lo dijo mi segundo corazón, y mi segundo corazón nunca miente. Sostuve su crin de lino, salté sobre su lomo y cabalgué con rapidez hasta la casa bajo la noche estrellada.

Aquella noche la felicidad que me embargaba era tan grande que no pude dormir cuando me fui a la cama. Tomé el libro que me había dado Nana y me dejé llevar hasta el mundo de Iko.

IV

La mujer entró a los aposentos del rey y lo encontró con las piernas cruzadas, escribiendo con una pluma de cristal sobre una placa de arcilla suave. Los símbolos que su bronceada mano trazaba con vigor se reflejaban en la malaquita pulida de la banda que cruzaba su frente. La reina tenía los enjoyados brazos cruzados sobre su pecho. No podía entender por qué el rey no hacía uso de un escriba.

De hecho, últimamente, todo lo que hacía el rey parecía estar más allá de lo que ella podía comprender. Por eso entró a sus aposentos. Era hora de que hablaran.

—Esposo —le dijo.

El rey levantó la cabeza y su mirada café se suavizó cuando vio a su esposa.

—¿Sí, mi reina?

La reina se deslizó por la habitación, y la luz delineó su delgada silueta contra la delgada y perfumada malla de su túnica plegada. Tenía el largo y negro cabello peinado en caireles y trenzas, con pequeños capullos de loto que, entretejidos en lo alto, formaban una corona fragante.

Se detuvo junto a una de las sillas talladas. Titubeó y luego se sentó en el tapete de palma que estaba en el suelo junto al rey.

—Esposo —repitió—, tengo una queja.

—¿Qué ha sucedido, reina mía? —preguntó.

—Alguien me mintió, rompió un pacto.

El rey se puso tenso.

—¿Cómo? ¿Quién se ha atrevido a ofenderte de tal forma?

—Tú, mi rey.

Confundido, el rey inclinó la cabeza.

—¿Yo?, ¿cómo he podido hacer eso, amor mío? —preguntó con dulzura.

La reina miró en otra dirección.

—¿Recuerdas cuando nos unieron? —preguntó ella.

—Por supuesto.

—Me prometiste que no seríamos como los cónyuges reales de tiempos pasados, dijiste que yo siempre caminaría a tu lado.

—Sí… lo… recuerdo —tartamudeó el rey, sintiéndose sorprendido por el dolor que reflejaba la voz de ella.

—Bien, Al-Athalant, pues me has dejado atrás.

El rey se estremeció al escuchar el sonido de su nombre corto. La reina era la única persona que lo usaba, y sólo lo hacía en los momentos más íntimos. Él se puso de pie apresuradamente y comenzó a caminar.

—Creo que no entiendo bien lo que quieres decir. Sabes que confío en ti, ¡que eres mi reina!

El hermoso rostro de la reina, tan parecido al de Iko, se endureció.

—Entonces trátame como tal y cuéntame qué está sucediendo —dijo mientras se levantaba del suelo.

—No sucede nada.

La reina colocó las manos en su cintura. El rey aclaró la voz mientras su mente buscaba con rapidez alguna excusa, explicación o historia. Miró los oscuros ojos de su esposa, aquellos túneles líquidos que siempre lo atraían hacia ella, y entonces se dio por vencido. Suspiró y le ofreció su mano a la reina.

—Estás en lo correcto, Eret. Ven, te voy a contar todo.

La reina miró su mano y él la condujo hasta las sillas talladas que estaban frente a la ventana.

—Bueno —susurró el rey— ¿por dónde podré comenzar? ¿Recuerdas las historias del diamante de caras perfectas?

La reina miró al rey con curiosidad.

—¿El diamante negro? —le preguntó.

Su esposo asintió.

—Por supuesto que las recuerdo.

—Bien, pues yo sé en dónde está —dijo el rey.

V

Iko parecía flotar en la luz que entraba por el orificio del puntiagudo techo. Su alargado cuerpo estaba apoyado en la parte anterior del pie, su pierna derecha estaba doblada sobre el muslo izquierdo, las manos levantadas ligeramente por encima de la cabeza, sus dedos índices y pulgares de una mano, unidos a los de la otra, formaban así un romboide. Los músculos abdominales del muchacho estaban tensos y mostraban la poderosa estructura que yacía debajo de su piel cobriza. Por sus largos caireles corrían ríos de sudor que hacían brillar su amplia espalda. Pero, obviamente, el joven príncipe no los tomaba en cuenta, ni a los ríos ni a nada que sucediera más allá de sus párpados cerrados. Al principio, había estado consciente del menor ruido: la respiración del maestro Místico, el crujir de los abanicos tejidos que lo refrescaban, el movimiento de los sirvientes que se encargaban de abanicarlo a él, el casi imperceptible sonido del caminar y el arrastre de los insectos que corrían en el piso de piedra. Luego se escuchó el silencio, y luego, las imágenes aparecieron en su mente.

Fue difícil comprender la primera. El escenario era un paisaje árido, no como el desierto porque no había arena, pero sí tan ardiente y seco como Tandra. Envuelto en una nube de polvo rojizo, Iko vio a su madre cabalgar en un caballo plateado sin cabeza. Su negro cabello volaba libre con el viento, su cuerpo estaba enclaustrado en prendas tan ceñidas que parecía que estaban pintadas sobre la piel. Se veía tan hermosa como siempre, pero en sus ojos había una añoranza muy peculiar a pesar de la amplia sonrisa que mostraban sus carnosos labios y de la risa que a veces se escapaba de su boca. Luego, la visión cambió.

Una oscura bruma en el horizonte del Este delató el avance de las hordas de los crendin, cuyas pesadas armaduras brillaban inquietantemente en el fulgurante sol. Los guiaba un hombre de apariencia furiosa, e Iko pudo escuchar a los soldados gritar su nombre: ¡Akion! ¡Akion! El hombre les indicó callarse, y luego habló con una voz poderosa y llena de ira. Les dijo que Tandra pagaría caro haberse negado a entregar su tesoro.

—¡Isha nos pertenece por derecho! —exclamó Akion—. Porque nadie es más valiente que nosotros. Fuimos ungidos con el poder de los Dioses verdaderos. ¿Quién, entonces, sería más merecedor del poder supremo que los crendin? Dejemos que aquellos que se atrevan nos desafíen por el diamante, y luego, ¡que la muerte elija al ganador!

La multitud rugió.

—Ah —continuó Akion—, los tandrianos nos niegan el derecho a obtener con honor ese tesoro. Se han ocultado en su ciudad como las lagartijas se ocultan debajo de las piedras. ¡Adoran a su pequeña diosa como si fueran bebés lloriqueando por sus madres! Por ello debemos ponernos a la altura de su cobardía y encontrar más estrategias para sitiar a Tandra.

Los mercenarios se rieron.

—De cualquier forma, mis guerreros, el diamante estará muy pronto en nuestras manos porque Isha les pertenece a los valientes, ¡no a los cobardes que se esconden tras sus gruesos muros!

La imagen se disolvió en la oscuridad total. Iko sintió un latido. Era como un corazón en el lado derecho de su cuerpo. De él irradiaba una profunda energía que viajó por sus músculos, huesos, piel y sangre. El zumbido se hizo más y más intenso hasta que alcanzó un límite y se produjo un chirrido agudísimo. Iko se encontró caminando por la terraza que estaba afuera de su habitación. Era una noche fría. Miró hacia el oscuro jardín en donde las serpientes yacían silenciosas bajo las higueras. La luna creciente arrojaba pesadas sombras sobre los senderos y las fuentes. Iko se sintió hechizado por la canción que flotaba a su alrededor, la canción que lo convocaba. Era la voz de Isha. Lo supo más allá de cualquier duda, lógica o razón. El diamante era real, los crendin lo anhelaban e Isha convocaba... a Iko. Su canto corría por todo su ser y era imposible identificar de dónde surgía. La noche se quebró en fragmentos y él se quedó, primero, en la oscuridad más absoluta, y luego, en el capullo de luz de la sala de meditación.

El maestro Místico caminó hacia él.

—Muy impresionante, joven príncipe —le dijo—. Has permanecido en estado contemplativo durante tres horas.

El cuerpo de Iko gritó de dolor en cuando abandonó su postura de meditación.

—¿Hay algunas imágenes de las que te gustaría que habláramos? —le preguntó el maestro.

—En realidad, no. Fue algo muy confuso, como los sueños.

El maestro Místico miró al príncipe directamente a los ojos.

—¿Otra vez el diamante?

Un incómodo silencio llenó la sala.

—Sí, maestro, otra vez el diamante.

El sirviente que abanicaba a Iko hizo un gesto de incredulidad, y el maestro Místico se despidió del príncipe sin más comentarios.

VI

La reina miró a su esposo, sobrecogida.

—¿Iko... es el portador? —tartamudeó—. ¿Estás seguro de ello, esposo? Recuerda que, según la leyenda, el Isha es la fuerza más poderosa del universo.

—Sí, estoy seguro —contestó el rey resplandeciente de orgullo. La reina se rió.

—¡Nuestro hijo! Siempre supe que sería especial. Decía que era nuestro obsequio para la humanidad, pero, ¿esto? ¡Oh, es maravilloso, esposo! Nuestro Iko, el portador...

De repente, la reina se quedó en silencio y frunció el ceño.

—Pero, si ella está en lo correcto respecto a Iko, y si el Isha... entonces...

—Entonces, el fin de Tandra es inevitable —dijo el rey terminando la oración de la reina.

Los ojos de la reina se humedecieron, y cuando agitó la cabeza, de ella se desprendieron volutas de sándalo y loto.

—No, no puede ser. Nuestras costumbres, nuestros niños, la sabiduría que hemos acumulado durante siglos. El lugar de descanso de nuestros antepasados. Esposo, ¡debe haber alguna manera de evitarlo!

El rey sonrió con una expresión de agobio.

—Hace catorce años, cuando nació Iko, yo dije lo mismo. Debes creerme, reina mía, lucharé hasta el final, pero me temo que el daño ya está hecho. Tal como la Bruja lo predijo hace muchos, muchos años, el escorpión se deslizó por debajo de la puerta e infectó a Tandra con su veneno.

—¿A qué te refieres?

El rey bajó la voz hasta que ésta se tornó en un murmullo.

—Hay traidores entre nosotros, ya vi su marca.

La reina mordió su labio inferior y, rápidamente, su mente se llenó de imágenes de sus damas, de comentarios incompletos que había escuchado en el círculo de las grandes señoras, incluso entre sus sirvientas. Habían sido comentarios que se sentían extraños, fuera de lugar. Entonces, miró furtivamente la sombra femenina detrás del cortinaje azul que separaba la cámara del rey del resto de las habitaciones reales. Con lentitud, asintió.

—Ya veo —dijo.

Se levantó de la silla y caminó hasta las cortinas.

—Entonces, mi rey, estoy segura de que estarás de acuerdo en que ha llegado la hora de organizar una adecuada Fiesta para la Diosa —continuó con tono jovial a un volumen bastante alto.

—¿Cómo?

La reina señaló la figura que se veía del otro lado de la ligera tela de lana. Corrió la cortina y llamó a su dama de compañía.

—Vamos, Alehina, tenemos mucho por hacer.

—Sí, gran reina —dijo la mujer al mismo tiempo que trataba de mirar en el santuario del rey.

—¡Alehina!

—Aquí voy, gran reina, aquí voy —dijo Alehina, y tocó con suavidad el brazalete que tenía en la muñeca, ahí en donde esperaba oculto el escorpión negro.

VII

El joven príncipe se despertó abruptamente. Se fue levantando con lentitud mientras escuchaba la canción que no dejaba de sonar en sus oídos. Se veía arrastrado por su llamado. ¿Era un sueño? Iko no estaba seguro. Tocó una de las columnas rojas y azules que protegían su diván. Se sentía suave, sólida y real. Estaba despierto en su habitación, y la purpúrea noche de Tandra lo miraba desde el marco de su terraza. Sin embargo, el sonido que escuchaba no desaparecía, más bien, se había tornado más intenso. Era como un silbido animal que iba hacia atrás y hacia el frente. Por un instante, Iko se sintió tentado a despedirlo como si fueran los remanentes de una pesadilla. Pero luego sintió aquel dolor en el lado derecho de su cuerpo. No era muy fuerte, pero sí lo suficiente para convencerlo de que era algo muy distinto a lo que había percibido durante sus meditaciones o en sus aventuras en sueños. Tembló. Había algo en el aire frío, había algo en la quietud de la ciudad que yacía a los pies de su torre: algo como una advertencia velada, como un aliento contenido, como la certidumbre matemática de la fatalidad. El mal se estaba abriendo camino a Tandra. Iko cerró los ojos, respiró hondo y trató de concentrarse en la voz que escuchaba dentro de sí.

(*Todo está...*)

Detrás de sus párpados apareció una calle, una choza, una anciana sentada frente a una mesa. Balbuceaba con suavidad mientras aseaba algunos utensilios. A pesar de las arrugas, su rostro tenía una apariencia peculiarmente infantil. Los salvajes rizos blancos y negros le recordaban a Sha. La mujer miró hacia arriba porque se espantó cuando percibió un ruido que no había escuchado. Sus ojos divagaron alrededor, y luego se enfocaron directamente en él, en Iko, quien estaba protegido en su habitación.

—Bien, ¿y qué esperas? El tiempo de titubear ya vino y se fue, mi príncipe. ¡Actúa! —le dijo ella.

Iko parpadeó. Si esto era, o no, un sueño, de cualquier manera necesitaba respuestas, se dijo el joven príncipe. Tomó su capa, saltó a la oscuridad del palacio durmiente y corrió con rapidez al jardín de la medianoche.

Iko corrió por las calles desoladas, zigzagueó por calles y callejones que no había visto nunca antes. La canción era su brújula. De repente se detuvo afuera de una vieja y decrépita choza. En la puerta estaba colgado el cráneo de un extraño animal. Sumido en el aturdimiento, el príncipe miró la choza, entonces se escuchó el crujido de la puerta que se abría y un aroma a humedad le cubrió el rostro. La Bruja lo jaló con prisa hacia adentro.

—Pasa, pasa, veamos cuánto has cambiado. Oh, ¡eres idéntico a tu madre! Aunque también puedo ver algo del rey en tu mandíbula y, definitivamente, también los hombros los sacaste del lado de su familia —le dijo la Bruja mientras estudiaba los rasgos del confundido príncipe.

El dolor en el lado derecho de Iko se intensificó. El príncipe se quejó y la Bruja sonrió torciendo la boca.

—¿Qué... quién, quién es usted?

—Me conocen por distintos nombres: Profeta, Sacerdotisa, Oráculo, Maga, Bruja, Sanadora, Inventora... Tu papá prefiere llamarme Bruja, creo que le divierte ese nombre —la Bruja soltó una risita burlona.

—¿Conoces a mi padre?

—Oh sí, mi príncipe. Lo conozco desde que era más chico de lo que tú eres ahora. También conocí a su padre, y al padre de su padre. Y también al rey que gobernó antes que él. Hemos tenido una larga vida: la realeza tandriana y yo. ¿Gustas vino de dátil?

—¿Cómo?

—Que si le gustaría beber un poco de vino de dátil, señor.

Iko se estremeció. Lo que había comenzado como una molestia del lado derecho de su pecho, se estaba tornando en un dolor agudo e insoportable.

—No, gracias.

La mujer se sentó del otro lado de la destartalada mesa.

—¿Y cómo puedo ayudarte, joven príncipe? ¿Qué buscas?

—El diamante negro de caras perfectas —balbuceó Iko sin pensarlo mucho.

—Ah… —masculló la Bruja.

Entonces hubo una pausa. El dolor que sentía Iko en su interior lo hizo inclinarse un poco hacia el frente.

—¿Y bien? —preguntó el príncipe, desesperado.

—¿Y bien, qué, señor? —dijo la Bruja, aparentemente confundida.

—¿Tú sabes dónde está el Isha?

—Oh sí, señor —le contestó con una sonrisa—. Verás, soy una vidente…

Iko golpeó en la mesa.

—¡Entonces dímelo, mujer!

Ella colocó su regordeta mano sobre las costillas del príncipe.

—Isha está en tu interior.

A Iko se le debilitaron las rodillas de pronto, y cayó en el sucio suelo con un dolor ya incontrolable. Unas fuertes manos lo condujeron hasta un nido de cobijas que estaba junto al círculo de brasas en el suelo.

—¿Qué sucede? —gimió.

—Es el Isha, joven príncipe. Ve hacia adentro y deja el miedo atrás. Busca el calor de tu corazón y recuerda las enseñanzas del maestro Místico —le susurró la Bruja—. Te has estado preparando toda la vida para este momento, Iko.

A pesar del dolor candente en el que se había tornado su cuerpo, Iko enfocó su conciencia en ese espacio en su alma en donde podía encontrar la inmovilidad absoluta. Un resplandor interno perforó su piel. Cada parte de él comenzó a temblar, a vibrar como lo hacían las cuerdas de los laúdes en las danzas del disco volador. Luego un brillante destello estalló con vida dentro de él y, por un momento, Iko traspasó las fronteras de su propia mortalidad y se expandió a gran velocidad sobre toda la habitación que lo rodeaba, al universo conocido y más allá. Iko era el muro de adobe, y la Bruja, el niño durmiente y el desierto de arena, el aire y el agua; era todas las hormigas, todas las lagartijas, todas las gotas de rocío, todas las estrellas, todas las sombras sobre la luna que semejan hombres. Su cabeza giró al tiempo que la experiencia se contraía. Miró abajo a su temblorosa mano. Ahí había un perfecto diamante negro azabache cuyas caras capturaban todos los tonos de la débil luz que había en la choza de la Bruja. Iko lo sostuvo en dirección a la crepitante lámpara de aceite, y vio cómo el fuego fulguraba a través del cristal. Se quedó mirando, se sentía sobrecogido. El fuego continuó ardiendo aún después de que Iko alejó el diamante de la lámpara.

—Pero… ¿cómo? —le preguntó Iko a la mujer que se cernía sobre él.

—La esencia del Isha ha corrido en la línea de sangre real tandriana desde el inicio de este mundo. Es un regalo secreto que les ha otorgado gentileza y buena voluntad a nuestros gobernantes. Sin embargo, sólo uno de ellos estaba destinado a conectarse profundamente con él; a comprimirlo en una sustancia y liberarlo de su verdadero poder.

La Bruja limpió con suavidad la febril frente de Iko.

—Durante algún tiempo pensé que sería tu padre porque es el rey más poderoso que he conocido —continuó hablando al mismo tiempo que le ofrecía agua fresca al muchacho—. Pero, cómo él tan sabiamente dice, es demasiado material para tales sutilezas. Luego naciste tú. Las visiones comenzaron y supe que tú serías el portador, mi príncipe. El portador y guardián del Isha.

La habitación se hizo brumosa, y la imagen y la voz de la anciana desaparecieron hasta convertirse en olvido.

—Ahora descansa, joven príncipe, debes reunir fuerza para lo que se avecina —y tras decir eso, desapareció.

VIII

El rey resopló cuando metió el baúl en el gabinete. Miró los pergaminos, las tablas de bronce y los sellos, y se preguntó si serían suficientes. Pero, ¿cómo comprimir la sabiduría de cientos de años en una caja alargada de madera? Miró el segundo baúl. Estaba lleno de joyas, metales preciosos, especias raras y prendas finas. Ése sería más fácil de llenar porque, en general, la riqueza material era la misma en todos lados. Contó los grandes jarrones de agua fresca y vino, y suspiró satisfecho. Durarían largo tiempo. Los sacos de cebada estaban colocados sobre ladrillos para que no se mojaran. La carne y el pescado secos colgaban sobre su cabeza, y la jarra de frutas en almíbar emitía un peculiar brillo a la luz de la antorcha.

El rey olfateó. Un sutil aroma a queso de cabra comenzaba a extenderse en el aire, y a mezclarse con el aroma de algunas hierbas y sazonadores. En unas cuantas semanas, el olor se tornaría acre, pero los niños pronto se acostumbrarían a él.

—Señor...

El rey giró y colocó su mano en la empuñadura de su daga, pero cuando vio a la Bruja, sonrió aliviado. Luego notó algo extraño en ella. Estaba pálida, casi como un grabado en piedra gris, y en el lugar donde deberían estar sus irises, sólo brillaba un vacío infinito.

—Ya vienen, señor, por la puerta este.

—¿Estás segura? Entonces tal vez todavía tenemos esperanza. La puerta este es la más fuerte.

—Los escorpiones ya se introdujeron, señor, sus negruzcas manos están abriendo las puertas para darles la bienvenida a los asesinos de su raza.

El rey palideció.

—Ya comenzó. Tienes que traer a los Siete. Yo enviaré al príncipe. ¿Está Iko en la cabaña?

—Sí. Ahora, el portador es el guardián.

—¿El Isha?

—Apresúrese, señor, se nos acaba el tiempo. Y tenga cuidado, los escorpiones del palacio no deben sospechar.

Una cortina de niebla apareció entre el rey y la Bruja, y entonces ésta desapareció. El rey corrió a la plataforma superior, en donde la reina había estado inspeccionando las maravillas de la nave.

—¡Vamos, Eret, debemos traerlos ahora!

El fantasma del miedo cruzó el rostro de la reina. Se miraron cuando la inmensidad de lo que estaba a punto de suceder, por fin penetró en sus conciencias, y el rey tocó la mejilla de su esposa.

—Deberías ir con ellos, Eret, necesitarán de alguna guía, además, si algo llegara a sucederte...

La reina estrujó la mano de su esposo.

Si algo me llegara a suceder —dijo en un tono de gran majestuosidad—, será al lado de mi esposo. Yo camino a tu lado Al-Athalant, y también estoy contigo. Ahora, vámos, los niños nos necesitan.

La reina caminó a la rampa y, después de algunos segundos de silencio, el rey de Tandra la siguió.

IX

Una suave vibración lo alejó de la templada oscuridad. Iko abrió los ojos y vio el rostro de la Bruja flotando frente a él. Apretó el puño por instinto: el diamante seguía ahí.

—Despierta, señor, debes volver de inmediato al palacio.

Iko saltó con rapidez y se puso de pie. Sintió que su cuerpo se había alargado, que, de alguna manera, era más flexible.

—¿Qué sucede? —preguntó.

—Escucha, mi niño, escucha bien. La ciudad está a punto de sucumbir ante los crendin.

—¡¿Cómo?!

—Debes huir, joven príncipe. Ve con tus amigos al mar.

—¿De qué hablas? Si la ciudad está en peligro, yo debo quedarme y pelear. Soy el príncipe de Tandra, mujer.

El redondo rostro de la Bruja se endureció.

—Escúchame, muchacho, ¡dentro de poco ya no existirá ninguna Tandra que puedas gobernar! —La bruja sujetó la mano de Iko, en el lugar en donde el diamante destellaba.

—Tú eres el guardián de Isha. Debes proteger este diamante con tu vida, es tu herencia, y es la herencia de la humanidad. Nada más importa, cualquiera que sea el destino de Tandra ya está fuera de tus manos.

Sin dejar de hablar, la anciana empujó al muchacho hasta la puerta.

—Dirígete a los aposentos del rey. No hables con nadie excepto con tus padres. Exceptuando a tus padres y a los Siete, no le muestres a nadie la joya. Aborda el barco y, en tres días, cuando llegues a Lerumia, busca a Bhagaji.

—¿Qué?, ¿cuál barco?, ¿quién es Bhagaji?

La Bruja abrió la puerta, asomó la cabeza, y luego miró al príncipe.

—Bhagaji es un comerciante o, mejor dicho, así es como se presenta. Lo reconocerás gracias a una señal de tu padre —dijo apresuradamente mientras empujaba a Iko al caos que se desarrollaba en las calles de Tandra—. Recuerda, tres días en el mar; Lerumia; Bhagaji. Ahora corre, Iko, ¡corre!

La Bruja le azotó la puerta en la cara y lo dejó en medio de un caos de sonidos y gente que caminaba confundida a su alrededor.

—¡No, espera! ¡Necesito saber más! —gritó Iko. Luego pateó la puerta y entró de nuevo a la choza.

Estaba vacía. No estaban ni la mesa, ni las sillas, ni las repisas en donde antes se encontraban botellas y jarras. No había ningún fuego en la chimenea, ni cobijas al lado. Lo único que había en el frío rectángulo de paredes cuarteadas era él. Su instinto percibió el terror. ¿Qué estaba sucediendo? El ruido de la calle iba en *crescendo*, se escuchaban el chisporroteo de fuegos distantes, y las asustadas voces de personas que chocaban una contra la otra. Los crendin, los monstruos de sus visiones, se habían apoderado de Tandra, habían tomado sus casas y matado a su gente.

—*Todo está bien, todo está en calma.*

Iko miró alrededor, de cierta forma esperaba volver a ver a la Bruja, pero lo único que quedaba eran las sombras. Un suave resplandor envolvió su mano, y la luz del diamante comenzó a cubrirlo con un intangible escudo color azul.

—*Todo está bien, todo está en calma.*

Era la voz del Isha, y cuando se dio cuenta de ello, todo temor desapareció de su ser.

—Corre —dijo la voz.

Y así lo hizo.

Cuando Iko corrió de vuelta al palacio, sintió que no podría soportar abandonar a su amada Tandra. Los hombres y las mujeres caían en el camino que el príncipe recorría, sus rostros eran como máscaras de angustia que imploraban un respiro. Dentro de su escudo azul de protección, Iko respiró con facilidad, por lo que sólo pudo imaginar la agonizante asfixia de los tandrianos que lo rodeaban. Con desesperación, trató de dirigir el aura de protección hacia los otros ciudadanos. Apunto el diamante con frenesí en todas las direcciones, pero la luz no los alcanzaba. Él era el único que permanecía inmune al asfixiante gas.

X

Cuando Alehina vio a la reina dirigirse a la cámara de los Siete, la interceptó.

—¿Qué sucede, mi gran reina?, ¿puedo ayudarle en algo?

—Estoy perfectamente bien, Alehina. ¿Podrías dejarme pasar por favor? Deseo hablar con mis hijos.

—Pero están durmiendo, mi señora.

La reina le dirigió una mirada fría.

—Entonces tendrán que despertarse. El rey desea verlos para una lección de astronomía o algo parecido.

La reina se movió a la derecha para seguir caminando, pero la dama de compañía volvió a obstaculizar el camino.

—Pero... es que es muy tarde y los niños necesitan descansar, mi señora.

—¿Y a qué hora crees que podrán estudiar las estrellas?, ¿durante el día?

—No, claro que no, pero...

—Alehina, ¿estás retando a la reina de Tandra?

De pronto se escuchó un trueno a lo lejos. Los gritos resonaron en los muros de adobe y un ligero aroma a humo se coló por la ventana. Las mujeres se miraron; Alehina enderezó los hombros y sonrió torciendo la boca, lo que distorsionó sus labios pintados.

—Creo que debería esperar, mi reina, el viento está cambiando de dirección.

La reina empujó a la mujer a un lado y caminó presurosamente a la habitación.

—¡Niños! ¡Niños, despierten!

—¿Mi señora? —preguntó Tok, quien estaba sentado en el alféizar de la ventana leyendo un pergamino bajo la luz de una lámpara de aceite—. ¿Estás bien, reina mía?

—Ven, Tok, ayúdame a reunir a los otros, debemos apresurarnos —dijo la reina al mismo tiempo que miraba con nerviosismo al pasillo. Entonces vio el gesto de interrogación del muchacho, y susurró—, los crendin.

Tok no necesitó más explicaciones, saltó al suelo y corrió a H'ra. Mientras tanto, la reina corrió la cortina que separaba la habitación de los niños de la de las niñas. Su presencia provocó que Sha se levantara con rapidez y tomara su daga. La reina levantó la mano para calmarla.

—Soy yo, Sha, la reina.

La chica bajó lentamente el arma.

—¿Son los crendin? —preguntó.

La reina asintió.

En tan sólo unos cuantos minutos, los Siete estuvieron listos y cubiertos con sus capas de viaje. H'ra cargaba al pequeño Ari, quien dormía. Kía sujetaba la temblorosa mano de Ryu. La reina guiaba al grupo a la puerta cuando, de repente, una sombra bloqueó la salida. Era Alehina acompañada de varios sirvientes más del palacio. Los niños dieron un paso atrás. Había algo en sus rostros: eran sus ojos ardientes, aquellas muecas que fingían ser sonrisas. Los niños ya habían visto esos gestos, mucho tiempo atrás, cuando los crendin destruyeron sus hogares, asesinaron a sus familias y condujeron a sus naciones a la miseria y al caos. Era la marca legítima de esa raza: un gesto más feroz y atemorizante que cualquier tatuaje de escorpión.

La reina avanzó y le ordenó a Alehina y al resto de los sirvientes que los dejaran pasar. Algunos parpadearon, se miraron titubeantes, pero nadie se movió. La reina respiró hondo y usó sus brazos para empujar a Alehina y a otra mujer a un lado. De esa forma abrió un camino a través de la muralla humana. Los Siete la siguieron lentamente mientras en los rostros de los sirvientes se podía ver la indecisión. ¿Qué pasaría si los crendin no conquistaban a Tandra? ¿Qué les pasaría si se atrevían a atacar a la reina ahora? La legendaria misericordia del rey no los salvaría de su furia si llegaban a ofender a su esposa. El corazón de la reina palpitaba con vigor mientras se dirigía a los aposentos del rey. Conociendo a Alehina, sólo tendrían unos cuantos segundos antes de que la dama de compañía reaccionara. Estaba en lo correcto.

—No, deténganlos, ¡deténganlos! —gritó Alehina. Los otros parpadearon sorprendidos, como si estuvieran despertando de un sueño.

—¡Corran, niños! —ordenó la reina.

Los niños corrieron por el piso de piedra, se derraparon en las esquinas y, en su carrera, chocaron contra preciosos jarrones llenos de flores y aceites fragantes. Los sirvientes los perseguían gritando. Sus rostros se habían tornado en máscaras de odio. Algunos de ellos sacaron cuchillos de entre sus ropajes.

—¡Están armados! —dijo Ari, quien seguía abrazado a H'ra.

Sat se detuvo. Como una polilla que vuela a la flama, miró a los hombres y a las mujeres que corrían hacia ellos con la muerte escrita en sus ojos. Tal vez había llegado el momento de dejar de correr, pensó la chica, tal vez esa era la única manera de escapar, de ser libres, libres en verdad...

—¡ANDANDO! —gritó Sha jalando a Sat del brazo.

Subieron corriendo por la escalera hasta la torre del rey. Al llegar al último escalón, Kía, Tok y Ryu empujaron un voluminoso baúl de madera que estaba lleno de mantelería y tapetes. El baúl se estrelló contra los sirvientes que los perseguían, y el golpeteo se mezcló con los quejidos y los gimoteos. Los niños continuaron hasta la habitación del rey, ahí, la reina arrancó un viejo tapiz que estaba junto a la cama. Detrás de él apareció una puerta gruesa adornada con clavos.

—¿Madre?

Todos voltearon al arco. Ahí estaba Iko de pie, envuelto en una luz blanca y brillante.

—Iko, ¡bendita sea la Diosa; estás a salvo! —dijo la reina al tiempo que abrazaba a su hijo, y en ese momento, la luz se extinguió.

—Madre, tengo que decirte...

—Después, hijo, debemos irnos.

Los sonidos de pasos se escuchaban más cerca. La reina empujó a Iko y a los Siete al pasaje que estaba del otro lado de la puerta; con ayuda de los muchachos hizo una barricada con un pesado tronco. Ahí los esperaba una antorcha en un soporte. La reina la tomó y guió a los niños. Iko y los Siete miraron sorprendidos el túnel en el que se encontraban. Las lámparas incrustadas en las rocosas paredes les señalaron el camino. El túnel tenía una apariencia onírica debido a las capas multicolores de las piedras. A lo lejos pudieron escuchar el murmullo de agua que corría.

—¿En dónde estamos? —preguntó H'ra cuando caminaban por el ducto de grava.

—Creo que nos dirigimos al río subterráneo de Tandra —respondió Tok. Los niños lo miraron con curiosidad.

—¿Cómo? ¿Acaso no estudiaron la tabla que hablaba sobre los cimientos de Tandra? Todo está ahí, o ¿por qué creen que Tandra puede ser tan verde a pesar de estar en medio del desierto?

—Silencio —dijo Iko—. ¡Miren!

De repente el angosto camino se abrió y se tornó en un amplio espacio abovedado. El lugar era tan alto y tan extenso como el templo principal de Tandra. El domo del techo estaba cubierto de mosaicos azules y blancos que reflejaban la luz de las antorchas que se elevaban desde el oscuro río. Siglos atrás, los primeros gobernantes del reino habían decidido que el agua era mucho más valiosa que las riquezas que en algún momento podrían llegar a producir las cavernas de lapislázuli, por lo tanto, su existencia pasó como un secreto de padres a hijos. En una de las riberas se había construido un embarcadero. En él, el rey les hablaba a algunos de sus generales. Los guardias del palacio se movían por todos lados ocupados en una tarea específica que había sido ensayada durante algún tiempo para asegurar el escape y la supervivencia del joven príncipe.

Sin prestar atención al movimiento que se desarrollaba a su alrededor, el Tilopa flotaba con majestuosidad. Su cuerpo de cedro había sido pulido hasta brillar, y parecía manar un cálido resplandor, una especie de fuerza vital que iba desde la popa hasta la proa, donde estaba tallado el halcón real de Tandra en plata y enebro. El banco de remos estaba cubierto con un ancho dosel de cuero que tenía tallados jeroglíficos de protección. Una vela cuadrada de color púrpura navegaba con orgullo, y el delfín bordado en el centro, nadaba en un círculo infinito.

Ari fue el primero en romper el silencio.

—Ah, entonces para eso fueron aquellas lecciones de navegación que tomamos en el lago del jardín —el rey lo miró y su rostro se relajó.

—Vaya, ahí estás, estaba a punto de enviar a buscarte.

—Esposo: Alehina y los otros sirvientes nos persiguen —dijo la reina tratando de recobrar la confianza de siempre.

—Entonces no podemos perder más tiempo. ¿General?

—¿Sí, señor?

—Envíe a la puerta norte a aquellos guerreros que todavía nos sean leales. Me encontraré ahí con usted pronto.

—Sí, gran rey —dijo el general haciendo una reverencia antes de retirarse con los oficiales.

El rey dirigió su atención a los sorprendidos jóvenes.

—Vamos, todos aborden la nave, ¡ahora!

—Los niños obedecieron con presteza; el rey detuvo a Iko antes de que abordara el Tilopa.

—¿Te encuentras bien?

Iko asintió.

—¿Lo tienes en un lugar seguro? —le preguntó el rey.

—Sí, padre, pero…

—Vamos, hijo mío, se nos acaba el tiempo.

El rey los guió hasta el banco de remos y les explicó rápidamente los peculiares mecanismos de la Bruja. Eso le permitiría, a cada uno, remar con tres remos al mismo tiempo.

—La Bruja es una maestra excelente; alrededor del cuerpo de Tilopa encontrarán placas en donde se explican las distintas maneras de operar la nave. Tilopa es su nombre. H'ra, aquí está el mapa, esta noche viajarás guiándote con las estrellas. Navegarás por... ¿por cuánto tiempo, Iko?

—¿Perdón?

—¿A dónde te diriges?

Iko pareció confundido, pero después recordó todo.

—Ah, son tres días por el mar; Lerumia; Bhagaji.

—Muy bien. Aquí está Lerumia, H'ra —dijo el rey señalando un lugar en el mapa—. Trata de mantenerte alejado de la costa lo más posible. Ari...

—¿Sí, señor? —dijo el muchachito cuyo rostro comenzó a mostrar señales de miedo en cuanto fue entendiendo bien lo que sucedía.

—Tú estarás a cargo del timón en esta ocasión. Los demás son más fuertes y podrán remar con mayor rapidez si tú estás en el timón.

El rey miró los rostros de su hijo y sintió gran dolor en el corazón.

—Abajo, en el casco, hay pergaminos con más instrucciones sobre el barco y... bueno, ya verán. Por ahora lo mejor será que se coloquen en sus estaciones. Tienen que irse de inmediato.

—Pero, padre...

—Ya abrimos el otro lado de la caverna lo más que pudimos —continuó el rey sin prestar atención a las palabras de Iko—. No tendrán problemas para maniobrar el Tilopa, pero deben tener cuidado porque justo antes de llegar al mar se encontrarán con una fuerte corriente. Cuando pasen por ahí deberán sujetarse con fuerza, ¿entendieron?

Para ese momento, el rey ya estaba caminando hacia la rampa para volver al embarcadero en donde aguardaban la reina y los demás.

—¡Padre! —gritó Iko.

El rey se detuvo. Exhaló profundamente y giró poco a poco para enfrentar a su hijo.

—¿No vendrán con nosotros? —preguntó el joven príncipe con la voz de un niño pequeño. Los Siete miraron al rey y sus rostros le hicieron eco a las preocupaciones de Iko.

—No —les dijo el rey con suavidad.

—Si te vas a quedar a defender Tandra, señor, ¡entonces debemos permanecer a tu lado! —dijo Sha soltando el remo.

—El tiempo que Tandra existiría bajo el sol se ha terminado, mis niños. Cualquier intento de defensa es una mera ilusión que, a pesar de todo, debe emprenderse.

—¡Pero morirás! —exclamó Iko.

El rey acarició la mejilla de su hijo.

—Sí, pero moriré como rey —tomó la cara de Iko entre sus manos y atrajo su frente hacia la suya—. Escucha, hijo mío, y escucha bien porque ésta es la última lección que te voy a enseñar. Un hombre feliz tiene una buena vida y una muerte aún mejor. Yo moriré con mi gente sabiendo que mi hijo, mi valiente hijo, el guardián, está a salvo y siguiendo su propio camino hacia la grandeza. No puedo imaginarme una mejor muerte que esa.

—¿No tienes miedo? —preguntó Iko.

—Aquel que teme morir, lo hace porque también teme vivir. Aquel que teme vivir, es porque ya está muerto.

El rey soltó al muchacho y continuó caminando por la rampa.

—Vamos, ¡váyanse ahora!

Nadie se movió por un momento, luego, Kía comenzó a remar.

—Vamos todos, apurémonos. Es un poco difícil pero creo que lo lograremos.

Poco a poco, los demás siguieron su ejemplo. Ari se sujetó al timón. El único que permaneció sin moverse fue Iko. Se escuchó un crujido y los soldados liberaron al Tilopa de sus amarres; la nave comenzó a moverse lentamente. Al joven príncipe le temblaron los pies un poco cuando creció la distancia entre él y sus padres. Notó que su madre había avanzado y sus delgados brazos le enviaban gestos llenos de gracia. Era una especie de danza silenciosa. Eran los movimientos que hacía la sacerdotisa en el templo para bendecir las ofrendas que se le hacían a la Diosa. Sus manos se tocaron, palma con palma, y luego, la reina extendió los brazos poco a poco como si dibujaran círculos a sus costados. Iko comenzó a sentir que las lágrimas corrían por sus mejillas. Su padre y los guardias permanecieron inmóviles detrás de ella durante algunos segundos, y luego la imitaron y tararearon la canción sagrada de la consagración. Iko levantó su mano derecha y colocó sus dedos en la frente, luego en la garganta y, finalmente, en su torso. Era su manera de aceptar sus bendiciones.

Entonces, el mundo se terminó.

Una fuerte y estrepitosa explosión quebró el momento y lo transformó en un tumulto de polvo anaranjado, astillas y grava voladora. Algunas partes de la puerta adornada con clavos en la habitación del rey, cayeron rodando por el sendero de grava. Los gritos de enojo que provenían del exterior apagaron la canción de despedida del monarca. Iko, desesperado, buscó al Isha en el saco que le rodeaba la cintura.

—¡Sálvanos, Isha! ¡Salva, te lo ruego, a mi amada Tandra de la destrucción!

—Remen más rápido —gritó Kía.

La luz de Isha se escapó como una delicada vid y recubrió al Tilopa con una red de protección que sólo incluía al barco y a sus tripulantes. Entonces, una lluvia de flechas cayó desde el fondo del túnel.

—¡Isha! —gritó Iko en vano.

Kía corrió hacia él y lo jaló hasta donde había un juego de remos vacío.

—Demonios, Iko, toma un remo, ¡y rema!

Iko obedeció de forma mecánica, pero sus ojos continuaban fijos en la batalla que se desarrollaba en el embarcadero. Lo último que vería el príncipe de Tandra antes de que lo rodeara la oscuridad del túnel, sería a su madre cayendo en los brazos del rey con el pecho atravesado por dos flechas, y su inmaculada túnica blanca salpicada de un violento rojo.

SIETE

Cuando las vacaciones de Navidad se derritieron en el verano australiano, el tío Ralph empacó con su esposa sus pertenencias, subió a sus perros en la caravana y volvió a su granja llevándose a Iris. La ausencia de su prima dejó a Shannon sintiendo una fuerte aprensión. Era como si las nubes hubieran ensombrecido su soleado paraíso. Nana decidió que, además de nadar y andar corriendo a caballo, la chica necesitaba alguna ocupación, por lo que la introdujo a los misterios de la cocina. Y de la costura. Y de los primeros auxilios. Y de la administración del hogar ("si ahorras de poco en poco, pronto tendrás grandes cantidades"). Y a los misterios de los chicos; a las maneras de mantener alejados a los chicos. Y cómo saber si un pescado era fresco o si un melón estaba ya maduro. Y cómo mirar a los chicos para que continuaran manteniéndose a distancia sin perder el interés. Y cómo preparar la taza de té perfecta. ("Primero sirves la leche para que no se manche la porcelana y nunca, pero nunca, debes usar agua que ya hirvió antes.") Y los fundamentos del baile (inclinada hacia atrás con los brazos firmes), y la importancia de las notas de agradecimiento, y la razón por la que el aceite de lavanda era lo mejor para mantener alejada a la polilla.

Exceptuando por lo que se refería a los chicos, Shannon no pudo retener mucha de la información. Sin embargo, sí comenzó a preocuparse. Tenía la impresión de que su abuela estaba tratando de darle el curso rápido e intensivo de lo que se trataba la vida o, al menos, el curso sobre los aspectos prácticos de ésta. La chica sentía que su abuela lo hacía porque temía que ya no le quedaba mucho tiempo para impartir su sabiduría. Shannon comenzó a preguntarse si Nana sabía que estaba a punto de morir.

Sin embargo, la verdadera intención de Nana era mantener a Shannon ocupada y alejada de Martha lo más posible. Pero ni siquiera Nana era infalible. Fue por ello que, una tarde dorada, mientras Nana visitaba a unos amigos en Point Lonsdale, Martha reunió a su familia en la sala y dijo que había llegado el momento de hablar.

Bebiendo limonada, Katrina se extendió en la mecedora, en tanto que William se sentó con rigidez junto a la chimenea. Shannon estaba sentada en el sofá con las piernas cruzadas, los codos en los muslos, y la barbilla apoyada en sus dedos entrelazados. Esperaba el gran anuncio que su madre trataba de hacer. Tal vez estaba embarazada, pensó Shannon. Entonces se mordió el labio para no sonreír cuando se imaginó el rostro de Katrina cuando se enterara de que tendría otro hermano.

Martha comenzó a caminar en la sala y a narrar, con su mejor voz de oradora, que siempre le había gustado ayudar a la gente, que siempre había querido hacer algo por quienes eran menos afortunados que ella. Shannon levantó las cejas. Luego, su madre comenzó a hablar del mundo en general, el cual, según ella, a veces llegaba a ser muy confuso. La gente cometía errores. Katrina comenzó a balancear la pierna izquierda sobre el brazo de la mecedora, sin dejar de mirar a su hermana. La manzana de Adán de William estaba muy abajo.

—La cuestión es, Shannon, que nos sentimos, no, que somos, muy, muy afortunados.

—Bien, pues esas son las buenas noticias —agregó la chica.

—Sí, porque… —Martha titubeó, el discurso que tanto había practicado se le estaba borrando de la mente—. Bien, pues fuimos capaces de hacer algo muy importante. De abrirle nuestro hogar a una niña tan extraordinaria.

Y se escuchó un latido.

El segundo corazón de Shannon comenzó a palpitar.

—¿De qué estás hablando?

—Martha... —suplicó William.

—Bueno, querida, verás... nosotros, tu padre y yo, bien, pues nos enamoramos de ti desde el primer momento en que te vimos, ¿no es así, William? Eras una bebé preciosa, ¡y tan inteligente! Podías sentarte solita y todavía no tenías ni seis meses.

Todo está bien, comenzó a susurrar el segundo corazón en su interior.

—¿La primera vez que me vieron tenía seis meses? —preguntó Shannon con la voz un poco quebrada.

Katrina sonrió y mordió ligeramente la punta de su popote. Shannon sintió que los huesos se le hacían de gelatina. Su segundo corazón comenzó a cantar con suavidad; era algo como una canción de cuna. *Todo está bien, todo está en calma* —parecía decir.

—¿Ustedes no son mis verdaderos padres? —preguntó en un murmullo.

—Por supuesto que somos tus verdaderos padres —dijo Martha rápidamente mientras se secaba el sudor de las manos con el vestido.

—Es sólo que no somos tus padres biológicos. Pero te amamos igual. Es decir, te elegimos porque eras muy especial, ¿no es así, William?

—¿Y eso qué quiere decir?

—Amor... —comenzó a decir William, pero se detuvo cuando vio las lágrimas de Shannon.

De pronto, una idea surgió en la mente de la chica.

—¿Por eso fue que me dieron a Cresta Run?, ¿para que no me pusiera mal cuando me enterara de que era adoptada?

—No. Bueno, sí, pensamos que eso podría ayudarte, pero no fue la razón principal. Sólo queríamos que fueras feliz —balbuceó Martha.

—¿Y qué hay de Katrina?, ¿también ella es adoptada?

—Ajá, como si... —contestó Katrina con una risa burlona. Shannon comenzó a respirar con dificultad—. *Todo está bien, todo está en calma.*

—No entiendo, mamá. Si ya tenían a Katrina, ¿por qué me adoptaron?

—Esa es una buena pregunta —murmuró Katrina antes de beber otra vez de la limonada.

—Katrina, ¡ya basta! —gritó Martha. Luego miró a su hija menor.

—Shannon, fue por lo que te dije: sentimos que teníamos una responsabilidad social. Nosotros teníamos un buen hogar y tú necesitabas algo así...

Todo está bien, todo está en calma.

Cállate, murmuró Shannon en su cabeza.

—Entonces, ¿eso es lo que fui?, ¿su obra de caridad?

—No, Shannon, claro que no —contestó William agobiado.

—Tal vez mamá no está explicando esto bien —interrumpió Katrina al tiempo que se enderezaba en su improvisado trono.

—Déjame explicarlo de manera que puedas comprenderlo, Shannon. La adopción es como... ¿cómo decirlo? Como cuando la gente va a la perrera.

—¿A la perrera? —repitió Shannon dudando haber escuchado bien.

—Ajá... y luego, la gente ve a todos esos pobres perritos sucios que ladran y mueven sus colitas con ansiedad, en espera de lucir suficientemente bonitos para que alguien los lleve a casa. ¿Y cómo no llevarse uno?, ¿qué otra opción hay?, ¿dejarlos morir? Es decir, uno de verdad siente lástima por las pobres criaturitas.

—Pero bueno —añadió Katrina bebiendo más limonada—, tal vez no fue un ejemplo muy bueno. Porque los perros no son exactamente como los recién nacidos, ¿verdad? Pero vaya, eres una chica inteligente y ya te habrás dado una idea. Después de todo, eres muy, muy especial, ¿verdad, Shannon?

Una inmovilidad gélida paralizó a todos en la sala. William y Martha se quedaron viendo a su hija mayor, completamente confundidos. Shannon emitió algo que parecía una risa pero terminó siendo un gemido. Luego, se inclinó y se abrazó a sí misma, tratando de contener la tormenta que se formaba en su interior. La habitación perdió todo el color y adquirió dimensiones enormes. Los cuerpos de sus padres parecían alejarse, y la distancia entre ellos y ella, se hacía infinita.

—Capitán, mi capitán —dijo William cuando caminó hacia ella con los largos brazos ligeramente abiertos.

—No... —le advirtió Shannon con la voz quebrada.

La chica se levantó del sofá y se dirigió a la puerta. Se detuvo y los miró por última vez.

—No sé qué decirles a ambos —les susurró a sus padres—. Pero tú, Katrina, puedes irte directamente al infierno.

Shannon cerró la puerta tras de ella antes de escuchar cualquier respuesta. Luego, sólo caminó.

Y luego corrió.

Y se cayó.

Y luego corrió más.

Hasta llegar al mar.

Todo está bien, todo está en calma.

Cállate, cállate, ¡CÁLLATE!

La chica se arrojó al oleaje para buscar consuelo, para buscar cualquier cosa que pudiera calmar la herida que tenía, apaciguar las uñas invisibles que le rasguñaban el corazón, se lo rasgaban para partirlo en dos. El redoble de sus latidos hizo eco en sus músculos, nervios y sangre. Se zambulló en las violentas aguas y nadó, más y más profundo, hasta que sus oídos comenzaron a zumbar y el color azul marino se tornó primero en negro, y luego en manchitas de luz que bailaban alrededor de sus ojos con frenesí.

Shannon se retorció y se sacudió. Parecía que su cuerpo ya no flotaba. Temblaba en medio de una sustancia viscosa que se hizo más y más insustancial hasta que se convirtió en seco y arenoso viento. Shannon se encontró de rodillas en una calle adoquinada, en algún lugar de una ciudad que estaba bajo el mar. Miró alrededor, desconcertada. Luego comprendió. Shannon Elizabeth O'Leary se había ahogado en el océano, y se había ido directamente al infierno.

De repente, unas torres lamidas por lenguas de fuego se derrumbaron a su alrededor, y la noche se tiñó de rojo. También las calles eran rojas, las paredes de ladrillo y las rejas de hierro forjado que estaban siendo forzadas a someterse. Desde las azoteas escapaba un denso humo con olor a acre que, como cascadas fantasmales, se transformó en ríos que inundaron las calles, los parques, el mercado y el templo, un río que rodeó los cadáveres con sus venenosos humores. Los cuerpos estaban apilados por todas partes. Los amantes tomados de la mano, las madres cargando a sus bebés, hombres con sus canosos abuelos cargados a la espalda. Algunos de ellos mostraban terribles heridas de las que manaba sangre, otros, lanzas y flechas que todavía tenían incrustadas bajo la piel. También había algunos con un tono azulado en el rostro, las bocas abiertas y los ojos velados y delineados por lágrimas coaguladas de sangre.

Shannon tembló violentamente. Los lejanos gritos rasgaron el silencio que la rodeaba, y entonces comprendió que lo que había causado aquella tragedia aún seguía por ahí, asesinando, mermando, destruyendo. Una nube de polvo y alaridos se estrelló contra ella y la succionó. La multitud corría con frenesí, empujándola, perseguida por el estrépito de cascos y aullidos. La chica corrió con la marea humana y se forzó a no mirar atrás en cada ocasión que percibía que una espada cortaba el aire y un cuerpo caía detrás de ella. Los forajidos acorralaron a la multitud en un edificio redondo con columnas pintadas y un techo abovedado. Algunas mujeres comenzaron a lamentarse. Otras levantaron las manos para rezarle a un dios indiferente. Shannon no entendía lo que decían, pero sí percibía su pánico. Los forajidos se callaron repentinamente y el incomprensible silencio fue mil veces peor que los estruendosos gritos que se habían escuchado minutos antes. Hubo un lamento y alguien señaló la bruma anaranjada que se acercaba sigilosa por los escalones de un edifico. La gente se volvió loca. Algunos corrieron y encontraron su fin cuando las flechas los clavaron al suelo. Shannon sintió que no había escapatoria y comenzó a llorar.

Entonces, una voz firme pero apacible se elevó por encima del desconsolado clamor. Los hombres y las mujeres buscaron al orador; todos murmuraban la misma palabra una y otra vez: "Al-Athalante-Ez".

Shannon siguió sus miradas. Jadeó cuando vio al majestuoso orador y lo reconoció como el hermoso hombre que aparecía en sus sueños. Estaba de pie sobre una especie de altar y sus blancas ropas estaban salpicadas de sangre. Hablaba, hacía gestos y señalaba primero a la ciudad destruida, y luego al cielo nocturno. Todo lo que decía tenía el efecto de una mano fresca que se posa sobre la frente febril. La gente se sentó en el frío suelo de piedra, los hombres comenzaron a enderezar la espalda, las mujeres a limpiar sus rostros manchados de lágrimas y a sonreírles débilmente a sus aterrorizados hijos.

La herrumbrada niebla se elevó inexorablemente y su amargo aroma hizo arder las fosas nasales de la gente. Los ancianos y los niños más pequeños fueron los primeros en sucumbir ante la venenosa neblina. Los niños y sus padres abrazaron a quienes morían cerca de ellos para luego seguir su camino. Al final, los únicos que quedaron de pie fueron un hombre alto y una extraña joven. El hombre la miró con compasión, y luego, la incredulidad hizo que sus ojos color topacio se abrieran mucho más. Caminó hacia Shannon repitiendo aquella palabra que parecía ser un nombre. Pero sus rodillas lo traicionaron y se hundió en la niebla llamándole a la joven.

—No —dijo Shannon, pero la tosquedad de su voz la hizo estremecerse—. No, no, no. ¡NO, NO!

Una mano la jaló del codo. Reticente, Shannon dio la vuelta. Una anciana la estaba jalando y le hablaba con rapidez en una lengua extraña.

—No, ¡déjeme ir! No entiende, tal vez el hombre esté vivo, ¡tenemos que salvarlo! —suplicó Shannon al mismo tiempo que trataba de liberarse de la peculiarmente fuerte sujeción de la mujer.

—Tú —dijo la mujer con un fuerte acento—, vete, ahora.

—¿Hablas mi idioma? Oh, por favor, escúchame, hay un hombre allá afuera y creo que sigue con vida…

—Tú ve, Shannon. Rey… muerto —dijo la anciana y luego desapareció.

De repente, Shannon se dio cuenta de que ella misma también estaba inmersa en la neblina letal. Los vapores tóxicos se deslizaron por su nariz, chamuscaron su garganta, licuaron sus pulmones y la inundaron, la llenaron; arrastraron su cuerpo hacia lo más profundo del mundo que arriba y abajo de ella se derretía. Un explosivo dolor la golpeó por dentro y, antes de que la tragara la oscuridad, Shannon estuvo segura de que su corazón, su mentiroso y tramposo segundo corazón, también se moría con el resto de ella.

OCHO

Shannon yacía inconsciente. Nana llegó al hospital con algunas de sus pertenencias. Pidió que le dejaran llevar a Bear con ella porque pensó que podría ayudarle a Shannon a recuperarse con mayor rapidez, pero no se sorprendió cuando descubrió que el personal no se lo permitiría, ni siquiera para una visita breve. Besó a su nieta en la frente y se sentó en una silla que estaba junto a la cama. De una pequeña maleta sacó el libro que le había enviado a Shannon y comenzó a leer en voz alta.

XI

La suave roca del mar lo despertó y por un momento Iko se sintió como un príncipe. Cuando se sentó, le dolieron los músculos, y entonces, recordó. Habían remado durante horas bajo la noche estrellada hasta que el horizonte gris y anaranjado de Tandra en llamas desapareció en la oscuridad. Desapareció en el olvido. Para cuando el viento impulsó la nave con toda su fuerza, H'ra ya había reemplazado a Ari en el timón, después de mucho discutir, habían acordado que se turnarían para dormir. Iko sabía que no sería capaz de cerrar los ojos, pero cuando Kía le dijo que fuera al camarote, la obedeció con humildad. Durmió profundamente sin soñar.

Se frotó los brazos para tratar de apaciguar el dolor y se levantó. Alguien le había dejado comida en la mesa: pan, miel y queso. Iko partió un pedazo del pan, lo remojó en la miel y lo comió. No sabía a nada. Era como la vacuidad que dentro de él crecía, que caminaba al lado del enojo y el escepticismo que ahora habitaban su alma. Escupió el trozo medio masticado y, rugiendo, estrelló el frasco de miel contra la pared de madera. La imagen de sus padres surgió de la mancha dorada: su madre asesinada, su padre, muy probablemente también estaría muerto y, con ellos, los rostros de todos los tandrianos que con tanto cariño lo habían cuidado desde que nació. Todos se habían ido, ¿y para qué?, se preguntó mientras introducía los dedos en el saco que le rodeaba la cintura.

—¿Fue todo por tu culpa? —se preguntó mientras levantaba el diamante negro. En su ser había una mezcla de amor y odio que no dejaban de pelear—. ¿Fue todo por ti?

Los ojos se le llenaron de lágrimas. No, la belleza no debería generar tanta brutalidad, pensó Iko. Recordó los rostros de los sirvientes que lo habían perseguido hasta el palacio, era gente a la que había conocido toda su vida. ¿Qué podría haber despertado tanto odio?, ¿sería el resentimiento?, ¿la avaricia?, ¿la pasión religiosa? ¿Qué era lo que esta joya poseía que era capaz de hacer que la gente se volviera en contra de sus propios amigos, que traicionara a su propia tierra y sus costumbres? ¿Acaso era ése el verdadero poder de Isha? ¿El poder de la destrucción?

—¿Cómo pudiste permitir que cayera Tandra, cuando tú, y sólo tú, podrías haberla salvado de su destino? —dijo Iko entre dientes.

La única respuesta fue el suave golpeteo del agua contra el barco.

Aventó el diamante con toda su fuerza hasta el otro lado del camarote. Pero, para su sorpresa, el Isha se detuvo en el aire y flotó a un ritmo constante, cubierto de una deslumbrante aura blanca.

—Entiendo tu dolor, Iko, pero, por ahora, sólo debes entender y confiar en que mis acciones tienen como objetivo un bien mayor para ti. La confianza y la entrega son las claves para que sanes. Debes sentir la angustia, la rabia y el dolor. Siéntelos bien, luego, elimínalos de tus ser —dijo Isha.

Después de hablar, el diamante cayó dando brincos sobre el piso de madera.

Iko se quedó desconcertado. No estaba seguro de lo que había visto y escuchado. Levantó la gema y la volvió a guardar en el saco. Luego abrió la puerta y se dirigió a la cubierta superior.

Envuelto en el rico púrpura de la vela, el viento del sur empujaba el Tilopa hacia el frente, y su elegante estructura iba delineando encajes de agua y sal. Los Siete estaban atendiendo distintas tareas. Ari tenía la cabeza colgada en el barandal mientras con la mano sujetaba una caña de pescar. Tok y H'ra parecían estar comparando notas, tenían la cabeza agachada sobre mapas y pergaminos. Kía y Sha habían encontrado un artefacto que podía mantener el timón en su lugar sin necesidad de que lo controlara un humano, y lo estaban estudiando. Ryu estaba ocupada cocinando en un horno de cobre empotrado en la cubierta, cuidaba la cacerola colgada en el trípode de metal. De todos, Sat era la única que parecía no estar involucrada en ninguna actividad. Estaba sentada con la barbilla apoyada en las rodillas, y los ojos entrecerrados mirando en la dirección de Tandra.

Iko notó que, en realidad, parecían un grupo de jóvenes que pasaba un día en el mar, pero luego vio la lágrima que colgaba de las pestañas de Ryu, el serio semblante de Ari, y el silencio que flotaba en el aire mientras realizaban sus tareas. Iko tragó saliva. Ahora, sólo se tenían entre sí, y además, lo habían perdido todo, dos veces. No obstante, ahí estaban, en medio del dolor y la incredulidad, haciendo todo lo posible por seguir adelante. Iko respiró hondo y estiró bien el cuerpo. Tal vez ya no existía el reino del que sería príncipe, pero seguía siendo el hijo del rey de Tandra, el niño de la amada reina y el guardián de Isha, y no pensaba fallarle a nadie.

Iko sacó el oscuro cristal y los jóvenes se sentaron a su alrededor. Ya les había contado lo que sucedió: que Isha le había hablado. En conjunto decidieron que tratarían de liberar los secretos de sus caras, y que le harían al diamante las preguntas cuyas respuestas necesitaban saber.

—¿Por qué permitiste que destruyeran a Tandra? —preguntó Iko.

El cristal volvió a encenderse y su aura blanquiazul brilló en todas direcciones. La luz era tan intensa que los niños tuvieron que cubrirse los ojos cuando Isha se elevó en el aire.

—Iko, tú naciste siendo rey, pero ha llegado la hora de que entiendas que el reino del cielo, en realidad, está dentro de ti. Es algo que puedes llevar a donde vayas. Todos los reinos que están en el exterior son frágiles y transitorios. Lo real no puede ser destruido; cuando el amor y la seguridad tienen su base en el apego, dejan de ser la maestría del amor incondicional del ser, y se convierten en una fachada frágil de la conciencia verdadera. En realidad, nada se pierde, sólo se puede ganar más amor —continuó—. Lo primero que te voy a enseñar es a recibir la perfección de cada momento, incluso de aquellos en los que crees que lo que sucede a tu alrededor es injusto o imperfecto. Quiero que cierres los ojos y repitas en tu mente: "Alabado sea el amor por este momento en su perfección." Concentra tu atención en lo profundo de tu corazón. Vamos a comenzar por expandir un lugar interno de amor incondicional para que puedas entender con claridad lo que te estoy diciendo. Todos los días deben sentarse en un círculo durante una hora, luego deben pensar la frase, dejar un espacio y volver a pensar en ella otra vez. Cuando se den cuenta de que tienen los ojos abiertos y sus mentes están en busca del enfado, deberán iniciar esta cara del diamante de nuevo, la primera cara de la conciencia.

Los niños se miraron entre sí con las bocas abiertas por la sorpresa. El diamante recobró su estado sólido y cayó en la mano de Iko.

—¿Y eso qué quiere decir? —preguntó Sha.

—No lo sé, pero creo que tiene sentido —respondió H'ra.

Los demás asintieron. Las palabras de Isha resonaron en las profundidades de su ser, pero su angustia era demasiado ciega para comprender la omnisciencia.

—¿Por qué tiene sentido? —continuó Sha—. ¿Y eso qué tiene que ver?, ¿acaso Tandra no era real?, entonces, ¿nuestras vidas enteras no han sido más que una fantasía?, ¿la broma de algún bufón?

—Tal vez cuando habla del reino del cielo se refiere a la vida después de la vida —agregó Sat.

—O tal vez tiene algo que ver con la meditación, con encontrar fortaleza espiritual —reflexionó Iko.

—Todo eso está muy bien, pero nuestros problemas están en esta vida y nuestro enemigo se mueve en el reino físico —añadió H'ra—. ¿Cómo podría ayudarnos un espíritu fuerte si no contamos con armas verdaderas para pelear contra los crendin?

—Pero el diamante habló de amor, no de peleas —dijo Ryu con dulzura.

—Oh sí —contestó Sha imitando el tono infantil de Ryu—. ¿Por qué no permitimos que el amor nos guíe y nos olvidamos de aquellos que murieron? O mejor aún, ¿por qué no, con todo nuestro amor, por supuesto, les permitimos a los crendin que se salgan con la suya? Porque, ya saben, como estamos llenos de amor…

—¡Sha! —exclamó H'ra, quien miró mortificado a Iko. Sha se ruborizó.

—Lo siento, Iko —dijo la chica dócilmente.

—¿Sabes cuánto tiempo tomó construir este barco? —preguntó Tok de repente.

Todos lo miraron confundidos. ¿Qué tenía que ver el Tilopa con su discusión?

—Yo tampoco lo sé —continuó Tok—, pero tiene tres cubiertas. Hay comida, herramientas y un baúl lleno de pergaminos. También hay otro que está lleno de plata, joyas y otras cosas. Y nuestros caballos también están allá abajo, por cierto. Deberíamos turnarnos para alimentarlos y asearlos.

El rostro de Iko se iluminó: ¡Créstula estaba vivo!

—¿Y? —preguntó H'ra.

—Pues debe haber tomado muchos años construir el Tilopa, y también mucho trabajo. Además, tenemos las lecciones que nos impartió el rey, no lo olviden.

—Demonios, Tok, ¡termina lo que estabas diciendo! —dijo Kía frustrada.

—¿Qué no lo ven? Todo esto fue hecho con un propósito. ¿Creen que fue una coincidencia que nos hayan traído al palacio y que nos hayan criado como hermanos del príncipe? Todos somos parte del plan que tenía el rey para proteger este diamante.

Entonces todas las miradas se quedaron fijas en el cristal dormido que yacía en la palma de Iko.

—Ahora bien, no tengo la menor idea sobre lo que está hablando Isha, ni de por qué es tan importante, pero el rey de Tandra le dio a su único hijo la misión de mantenerlo a salvo, y a nosotros nos encomendó ayudar a Iko en esa misión. Para mí, con eso basta para ir hasta el fin del mundo si es necesario, iría tres veces si así me lo indicara el diamante. Porque preferiría morir que desilusionar al rey.

Todos miraron sobrecogidos al pequeño niño de cabello castaño.

—Siempre supe que algún día nos sería útil ese cerebro —susurró Ari.

Todos sonrieron a pesar de la situación.

—Tres veces alrededor de la tierra, y de vuelta. ¡Por Isha, por el rey y por Tandra! —gritó H'ra extendiendo las manos hacia el frente. Iko fue el primero en extender sus manos también. Con ellas tocó las de su amigo y repitió el juramento. Los otros lo imitaron de inmediato.

Hicieron lo que les había indicado el Isha, y practicaron la cara una hora al día. Durante ese proceso, vivieron su luto abiertamente. Iko y los Siete aceptaron su dolor en silencio y trabajaron en él. El tercer día, justo antes de llegar a Lerumia, hicieron la ceremonia de despedida en la cubierta superior. Cada uno de ellos se cortó un mechón de cabello, se sacó sangre de la mano derecha, escribió el nombre de sus muertos en un papiro y arrojó el pequeño pergamino al fuego. Y cuando el humo subió bailando hasta el cielo infinito, todos se despidieron en silencio de su existencia anterior. El camino había comenzado, y muy pronto, la comprensión de la conciencia se abriría para recibir la verdad de las palabras de Isha.

XII

El guardia arrojó a Alehina al suelo frente al cadáver. Era el cuerpo de un joven, en realidad, de un muchachito de no más de quince o dieciséis años. El seco aire del desierto lo había conservado en perfectas condiciones, y de no ser por la profunda herida que atravesaba su garganta, se habría podido creer que dormía, justo en medio del salón real de Tandra.

—Entonces, ¿es él, esclava? —preguntó Akion.

Alehina tembló. El temor y la indignación corrían por su cuerpo. Lo primero que había hecho el rey Al-Athalante-Ez cuando llegó al poder veinte años atrás fue abolir la esclavitud. Alehina siempre se había jactado de que moriría libre, de que, en principio, ella era igual a los demás, incluyendo a la gran reina Eret. La patada en las costillas hizo que Alehina aullara de dolor.

—¡Contesta, mujer! —gritó el guardia.

—No, señor, éste no es el príncipe.

—Iko —la corrigió Akion—. Ya no existen príncipes en Tandra.

—Sí, señor.

Akion se sentó en el trono. Su cabeza afeitada reflejaba la luz de las antorchas. Sus tropas habían registrado durante tres días todos los salones del palacio y todas las casas y tiendas de la ciudad en busca del Isha. También, cuando encontró el cuerpo de Al-Athalante-Ez en el templo circular, lo decapitó y clavó su cabeza en una estaca. Después, Akion mató al hombre que se jactaba de haber asesinado a Eret porque él quería a la reina para sí: su belleza y gracia eran legendarias. Luego se dio cuenta de que el hijo no había sido encontrado. Tal vez estaba en la montaña de cadáveres que estaban apilados en el jardín, pero si no era así, existía la posibilidad de que hubiese escapado y de que se hubiese llevado el Isha consigo.

—Había un barco —sollozó Alehina abrazándose a sí misma.

—¿Qué?

—Sí, abajo, en las cavernas azules, ahí hay un río. Vimos cómo se alejaba un barco navegando por el gran túnel.

—¿Estaba Iko ahí?

—No lo sé, pero el rey y la reina sí. Ellos no lo abordaron, de hecho, la reina murió ahí mismo.

Akion se quedó callado durante algunos segundos y después estalló en risas.

—¡Un barco! ¡En el desierto! Ah, estos tandrianos. A veces no queda más remedio que admirarlos, y claro, con un barco, seguramente enviaron a su único hijo en él. ¡General Hamiri!

—¿Sí, señor?

—Envíe un mensaje a nuestras colonias, a todas las que colindan con el mar. Iko tiene que llegar a alguna de ellas. Quiero a ese muchacho, y quiero a quienquiera y a cualquier cosa que le acompañe.

—Sí, señor. ¿Cómo lo reconoceremos, mi señor?

—¿Esclava? —preguntó Akion a Alehina mientras la jalaba del cabello.

—El joven príncipe, Iko, siempre viaja con otros siete jóvenes. Son niños y niñas más o menos de la misma edad. Además, se parece a la reina. Se parece mucho.

—¿Ah sí? Pues ahí lo tiene, Hamiri —dijo Akion, y luego soltó a la mujer sollozante—. Ah, y… general, trate de traerlo vivo. Creo que Iko va a ser una buena diversión, para mi espada o en mi habitación.

Akion se levantó del trono y caminó hasta el cadáver.

—Guardias, saquen estos restos de mi palacio —luego miró a Alehina, quien seguía arrodillada en el piso, y añadió—, y a ella, entréguenla a los dioses. Deben estar hambrientos.

—¡No, señor! ¡Soy tu sirvienta fiel! ¡Para servir a los crendin repudié todo aquello que alguna vez amé! ¡Lo hice por ti, señor! ¡Mira, por favor, tengo la marca!

Akion sonrió y acarició con suavidad el cabello de la mujer.

—Entonces me amas, esclava.

Alehina sujetó su mano y la besó con desesperación.

—Oh sí, señor, te amo, te adoro, adoro tu grandeza.

Akion se estiró por completo y la miró. Su mirada tenía a la mujer sometida a un silencio aterrador.

—Traicionaste a tu rey, a tu nación y a tu gente. Si los hubieses amado, no los habrías engañado. Y si no los amaste a ellos, ¿cómo podrías amarme a mí? Llévensela —les repitió a los guardias—. Arrójenla esta noche al fuego de los dioses. Viva.

El alarido de Alehina rasgó el pesado silencio del salón en donde yacían desperdigados los cuerpos de tantos jóvenes altos, los cuerpos de todos aquellos que tenían, aunque fuera, un leve parecido al príncipe de Tandra.

XIII

El puerto de Lerumia era un paisaje lleno de mugre y polvoriento en donde los marineros, mercenarios y vagabundos se mezclaban entre los comerciantes locales para traficar sus exóticos artículos y baratijas en el enorme mercado. Los ancianos de las tribus llegaban con rebaños de camellos a los que arrastraban detrás de los incontables esclavos, además de las frutas exóticas y sedas finas de tierras lejanas. A pesar de que se cometieron algunos errores, al final, el Tilopa se pudo acomodar junto a los otros barcos que estaban en el puerto. Ari y Ryu condujeron a los caballos a tierra para que pudieran descansar de la turbulenta travesía. Iko pensó que no era buena idea dejar el barco solo, por lo que designó a Sha y a Sat como guardianas. Los demás se vistieron con ropas ordinarias que habían encontrado y se dirigieron al mercado de Lerumia.

Los monos saltaban de puesto en puesto. Robaban higos e ignoraban los gritos de los furiosos comerciantes, esquivaban con destreza todos los objetos que les arrojaban al azar. Los niños trataron de ocultar su sorpresa cuando vieron pasar a los indigentes, las prostitutas medio desnudas, los videntes y los encantadores de serpientes. Ahí era posible comprar cualquier cosa imaginable: pollos, pociones, amuletos, armas, gente. Caminaron sobre la maloliente porquería en que se habían convertido los vegetales, huesos y sangre putrefacta que llevaba ahí horas. Iko estudió con cuidado cada uno de los asquerosos puestos, edificios desvencijados y rostros grasientos. Trataba de encontrar algo que pudiera identificar como una "señal de su padre". Pero la búsqueda parecía inútil. Iko deseó que la Bruja hubiese sido más específica, porque en aquel hediondo y ruidoso lugar no había nada que le recordara al rey.

—Psst, psst.

Un hombre gordo, bajo y sudoroso hablaba desde su puesto sin que se le pudiera entender algo de lo que decía. Entre los rechonchos dedos sostenía una especie de conserva de frutas. Tenía una voz dulzona que bajaba y subía de volumen, mientras él mostraba la mercancía. Las palabras se arrastraban en su lengua de reptil como si fueran silbidos y crujidos. Iko levantó la mano para indicar que no estaba interesado, pero su brazo se paralizó en el camino. Sobre la oscura frente del hombre colgaba una malaquita verde sumamente pulida que resplandecía con la luz del sol. Sobre ella se cruzaban las hebras del grasiento cabello negro. La gema era igual a la que su padre había usado desde que Iko tenía memoria, en la banda de su frente. El rey incluso la había usado en las grandes ocasiones debajo de la triple corona de oro.

—¡Tok, Kía, vengan aquí! —susurró Iko—. ¿Qué dice ese hombre?

Los muchachos escucharon y le dijeron a Iko que el hombre estaba ofreciendo su mercancía.

—Pregúntale qué es lo que vende —le dijo Iko a Kía.

Kía entabló una breve conversación con el hombre regordete y volvió para decirle a Iko que vendía, esencialmente, conservas de alimentos, pero, al parecer, tenía artefactos más interesantes en la bodega. También aseguraba ser una especie de vidente y les había ofrecido decirles el futuro.

—Pregúntale cómo se llama —le dijo Iko a la chica.

—Quiere saber quién pregunta.

—Dile que es aquel a quien la Bruja envía.

Los protuberantes ojos del hombre se abrieron aún más cuando Kía tradujo el mensaje. Luego, el hombre miró con gran cuidado a los niños, quienes se veían incómodos. Se limpió los dedos en la túnica grisácea y se agachó junto a ellos.

—Bhagaji —contestó el hombre. Miró alrededor para asegurarse de que nadie más escuchara y murmuró algo más.

—Dijo que debemos seguirlo —dijo Tok.

Bhagaji llamó a un jovencito que andaba por ahí para que lo reemplazara en el puesto y, sin decir nada más, comenzó a caminar en el laberíntico mercado.

—¡Vamos o si no, lo perderemos! —dijo H'ra.

—¿Creen que debamos seguirlo? —preguntó Kía mientras veía que la figura del hombre desaparecía—. Porque, bueno, es bastante desagradable, y es obvio que no hay nada de noble en ese gordo y achaparrado cuerpo. ¿Están seguros de que debemos confiar en él? ¿Iko?

—Mi padre confiaba en la Bruja —contestó Iko—. Y yo confío en mi padre. ¡Vamos!

Los jóvenes caminaron presurosos tras el hombre tratando de pasar inadvertidos. Tenían claro que un grupo de muchachitos corriendo podría atraer el tipo de atención que no deseaban. Lo persiguieron hasta llegar a una ordinaria casa en ruinas. H'ra corrió una rasgada cortina de rayas rojas. Tras ella, Bhagaji estaba sentado en un banquillo con las manos cubriendo una taza que contenía un líquido oscuro y de fuerte aroma.

—Vamos, siéntense —dijo el hombre en un perfecto tandriano.

Iko y sus amigos obedecieron. El lugar estaba lleno de botellas y frascos de todos colores, pergaminos, lámparas, tapicerías y alfombras. También había unas jaulas, desde allí los pájaros miraban a los jóvenes. Del techo colgaban hierbas secas. El lugar le parecía a Iko familiar, pero no entendía por qué.

—Así que Tandra ha caído —dijo Bhagaji y bebió de la taza.

—¿Ya se conocen las noticias en esta tierra? —preguntó Iko.

—No, pero creo que se sabrán muy pronto.

—Entonces, ¿cómo es que usted lo sabe?

—Porque están ustedes aquí. Supongo que tú eres el príncipe —dijo Bhagaji mirando a Iko.

—Tal vez —dijo H'ra—. O tal vez soy yo, o ninguno de nosotros ¿Y a usted por qué le interesa saberlo?

—¿A mí? No, a mí no me interesa saberlo. Sin embargo, sólo debo hablar con el príncipe, así que si tú eres, identifícate, si no, sal de inmediato. Ustedes son los que tienen que buscarme a mí, no yo a ustedes, así que no desperdicien mi tiempo con juegos de niños.

Los jóvenes se desconcertaron cuando escucharon el firme tono con que les habló el hombre. La tosca y aguda voz había desaparecido, así como la apariencia de reptil que tenía su rostro. También se habían producido otros cambios. Fueron tan sutiles que era difícil señalarlos. Su postura, la serenidad de sus rasgos y la gracia de sus movimientos opacaron su regordete y grasiento aspecto y, por alguna razón, ahora lucía hasta venerable. Bhagaji sonrió con sutileza, como si supiera lo que estaban pensando.

—No todo es siempre lo que parece, mis jóvenes amigos —dijo—. Ahora díganme, ¿cuál de ustedes es el príncipe?

—Yo soy Iko, hijo del rey y la reina de Tandra, pero supongo que si sigo siendo príncipe es debatible en este momento.

—Lo eres a pesar de las circunstancias. Pero, no obstante de que en tus rasgos puedo notar tu linaje, necesito pruebas.

—¿Qué otra prueba le puedo dar que no sea mi palabra?

—Muéstrame la cicatriz.

Perplejo, Iko miró a sus amigos. Cuando tomaron Tandra, él no fue herido, y tampoco tenía marcas de nacimiento. Bhagaji extendió los brazos por encima de la mesa y tocó el torso de Iko.

—Si tú fuiste quien materializó a Isha, debe haber alguna cicatriz del pasaje —dijo Bhagaji.

Iko colocó su mano en el costado derecho. Con todo lo que sucedió, no se había detenido a revisar su cuerpo después de la aparición de Isha. Lentamente dejó que cayera su túnica. Los otros se inclinaron al frente. Ahí estaba: era una cicatriz amoratada con forma romboide que comenzaba a transformarse en delgadas líneas rosadas en algunos lugares.

—En un par de días habrá desaparecido —dijo Bhagaji mientras bebía más té.

—Oh, Iko, te debe doler mucho —murmuró Kía al tiempo que tocaba la cicatriz con ternura. H'ra le empujó la mano.

—¡Deja en paz a Iko! ¡Lo vas a lastimar!

—Cálmense ambos. No me dolió tanto cuando sucedió, y ahora tampoco —dijo Iko mirando duramente a Kía y a H'ra—. Entonces, ¿esto es prueba suficiente? —continuó, dirigiéndose a Bhagaji.

—Sí, señor —contestó el hombre e hizo una reverencia.

—Así que habla, ¿por qué me envió aquí la Bruja?

Bhagaji titubeó y miró a Kía, Tok y a H'ra.

—Ellos son parte de mi familia, cualquier cosa que me diga, se los haré saber a ellos, así que ahorrémonos tiempo y permita que se queden aquí —dijo Iko en un tono definitivo.

—Muy bien, joven príncipe. Como te habrás dado cuenta por mi acento, yo también soy tandriano. Hace muchos años fui el aprendiz del poderoso ser al que llamas "Bruja". Mi maestra, como yo solía llamarla, era sabia y poderosa como nadie más. Ella detectó el talento en mí y me motivó, a veces con alabanzas, otras, con leves golpes en la cabeza. Y aunque su dulzura era una dualidad, su amor siempre fue íntegro. Un día, hace dieciséis años, ella me guió a través de una visión. Era un ejercicio que hacíamos comúnmente. En él, yo debía abrir mi conciencia y viajar en espíritu más allá de mis límites físicos. Por lo general, también distinguía los colores, escuchaba voces y veía tenues imágenes que eran difíciles de descifrar. Pero ese día fue distinto. De pronto estuve a una gran distancia del mundo conocido; estaba volando sobre el mar. Podía ver todas las tierras y reinos que había estudiado en los mapas. Podía señalar todos los lugares: Tandra, Lerumia, Tartharia, Grezian, Olhomeece, Crendania, y muchos otros. De pronto, ahí en donde se suponía que tenía que terminar el mar, en donde se suponía que los límites de la tierra tendrían que derrumbarse en cascadas infinitas sobre la gran tortuga, ahí, el agua continuó expandiéndose. Entonces vi tierra. Era verde y vasta, y tenía playas espléndidas. También había un río muy grande, el más largo que he visto. Había canales que el río mismo había formado en sus viajes en círculos concéntricos. Eran como las olas que se forman en un estanque cuando se arroja un guijarro a la superficie. En medio de todos esos canales flotaba una isla, y en ella, había una ciudad de cristal y oro con calles que, de primera instancia, pensé que estaban delineadas con plata, pero que después descubrí que solamente eran agua inmóvil. Había gente, rostros, oh, joven príncipe. ¡Jamás había yo visto rostros tan hermosos! Era como si el miedo, el dolor, el odio o la avaricia, jamás hubieran tocado las almas de aquellas personas. La serenidad y el gozo que emitían eran tan intensos que prevalecían en ellos como el perfume que permeaba a toda flor, árbol, animal y construcción. Todo era brillante, como si en lugar de piel sólida, huesos, madera y mármol, todo hubiese sido tejido con la luz solar, tejido por los dedos llenos de gracia de la Diosa misma. Un gran rey gobernaba en aquella tierra. La gente se regocijaba con su presencia, y con las de sus príncipes y princesas. Mientras volaba sobre ese lugar maravilloso, vi el rostro del monarca y, de pronto, mi corazón dio un vuelco.

Porque los rasgos de aquel hombre tan joven eran iguales a los de la amada Eret, reina de Tandra.

—¿Cómo? —exclamaron todos los niños al mismo tiempo.

La severa mirada de Bhagaji parecía flotar en la tenue luz que había en el pequeño cuarto.

—Te vi, Iko. Te vi sentado en el trono de aquella tierra perfecta. Eras un rey diez veces más poderoso que tu padre. No sólo eras gobernante, sino creador de un mundo.

—Pero, ¿cómo? —susurró Iko, con el espíritu conmovido por la descripción del paraíso de Bhagaji.

—Eso no lo sé, pero si tú y tus amigos quieren llegar ahí, tienen que encontrar las otras partes del mapa.

—¡Espera! ¿Cuáles partes? —interrumió Tok.

Bhagaji les explicó que cuando regresó de su viaje espiritual, su maestra, tras haber escuchado el relato, le hizo dibujar un mapa de lo que había visto. Durante meses, lo guió en sus meditaciones, escribió sus palabras, perfeccionó las ilustraciones y trató de descifrar el significado del parecido entre el rey de aquella nación de ensueño y su propia reina. Entonces llegó el anuncio de la inminente llegada de un heredero, y la Bruja tuvo sus propias visiones. Vio a los crendin, vio la destrucción de Tandra y, lo más importante, vio a Isha manifestarse. En ese momento todo cobró sentido. Si Tandra tenía que sucumbir, entonces habría que preservar su legado. Además tendría que encontrarse un refugio seguro para el Isha y para su portador. ¿Y qué mejor lugar que una tierra que, en teoría no existe? ¿Podrían los crendin o alguien más, arriesgarse a cruzar los límites del mundo para perseguir una joya de cuyo verdadero poder todavía no estaban enterados?

—Fue por eso que ella urdió un plan. Yo tendría que venir aquí y esconderme entre la gente del lugar, y esperar la llegada del príncipe. Ella hablaría con el rey y le explicaría la situación. Mi maestra tendría que encontrar una manera de escapar de Tandra, y el rey se aseguraría de que su hijo estaría preparado para la empresa que le aguardaba. Si el plan funcionaba, entonces el espíritu de Tandra estaría seguro, el Isha se solidificaría y liberaría su poder, y el reino de mi revelación nacería.

Bhagaji se detuvo y con los dedos buscó algo debajo de la mesa. Sacó un quinqué de cobre y lo encendió. La oscuridad había logrado entrar sigilosamente, y ya no se podía ver nada más que sombras y contornos.

—Sin embargo —continuó el hombre—, mi maestra fue cautelosa en extremo. Como sabía que ni el Isha ni esta tierra debían caer en manos de los crendin, tomó el mapa y lo cortó en varios pedazos. A mí me dio uno —Bhagaji se quitó la malaquita de la frente—, los demás los deben encontrar ustedes.

Le dio vuelta a la gema y pudieron ver que había un pequeño frasco incrustado. El hombre lo retiró ayudándose de su daga. Mientras H'ra observaba la operación, tocó la empuñadura de su propia arma. Con sus gruesos dedos el hombre abrió el pequeño recipiente y sacó un pequeño trozo de cuero. Cuando comenzó a desenrollarlo, los niños se preguntaron, para empezar, cómo era posible que un trozo de mapa pudiera estar guardado en un lugar tan reducido: cuando Bhagaji lo extendió sobre la mesa, era cinco veces más grande que la malaquita. Bhagaji sólo sonrió con satisfacción.

—Les dije que mi maestra era muy buena.

Iko y los demás se inclinaron sobre el mapa. H'ra señaló un sitio.

—Ésta es Lerumia —dijo.

—Ya veo que tú eres el piloto —dijo Bhagaji—. Deben navegar de aquí hasta la isla Grezian, ahí encontrarán la segunda parte del mapa.

—¿Y cómo haremos eso? —preguntó Iko.

—Lo único que sé es que, llegando allá, lo que buscan no será un secreto, sino un premio.

—No comprendo.

—Esas son sólo las palabras precisas que debo decirles. En Grezian, el mapa no es un secreto sino un premio.

Iko dejó caer los hombros.

—Recuerda, joven príncipe, tienes al mejor maestro que pueda existir.

—¿El Isha? Él es tan preciso como tú.

—Date un poco de tiempo, la sabiduría es algo que se tiene que llegar a dominar.

Bhagaji se detuvo de repente y se tocó las sienes con los dedos; sus ojos se veían vidriosos, como si los cubriera una nube de humo.

—¿Bhagaji?, ¿estás bien? —preguntó Iko.

—Te están buscando. Akion quiere el diamante, también te quiere a ti, Iko. Las noticias se están esparciendo por todos los reinos. Veo una tabla en la mano del gobernador, murmuraciones, susurros, un rescate; ahora eres como dinero para los Lerumianos. Vete, ¡debes irte de inmediato!

Los niños saltaron y miraron a su alrededor.

—Recuerden lo que les dije: ustedes son los creadores de la realidad. Ahora, váyanse, niños, su destino los espera —dijo Bhagaji mientras abría la cortina.

—Ven con nosotros —dijo Iko inesperadamente—. Eres un tandriano, somos tu gente.

La expresión del hombre se suavizó. Entonces tomó a Iko de la mano.

—Mi trabajo aquí no ha terminado aún. A Kalibi, el muchacho que trabaja en mi puesto, se le suelta la lengua con mucha facilidad. Seguramente va a hablar de los jóvenes extranjeros que vinieron a verme; tengo que inventar alguna historia.

—Pero, es que, si estás en peligro...

Bhagaji hizo un gesto de desdén.

—Tal vez no sea tan bueno como mi maestra, pero me puedo defender bastante bien.

—Por favor, Bhagaji, ven con nosotros.

—Disculpa, jovencito, ¿tú eres el hijo de Al-Athalante-Ez?

—Sí, por supuesto.

—Entonces sé un rey y haz lo que debes hacer.

El hombre gordo hizo una reverencia hasta la rodilla y luego corrió hacia el mercado. Comenzó a encorvarse hacia el frente y su ancho cuello se hundió entre los omóplatos. Luego, se escuchó la voz tipluda gritando extrañas palabras en la noche.

***

Cuando Shannon despertó en el hospital, tres semanas después de haber llegado ahí, lo único que podía recordar con claridad eran las sensaciones: dolor, enojo, vacío. Y pérdida. ¿Qué había perdido? No podía recordarlo...

Ni siquiera cuando vio a Nana entrar a la habitación del hospital sonriendo tanto que las lágrimas se escaparon de sus arrugados ojos azules, pudo Shannon disipar el temor. ¿Qué le había sucedido?

Nana apretó su pequeño cuerpo contra el de Shannon y dejó que sus lágrimas corrieran por el cuello de la chica.

—Sabía que ibas a regresar, querida Shannon, lo sabía.

Shannon recordó poco a poco: el agua, las olas, el sentirse sofocada.

—¿Qué sucedió, Nana? Me siento muy extraña.

Nana recordó el accidente, el diagnóstico y, después de que muchos doctores y enfermeras revisaron a Shannon, comenzó a platicar con la chica sobre todo lo que la había llevado a aquella situación.

—Entonces no eres mi verdadera abuela —dijo Shannon con un susurro apenas perceptible.

—Te leí todos los días, Shannon. Dormí aquí, junto a ti, la primera semana que estuviste internada. Creo que está muy claro que no podría amarte más si fueras de mi propia sangre. Además, creo que, de alguna manera estamos destinadas a estar juntas en espíritu. Yo en verdad creo que soy tu abuela. Porque quiero serlo. Siempre.

—Siempre —murmuró Shannon al mismo tiempo que los párpados se le comenzaban a cerrar por el sueño—. Siempre.

NUEVE

Cuando Iris se cambió a mi escuela, las cosas mejoraron mucho para mí. Por lo menos ya no me sentía como una total extraña. A pesar de haber ganado bastante popularidad por mis impresionantes logros deportivos, la experiencia escolar todavía me causaba conflictos. Mi nuevo sueño tenía que ver con cinco anillos engarzados. Mis habilidades atléticas habían alcanzado un nivel bastante alto, y entre mis fantasías ya figuraban los juegos olímpicos.

Eso no era porque yo odiara las otras actividades escolares, de hecho, había algunos días en los que, incluso, llegaba a disfrutar de ellas, en particular materias como inglés y humanidades. Las matemáticas, sin embargo, eran una historia completamente distinta. Tal vez si entonces hubiera signos de dólar antes de los números, me habría sentido inspirada a llegar a niveles más altos, pero con la forma en que nos enseñaban matemáticas, realmente no me sentía motivada. ¿Para qué perder el tiempo en aprender todas esas estúpidas sumas?, ¿para qué diablos podrían llegar a servirme después en la vida? Y, ¿qué sentido tenía aprender otros idiomas si apenas estaba tratando de entender el inglés? Además, no conocía a nadie que hablara francés o alemán.

Pero con la hermana Marie-Claire, las cosas eran muy distintas.

Si bien yo odiaba matemáticas e idiomas, la educación religiosa me volvía loca. No creía en Dios, ni en las historias bíblicas, ni en Jesús. En particular, no creía en el Jesús que a la hermana

Marie-Claire le gustaba describirnos. El Dios de esa monja era una especie de saco de prejuicios. Francamente, yo no podía entender cómo era posible que existiera algo tan inexorablemente malo en la humanidad, algo como el "pecado original". Además, el amor de Dios del que hablaba la hermana sonaba a todo menos a "incondicional". Para mí era muy difícil creer en un dios capaz de tal crueldad, un dios que percibiera el sufrimiento como camino a la salvación. En algún momento llegué a la conclusión de que cualquier persona que creyera ciegamente en alguno de esos conceptos tendría que ser, por decir lo menos, superficial.

Como era niña nueva en la escuela, Iris estaba teniendo algunos problemas con la rigidez de la institución. En el programa se incluía la práctica de los buenos modales; además, el uso del uniforme era muy estricto: todos los días nos revisaban los guantes, el sombrero, incluso, que lleváramos la ropa interior autorizada. La mañana comenzaba con el canto de los himnos en el auditorio general, después teníamos una rutina típica de una escuela de severidad extrema. Cuando le dijeron a Iris el primer día de clases que aprendería a vestir, comer y caminar, que adquiriría gracia y garbo, y que la entrenarían para conocer las maneras correctas e incorrectas en que se mueve una jovencita en sociedad, pensó que estaría dispuesta a sacrificar sus salvajes hábitos sólo con la esperanza de convertirse en estrella. Sin embargo, la buena disposición no bastó, la gracia y el garbo parecían eludir a Iris en todo lo que tenía que ver con el ritmo. Aunque en muchas ocasiones me sentí tentada a molestarla, no lo hice porque, el año anterior, cuando mis padres me inscribieron en Saint Andrews, tuve que abandonar aquella parte salvaje de mi personalidad. Después del accidente me quedé sola en la playa, luchando infructuosamente por mantenerme a flote en la playa de la vida, sin esperanza alguna de que la marea volviera para salvarme.

El misterioso dolor que había acompañado a mi recuperación continuaba aferrado a mí. Todavía sentía una profunda sensación de pérdida y, esa sensación surgía con más y más frecuencia, en forma de rebeldía.

—¿Señorita O'Leary? —llamó la hermana Marie-Claire.

—¿Sí?

—Tengo entendido que su madre es una mujer muy religiosa, que incluso da clases en la escuela dominical.

—Pues... sí, así es —respondió Shannon al mismo tiempo que se preguntaba hacia dónde se dirigía la chaparrita hermana con su pregunta.

—Bien, pues entonces estoy segura de que podrá decirles a sus compañeras cuáles son los tres pilares de la fe cristiana, según san Pablo.

¿Acaso sería ésta una venganza por la clase anterior?, ¿cuando Shannon preguntó sobre María Magdalena y Jesús, y sobre los rumores de que habían sido algo más que sólo amigos?

—Bien, pues verá, hermana, mi madre no me impone sus creencias.

La hermana Marie-Claire bajó sus lentes de lectura.

—Pero tú eres cristiana, ¿no es así? —preguntó.

—Técnicamente... sí, tan cristiana como quien celebra Navidad con una parrillada en la playa.

Las demás alumnas se rieron y la hermana tuvo que aclarar la voz.

—Ya veo. Pues entonces, vamos a abrir nuestras Biblias. Lucas 1:1:12. Ya se puede sentar, señorita O'Leary.

—Gracias, hermana —dijo Shannon mientras se sentaba—. Ah, y por cierto, los tres pilares son el amor, la fe y la caridad. Y entre ellos, el más importante es el amor.

La pequeña mujer titubeó por un momento, pero luego comenzó a leer en voz alta. Shannon miró por la ventana. Amor. Se preguntó si en realidad existiría.

Shannon cepillaba la piel lechosa de Cresta Run mientras Iris estaba sentada sobre un montón de paja leyendo una revista de chismes. Shannon se estaba quedando en la granja de su tío Ralph porque sus padres estaban en uno de sus frecuentes viajes, en esta ocasión, a Fiji. Martha y William habían ido ahí para conocer a uno de los niños que apoyaban a través de World Vision. Siempre habían estado involucrados en muchos proyectos de caridad. William ahora era jefe de un grupo de *scouts*, miembro de los masones, y estaba muy dedicado a los niños que habían adoptado.

—¿Ya te enteraste de que hay un nuevo instructor de educación física? —preguntó Iris con los ojos todavía pegados a la revista de chismes.

—¿Y qué con eso?

—Solía ser la mascota del equipo australiano.

Shannon dejó de cepillar a Cresta Run y el caballo relinchó en señal de protesta.

—¿En serio? Wow… y ahora está en nuestra escuela. Tal vez pueda asesorarme un poco; lo he visto correr en la pista del parque olímpico. Corre tan rápido que sólo se ve el polvo —dijo Shannon; luego bajó la voz hasta que sólo se escuchó un murmullo ronco—. Y además tiene unas piernas fabulosas.

Iris miró a Shannon con la boca abierta y comenzó a reír tanto que se cayó del montón de paja.

—¿Qué es lo que te parece tan gracioso? —preguntó Shannon molesta.

Iris escupió un poco de paja y, después de enjugarse las lágrimas del rostro, contestó:

—El instructor no es un hombre, tonta, es una mujer.

—¿Cómo?

—Que el nuevo maestro de educación física no es varón, ¡es una chica!

Ahora Shannon era quien estaba confundida.

—¡No puede ser! ¿Estás segura?

—Oh sí. Es una mujer estadounidense que se llama Amelia Clark. O mejor dicho, señorita Clark, para ti y para mí.

—¡Oh, pero él... ella... es tan guapo!

—Sí, es guapo si la vez como hombre. Pero como mujer...

Se miraron y comenzaron a reír de nuevo. Cresta Run agitó la crin y las chicas se esforzaron por calmarse: no era buena idea poner nervioso a un caballo antes de un paseo.

—Por cierto —continuó Iris mientras peinaba su cabello dorado—, hablé con Rose.

—¿Y qué pasó?, ¿estuvo de acuerdo?

—Oh sí. Ella va a hacer todos los arreglos de costura que necesites a cambio de que tú hagas sus tareas de inglés. Me dijo que te recordara que tiene que entregar su ensayo sobre Enrique V en dos semanas.

—¿Y qué te dijo acerca de mi blusa de manga corta?

—Que estará lista en una semana.

Shannon sonrió.

—Creo que voy a lograr que Nana esté muy orgullosa de mí.

—Claro, hasta que se entere de que tú no la cosiste. Cosa que, tú y yo sabemos, sucederá tarde o temprano.

—Pero para ese momento tú ya estarás en Hollywood, Iris, yo estaré en un pódium, y a Nana no le importará el asunto de la costura —dijo Shannon y, extendiendo los brazos, apretó un poco los hombros de su prima. Se rió y sacó del establo a Cresta Run.

Shannon llegó a la meta final y su esbelto cuerpo refulgió en contraste con el cielo color durazno de mayo. Colocó las manos sobre su angosta cadera y caminó por la pista soplando, más que exhalando, dando al aire unas ligeras patadas con sus bien torneadas piernas. Vio que la señorita Clark escribía los resultados en su imprescindible tabla de anotaciones. El corazón de Shannon dio un brinco cuando vio la hilera de perfectos dientes dibujada en el rostro angular de la maestra. Quizás lo había logrado en esta ocasión, pensó mientras caminaba hacia la señorita Clark, ¡quizás había logrado el récord de Cuthbert!

—¿Y bien? —preguntó Shannon.

—13.2. Nada mal, chica, ya casi llegas a donde quieres —le respondió la señorita Clark con aquel acento estadounidense cantadito que veinte años en Australia y su certificado de naturalización, no habían podido eliminar.

—¡13.2! —gruñó la chica—. ¿Para cien metros? Por favor, señorita Clark, ¡eso es ridículo! ¿Está segura de que su cronómetro está funcionando bien?

La maestra rió con fuerza.

—¿Y entonces qué quieres?

—11.5.

La maestra le dio una suave palmada a Shannon en el hombro.

—Hubo un 12.3 en los récords de las Golden Girls, estoy segura. No pierdas la esperanza, Shannon, todavía tienes tiempo.

—Betty Cuthbert tenía solamente tres años más que yo cuando ganó tres medallas de oro en Melbourne, señorita Clark —dijo Shannon enfurruñada—. Creo que no me queda mucho tiempo para aspirar a los olímpicos. Además...

—¿Además qué?

Shannon se mordió el labio. No sabía cómo decírselo, pero quería que la señorita Clark se sintiera orgullosa de ella, que la mirara con aquella expresión que suavizaba sus rasgos cada vez que les platicaba de las tardes que solía pasar con su familia, sentados en el pórtico, en algún lugar envuelto por la romántica bruma de Georgia.

—Tengo que irme, señorita, papá me va a llevar a practicar basquetbol.

—A veces tengo la impresión de que tú conformas el equipo deportivo de toda la escuela —dijo la maestra sonriendo. Luego, sin embargo, hizo un gesto un tanto adusto—. Tal vez ése es el problema, Shannon, estás muy dispersa, quizás deberías enfocarte más.

—¿Y decepcionar a Saint Andrews? —preguntó la chica colocando débilmente el dorso de la mano sobre su frente—. Ay, por favor, señorita Clark, ¡qué vergüenza! ¿En dónde está su espíritu de equipo? Además, si no fuera por mi desempeño en las actividades deportivas, creo que no me soportarían en la escuela.

William tocó el claxon de nuevo.

—En verdad tengo que irme, papá es como un santo pero lo mejor es no abusar. La veo en la escuela, señorita Clark. ¡Hasta luego!

—Hola, cariño, ¿cómo te fue en la pista? —le preguntó William a Shannon cuando ella entró al auto.

—Apesto —contestó la chica mientras se acomodaba junto a él.

—Estoy seguro de que no te fue tan mal —dijo William mientras se dirigían al centro deportivo—. Es que a veces eres demasiado dura contigo misma, Shannon.

—Sólo tengo estándares muy altos. ¿Qué hay de malo en ello?

—Nada, siempre y cuando no te castigues de forma innecesaria.

—Estamos en los ochenta, papá, es la era de la excelencia. ¿Tú crees que me gustaría ser mediocre?

William despegó las manos del volante en señal de que se daba por vencido.

—Lo único que estoy diciendo es que no tienes que ser la mejor en todo, nada más.

—¡Pero sí tengo que serlo, papá! —dijo Shannon, sorprendida por la vehemencia de sus propias palabras—. Porque, ¿entonces para qué esforzarse si no vas a brillar o, por lo menos, a tener la esperanza de lograrlo? ¿Cuál es el propósito de ir a una batalla si no esperas ganarla?

Sin embargo, la mente de Shannon iba adelantada a su discurso pues, en su interior, había una luz que iba iluminando aquellos rincones oscuros de sí misma. ¿Qué sentido tenía aferrarse a aquello que nunca le pertenecería? Vio la camiseta blanca de su uniforme que se salía un poco de su mochila de educación física. Tiempo atrás se había dado cuenta de que, en los aspectos escolares, dejaba mucho que desear y, paradójicamente, la constante motivación de sus padres y el hecho de que Martha fuera maestra, hacían las cosas aún más difíciles. En varias ocasiones, Shannon le había mostrado a su madre sus ensayos y ella, sin siquiera pensarlo, había comenzado a corregirlos con su pluma roja. Tal parecía que, sin importar cuánto se esforzara Shannon, su objetivo de convertirse en una estudiante excepcional, siempre se veía afectado. Lo mismo pasaba con sus sueños deportivos. Había llegado a la conclusión de que, si de verdad hubiese sido material olímpico, ya se habría notado. Mientras la decisión se iba clarificando en su mente, sintió que los ojos comenzaban a arderle.

—Shannon, ¿estás bien? —le preguntó William preocupado.

—Sí... ¿Sabes, papá? Creo que, por hoy, mejor nos olvidamos de la práctica de basquetbol. Tengo muchas ganas de ir a casa.

—¿Estás segura?

—Ajá. Tengo que arreglar algunos asuntos.

El auto cambió de dirección y los ojos de la chica se humedecieron. En ese momento, sus ambiciones universitarias y aquellos sueños de medallas de oro cayeron de pronto en un cofre del tesoro que vivía en su interior, ahí en donde Tarzán y Marine Boy jugaban, en donde su yo infantil cantaba, en donde una amorosa hermana imaginaria bailaba al compás de su canto, en donde sus padres biológicos se llamaban Martha y William, y en donde su corazón, aquel débil y casi olvidado segundo corazón, aún latía.

Después de dejar a Cresta Run durmiendo, Shannon se dirigió a la casa, y al entrar a su habitación, a la que había sido su habitación desde que tenía memoria, sintió que ya no pertenecía a ese lugar. Invitó a Bear a su cama y la abrazó con fuerza.

—¿Quieres que te cuente un cuento, Bear? Entonces quédate quieta y pórtate bien.

XIV

El pequeño pez plateado flotaba en el agua cristalina y se inclinó de izquierda a derecha hasta que adquirió una posición estable, entonces su puntiaguda cabecita apuntó, técnicamente, hacia el norte.

—¿Estás seguro, H'ra? —preguntó Ari, fascinado con el artilugio.

El pez estaba en un pequeño cuenco y su cuerpo permanecía pegado a una base de madera para que no se hundiera. H'ra volvió a leer la tabla y asintió.

—Según las instrucciones siempre va a apuntar al norte. Lo único que tenemos que hacer es llenar el cuenco, colocarlo en una superficie firme y frotar el pez con un lienzo antes de sumergirlo en el agua —contestó H'ra.

Llevaban nueve días navegando y H'ra había decidido que lo mejor era mantenerse a cierta distancia de la costa. Había estudiado el mapa de Bhagaji, estaba trazando una ruta cuando Tok atrajo su atención al artilugio. La curiosidad del niño parecía no tener límites; desde que dejaron Lerumia, todos los días y todas las noches, Tok había abierto cada bolsa, barril y arcón que encontraba.

—Pero yo creí que no importaba a dónde nos dirigíamos —continuó Ari.

—¿Qué caso tiene usar este artefacto o leer un mapa?

H'ra miró a Iko en busca de ayuda.

—¿Por qué dices eso, Ari? —preguntó Iko sin dejar de practicar algunos de los nudos que los viejos marineros le habían enseñado en Tandra en sus clases de navegación.

—¿Qué no fue eso lo que dijo Isha esta mañana en la meditación?

—Ah… —contestó Iko al mismo tiempo que fruncía el ceño.

Desde que escaparon de Lerumia, Iko y los Siete se hicieron el hábito de reunirse todos los días con Isha, hacerle preguntas y tratar de descifrar sus respuestas. Aquella mañana Kía preguntó si era buena idea ir a Grezian. Sha había comenzado a dudar de las recomendaciones de Bhagaji porque conforme pasaron los días, los niños pensaron que podría ser una trampa. Iko y H'ra argumentaban que, de haber querido, Bhagaji los habría podido entregar a los crendin aquel día en Lerumia, pero Kía pensaba que tal vez los había dejado irse porque no estaba seguro en dónde estaba el Isha. Así pues, aquella mañana, cuando se sentaron alrededor de la blanca luz le hizo esa pregunta al diamante.

—No importa cuál camino elijan. A donde quiera que vayan, ahí estarán ustedes mismos. Todos los caminos conducen al mismo lugar: al hogar, a su corazón —contestó Isha.

—¿Y bien? —dijo Ari, trayendo a Iko de vuelta al presente.

—Bien, Ari, pues no creo que Isha se refiera al verdadero camino. Creo que se refiere a las opciones.

Los otros comenzaron a reunirse alrededor del alto joven. Mientras tanto, él continuaba amarrando una soga. Luego, continuó.

—Creo que es como si tres hombres viajaran a la misma ciudad pero tomaran tres caminos distintos. Tal vez uno sigue el camino que ya está construido, camina con las caravanas, se detiene en varias ciudades y ve muchas maravillas antes de llegar a su destino. Tal vez el segundo hombre cruza el desierto, elude a los asaltantes y vive grandes peligros. Y el tercero… pues digamos que navegó. Pero al final, todos terminan en el mismo lugar pero con distintas experiencias.

—Así que, ¿cómo podríamos aplicar eso a nuestra situación, Iko? —preguntó Kía al mismo tiempo que lo imitaba y se puso a hacer nudos al otro extremo de la soga.

—Creo que estamos destinados a algo, pero no sé exactamente a qué. Así que podemos sentarnos aquí, dejar que el Tilopa nos lleve adonde él quiera, y dejar pasar el tiempo. Esa sería la opción número uno. O tal vez podríamos detenernos en una de las islas y tratar de vivir ahí hasta que suceda lo que tenga que suceder al final. Esa sería la opción número dos. O…

—¿O qué? —preguntó Sha.

La mirada de Iko se perdió en el horizonte.

—O también podemos escribir nuestra propia historia mientras esperamos.

—¿Como en un cuento? —preguntó Ari.

—O como en un una canción épica —añadió Tok.

—Bueno, al menos ya tenemos a los villanos —dijo Sha.

—Y al sabio, o sabia, como Isha prefiera —añadió H'ra.

—Y un hogar a dónde ir —susurró Ryu.

Todos la miraron; por supuesto, tenía razón. Si decidían creer en la historia de Bhagaji, entonces sabían que existía una tierra, más allá de los confines del mundo, que los estaba esperando en alta mar.

—Por otro lado —continuó Iko—, yo podría estar completamente equivocado. Ni siquiera podría decir que comprendo las palabras de Isha; sólo hablo de lo que siente mi corazón.

—Iko, el saco —murmuró Sat y señalo la pequeña bolsa que colgaba del cuello de Iko.

Unos rayos de luz atravesaban la fibra de la tela roja, y el saco se expandía y se contraía como si fuera un corazón vivo. El cordón de cuero que lo mantenía cerrado comenzó a agitarse, y luego se desató solo como si unas manos invisibles lo estuvieran manipulando. Lentamente, el Isha salió de su escondite y sus fulgurantes caras negras contrastaron con el luminoso color azul del cielo. El diamante giró y sus rayos blancos se reflejaron como estrellas sobre el agua y sobre la impecable estructura del Tilopa.

—Nunca podrán crear nada más grande de lo que puedan manejar. Todo lo que encuentren en su camino será para servirles. No existe nada que pueda afectar en verdad a Dios. En la experiencia humana, a veces nos sentimos frágiles y vulnerables, otras, percibimos la claridad y la grandeza. Nuestra verdadera naturaleza es la unidad, y para combatir las dudas que nos separan de esa naturaleza, debemos aceptar todos los aspectos de la experiencia humana. Les voy a enseñar cómo dominar esa experiencia a través de la confrontación y la aceptación de ésta. La nueva cara del diamante es: "Agradezco al amor porque mi experiencia humana es perfecta." Al decirla, deberán prestar toda su atención al corazón. Acepten su incertidumbre y recuerden que, finalmente, el dedo debe señalarlos a ustedes mismos desde el interior. Deben confiar en ustedes mismos.

Se escuchó un leve suspiro que resonó en el aire, y entonces, Isha se desplomó. En el océano.

—¡No! —gritaron los niños al unísono.

—Iko saltó del barco, pero en cuanto atravesó la superficie marina comprendió que, como siempre había sido habitante del desierto, no sabía nadar. Ninguno de ellos sabía cómo hacerlo. Iko sintió que un chorro de agua entraba disparado por sus fosas nasales, y que llegaba directamente a su cerebro, en donde estalló como dolor puro. Cuando el aire que estaba aprisionado en sus pulmones luchó para liberarse, Iko sintió que un zumbido apagado se arrastraba por sus oídos. Pateó con furia y agitó los brazos de abajo hacia arriba tratando de asirse de algo.

—No tengas miedo: sumérgete en lo desconocido porque sólo en el vacío podrás encontrar tu verdadera naturaleza, la grandeza de quien eres. Sigue a tu corazón y confía en que todo estará bien. Enfócate en mi energía, enfócate en mi amor. Yo te protejo. Sígueme hasta el fondo, hasta el fondo, hasta el fondo.

Iko obedeció las palabras de Isha. Adoptó la postura de meditación y se dejó caer. Comenzó a pensar en la nueva cara… *Agradezco al amor porque mi experiencia humana es perfecta.* Después de eso, pasó poco tiempo antes de que, como una cadena de burbujas, saliera liberado el aire que quedaba en sus pulmones, antes de que sucumbiera a la atracción del peculiar reino submarino. Un elegante delfín nadó hacia él y le ofreció su aleta. Iko habría vacilado en otra ocasión, pero toda aquella experiencia estaba tan alejada de lo que él alguna vez consideró posible, que prefirió rendirse ante la realidad en la que se encontraba. Entonces, se sujetó a la aleta del animal. El delfín lo llevó a lo más profundo, brazas y más brazas hacia el fondo. El corazón de Iko fue palpitando cada vez más lento hasta sólo emitir un suave latido. Su cuerpo perdió su peso natural y se hizo más ágil; sus movimientos entraron en sincronía con el medio líquido que lo rodeaba. Se olvidó de la necesidad de respirar, ya que estaba cautivado por los corales fosforescentes que habitaban el misterioso mundo submarino. Y mientras el delfín continuaba jalándolo al fondo, y él repetía la cara, los peces nadaban alrededor de él, en círculos hipnóticos. Bajaron más allá de donde yacían los restos en ruinas de barcos que habían naufragado, y que ahora estaban cubiertos de percebes, de arcones y jarrones

picados por la sal marina. A lo lejos, Iko podía escuchar el canto de
Isha que atraía al delfín. Al acercarse al suelo del océano, Iko entró
en un momento de conciencia absoluta rodeada por el silencio más
puro. Debajo de él pudo ver el resplandor del diamante. Brillaba y
lo atraía aún más para seguir adelante.

—Soy tuyo, estoy esperando que me reclames, que me recu-
peres de las profundidades.

Cuando Iko volvió a la superficie sujetando con fuerza al Isha,
todos los jóvenes lloraban, excepto Sat. Todos lloraban la muerte de
su amado amigo. Pero sólo se había ido por unos quince minutos.

—¡Puedo nadar, puedo nadar! —gritó Iko flotando sin esfuerzo alguno en el agua fresca—. ¡Puedo nadar sin respirar! Isha
me enseñó cómo hacerlo. Comencé a pensar en la nueva cara y me
dejé llevar. Comencé a caer y el océano me guió. No creerían lo
hermoso que es allá abajo: ¡los colores, los corales, los peces y los
delfines! ¡Todos debemos aprender a nadar con la ayuda de Isha y
descubrir juntos este nuevo mundo!

H'ra y Tok dejaron caer una escalera de sogas para que Iko
pudiera abordar el barco. Una vez que el joven estuvo sobre los firmes tablones de la cubierta del Tilopa, todos corrieron a abrazarlo
riendo y llorando al mismo tiempo, lanzando sus preguntas al aire.
Ryu frotó el cuerpo de Iko con una sábana blanca para secarlo, Sha
le ofreció un poco de vino de dátil. H'ra imploraba un poco de silencio y espacio para que Iko pudiera sentarse y relatar lo que había
sucedido. Iko lo intentó, pero no estaba seguro de que sus palabras
le harían justicia a lo que había visto y sentido.

—¿Pero cómo es posible, Iko?, ¿cómo es que no te ahogaste?
—preguntó Kía tratando de encontrar la lógica en aquel peculiar
relato. H'ra le dio unas palmadas a la chica en el hombro.

—¡Ouch! ¿Me puedes dejar en paz, H'ra? —dijo ella—. ¡No
es que me hubiera gustado que muriera! Es sólo que… yo… no en-

tiendo lo que sucedió. ¿Cómo pudiste dejar de respirar y seguir bien, Iko?

El joven sonrió.

—Yo tampoco lo entiendo, Kía. Supongo que fue porque pude hacer a un lado el sentido común. Cuando apareció aquel delfín de la nada, fue algo tan extraño, tan onírico, que me dije, ¿por qué no? Si existen diamantes que hablan, brujas, videntes, profecías, y hasta delfines amigables, ¿por qué no pensar en que puedo dejar de respirar y continuar con vida? Y en ese momento, sin cuestionar nada más, comencé a creer. Fue entonces que dejé de respirar, así nada más. Fue un poco como cuando éramos pequeños e inventábamos juegos en los que podíamos volar como halcones o correr tan rápido como los caballos, ¿lo recuerdan? Había momentos del juego en que todo se tornaba… real. Eso fue algo similar: sólo me perdí en el juego, y de pronto todo fue real.

—Lo importante es que estás a salvo y de vuelta con nosotros —declaró H'ra estrujando con cariño el brazo de Iko.

—Y nos vas a enseñar a nadar, ¿verdad? Quiero ver esos barcos naufragados, los delfines, los tesoros perdidos. Oh, por favor, Iko, di que nos enseñarás, ¿sí?, ¿por favor? —suplicó Ari.

Todos rieron al ver el fervor en su rostro. Sat escuchó el alegre sonido de la risa, y se clavó más las uñas en la palma. Estaba sentada a unos metros del círculo que formaron los demás. Por un momento sintió el deseo de extender la mano y tocarlo, abrazarlo. Tenía la necesidad de revisar que cada centímetro de su cuerpo se encontraba a salvo, pero las piernas no le respondieron. La lenta frialdad que comenzó a fluir en sus venas cuando asesinaron a su familia, cobró una gran intensidad e inercia el día que cayó Tandra. Esa sensación ahora invadía cada uno de sus huesos y músculos, se estaba convirtiendo en una muralla de hielo alrededor de su corazón, de su debilitado y golpeado corazón incapaz de resistir más dolor. Fue por ello que, mientras sus amigos reían y hacían emocionantes planes para el futuro, un remolino de escarcha helada la succionó y la alejó de ellos y de sus sueños. Fue como ver un colorido tapiz colgado en lo alto, un tapiz en el que no se le había incluido.

Sin conocer el tumulto emocional que atravesaba Sat, los demás continuaron hablando con gran entusiasmo cuando partieron para Grezian. Les emocionaba aprender a nadar en el océano, a jugar con la hermosa vida marina de la que Iko les había hablado. Las maravillas de aquel nuevo mundo acuático los convocaban, y fue por eso que decidieron encontrar un lugar para soltar anclas y explorar el nuevo reino en el fondo del mar.

—¡Lo encontré! —gritó Tok y dejó caer unos pergaminos en la arena.

Miró alrededor con una enorme sonrisa en el rostro, y entonces, comprendió que se había quedado solo. Los demás ya estaban en el agua, listos para continuar con sus ejercicios de natación. Tok pudo escuchar los gritos llenos de gozo de Ari y de Ryu, quienes jugaban con los delfines.

—Oh, bueno, pues supongo que tendré que esperar para contarles.

Cerca de él se escuchó un relincho. Los caballos pastaban tranquilamente en la poca hierba que había en la playa. A veces agitaban el cuerpo como si trataran de liberar la tensión que se había acumulado en sus cuerpos después de pasar tantos días en alta mar. Se habían detenido en una pequeña isla en donde, de acuerdo con el mapa de Bhagaji, habitaban garzas y gaviotas. H'ra calculaba que les faltaban cuatro días más para llegar a Grezian, por lo que Iko había insistido en detenerse en algún lugar para que los animales pudieran descansar. Tok caminó junto a Zedhlan, su yegua palomina, y acarició su crin de lino.

—¿Quieres saber qué descubrí? —le preguntó Tok a la yegua en un susurro.

Zedhlan movió la cabeza de arriba para abajo. A Tok no le interesaba la opinión de Sha, su yegua podía entender absolutamente todo lo que él decía, el chico estaba seguro de ello.

—Yo sé en dónde está la segunda parte del mapa.

Zedhlan pareció un poco sorprendida: abrió un poco sus ojos color café oscuro.

—¿Y sabes algo más? Isha tiene toda la razón. Todo lo que nos hemos encontrado tiene el propósito de servirnos. En particular, tú, Créstula —le dijo Tok al caballo negro de Iko—. Tengo la sensación de que tú serás el héroe en este capítulo de nuestra historia.

Créstula movió ligeramente las orejas, y el corazón blanco que tenía en la frente resplandeció mientras seguía comiendo.

Aquella noche, mientras los jóvenes cenaban bajo las estrellas, Tok les dijo lo que había descubierto en los pergaminos. Al parecer, la gente de Grezian creía que su isla era un obsequio del dios del océano, quien, entre otras cosas, también había creado al primer caballo. Desde entonces, los grezianos habían dedicado buena parte de su tiempo y esfuerzo a la crianza de los mejores caballos que se conocían. Los exportaban a muchos reinos, incluyendo, suponía Tok, a Tandra. Los caballos grezianos pura sangre se caracterizaban por su pelaje negro-azulado y por una altura poco común para cualquier equino.

—¿Como Créstula? —preguntó Iko.

—Eso creo —contestó Tok—. Tiene sentido: tú eres un príncipe y siempre has sido bastante alto para tu edad. ¿No crees que el rey conseguiría el mejor semental para ti?, ¿el de mejor calidad y altura?

—¿Y qué tiene que ver toda esta información con el mapa? —preguntó Ari.

—Ésa es la mejor parte. A pesar de ser bien conocidos por su calidad en el comercio y la crianza de caballos, los grezianos se jactan de que nunca dejan salir de la isla a lo mejor de sus caballadas. Están tan seguros de la superioridad de sus animales, que cualquier extranjero que llega a Grezian tiene el derecho de desafiar a una carrera a los caballos del rey Kironte. El ganador se lleva a casa el cetro de oro del rey.

—¡El premio! —exclamó H'ra—.

—Así es —dijo Tok con una sonrisa.

—¿Y exactamente cuántas personas han vencido al rey de Grezian hasta ahora? —preguntó Sha, quien mordía un jugoso trozo de melón con gotas de miel.

El rostro de Tok perdió su vivacidad.

—Bueno, según lo que he leído… nadie, hasta ahora.

—¿Por qué no me sorprende? —dijo Sha mientras limpiaba el dorado líquido de sus labios—. Ah, sí… porque las cosas nunca son tan sencillas.

—¿Qué no escuchas a Isha? —le preguntó Kía a la chica del cabello rebelde—. Nunca podrás crear nada más de lo que puedas manejar. De todos los posibles desafíos que podrían existir, éste es el único en el que tenemos una oportunidad.

—Kía tiene razón —agregó H'ra—. Las carreras las ganan tanto el caballo como el jinete, y yo nunca he visto una conexión tan sólida como la que tienen Iko y Créstula.

El trío se embarcó en una de sus discusiones, y mientras tanto, Ari y Ryu abrumaron a Tok con preguntas sobre Grezian. Iko se quedó en silencio mirando a los jóvenes, meditando sobre lo que Tok les había dicho. Era cierto que en los establos de su padre jamás había encontrado un caballo tan rápido como Créstula, y que, desde que cumplió doce años, ni sus amigos ni los jinetes del rey (ya fuera cortesanos, guerreros o nobles) habían podido vencerlo en una carrera en que montara a Créstula. El recuerdo del rey y de la vida que alguna vez llegó a dar por hecha le provocó a Iko un amargo sabor de boca. Tandra se veía demasiado lejana y sus días como príncipe se estaban convirtiendo con rapidez en un recuerdo borroso. Lo único que se mantenía fuertemente adherido a su corazón era el amor. El amor por sus padres, sus coterráneos, su tierra y la herencia de sus antepasados. Iko vio al grupo de jóvenes frente a él, y una oleada de ternura lo hizo sonreír. Pero entonces, notó la ausencia de Sat.

Iko levantó una lámpara y vio la figura de la chica del otro lado del barco. Su hermoso rostro tenía una expresión vacía; de no ser por la suave brisa que jugaba con su largo cabello color ámbar y su velo, se le habría podido confundir con una escultura, una creatura fantástica tallada en la gloria de cedro del Tilopa. Los ojos de Iko viajaron por los valles y las colinas que conformaban el paisaje del cuerpo de Sat, y se nutrió con la calidez de la chica y con las largas pestañas que alcanzaban a medio cubrir sus ojos de color cambiante. Sin notarlo, Iko inhaló profundamente tratando de encontrar su aroma a vainilla y rosas. Extrañaba su voz, aquella voz que cada vez escuchaba menos. También su sonrisa, siempre peculiar, siempre preciosa.

—Déjala tranquila —escuchó a Sha decir detrás de él, y entonces volteó para mirarla.

—¿Qué le pasa a Sat?

—Supongo que está de mal humor. A veces Sat me hace pensar en un jarrón quebrado.

—¿Por qué?

—Porque puedes repararlo con arcilla y resina lo mejor posible, puedes pintarlo y añadirle gemas preciosas, pero al final, sigue roto. Roto e inservible; si acaso, útil para admirarse desde lejos con mucho, mucho cuidado.

—¿No estás siendo demasiado dura? —respondió Iko, y Sha se encogió de hombros.

—Hey, recuerda que así soy. Si quieres escuchar palabras dulces, tendrás que ir a conversar con Ryu. Buenas noches, Iko.

—Buenas noches, Sha —respondió Iko y volteó para continuar mirando a la chica inmóvil que se fundía con la noche. Si Sat estaba quebrada, él la haría sentirse completa; encontraría la forma. Pero no estaba dispuesto a perderla, no sin pelear. Hasta la muerte, de ser necesario. Iko caminó hasta ella y se quedaron de pie en silencio, observando cómo la calma del agua duplicaba a la luna. Desde su lugar, H'ra vio a la pareja, y la risa que una broma de Ari le había provocado, se congeló en sus labios.

DIEZ

—¡Dejar la escuela! ¿Estás loca? ¿Sabes qué tipo de futuro vas a tener si dejas de estudiar? Vas a terminar sirviendo bebidas en un bar o de mesera. Y eso, ¡sólo si aprendes a caminar con tacones!

Shannon hizo un gesto de sorpresa.

—¡No puedo creer que seas tan estúpida! —dijo Iris mientras daba vueltas en la habitación con la cabeza cubierta con una especie de casco de papel aluminio y rulos.

—¿Sabes? Ni siquiera mis padres reaccionaron tan mal como tú, primita —dijo Shannon, bastante divertida por el comportamiento de Iris.

Después de la conmoción, y gracias a sus siempre prácticas personalidades, Martha y William habían aceptado la decisión de Shannon sin gran oposición y, de hecho, hasta habían comenzado a pensar en algunas carreras que podría ejercer. En algún momento, llegaron a la conclusión de que Shannon debía entregarse a su verdadera pasión, y dedicarse por completo a los caballos, incluso si eso significaba comenzar desde abajo.

Sorprendentemente, hasta una de sus maestras, la señora McCarthy, la apoyó. Primero le ofreció algo de té y bollos, luego platicó con ella acerca del maravilloso clima australiano. Después le habló sobre algunos de los planes que tenía para el jardín de la escuela, y después la sermoneó con su adorable acento británico que tanto impresionaba a la chica.

—Sin importar qué decisiones tomes en la vida, Shannon, la única responsable eres tú. No eres la víctima de nadie, ni siquiera de la presión que la gente pueda ejercer colectivamente sobre ti. Todo lo que suceda será tu responsabilidad —le dijo la directora, y luego continuó con los consejos más prácticos como que, en las celebraciones, las damas sólo debían beber una copa de jerez, y que la copa siempre debía permanecer sobre la chimenea. Luego, cuando se estaba despidiendo de la joven, la estricta dama victoriana le dirigió una amorosa sonrisa y, con una lágrima que comenzaba a asomarse en sus ojos, le dijo:

—Creo que te esperan cosas maravillosas.

Sus palabras conmocionaron a Shannon. Le causaron el mismo impacto que cuando su madre le decía que era especial. No podía entender por qué alguien le diría eso, ya que, en el aspecto académico, era un fracaso. El hecho de que la señora McCarthy pudiera imaginar que era capaz de grandes cosas sobrepasaba su entendimiento.

—Sabes bien por qué lo estás haciendo, ¿verdad? —continuó Iris—. Porque Nana no está aquí, por eso. Ella no te dejaría hacer algo tan estúpido. La llamaré ahora mismo; le voy a decir que se suba al siguiente avión que salga de Irlanda y que venga a abofetearte hasta que entres en razón, muchachita.

Shannon saltó cuando vio que su prima descolgaba el teléfono.

—¡Deja el teléfono, maniática! El tío Ralph te mataría si llamaras a Irlanda. ¿No sabes que es carísimo?

—¡No me importa! —rezongó Iris—. No voy a permitir que hagas esto. Tú me convenciste de que me cambiara de escuela para que estuviéramos juntas, ¡y ahora te quieres ir y dejarme con toda esa gente remilgada e inmaculada!

Shannon abrazó a la delicada adolescente, sonriendo y llorando al mismo tiempo.

—Eres un ganso tonto, no voy a irme a ningún lugar, nos vamos a seguir viendo, sólo que no será todos los días.

—Eso es lo que dices ahora, pero las cosas van a cambiar, ya lo verás. Además, de todas formas vas a arruinar tu futuro.

—Siempre estaremos juntas, Iris, mucho más que si fuéramos hermanas de verdad. Y, respecto a mi futuro, ¿quién sabe? Tal vez me convierta en una famosa *jockey*.

—Eres demasiado alta; casi matas a Cresta Run la última vez que corriste contra los hermanos Farleigh, ¿recuerdas? —dijo Iris mientras se enjugaba las lágrimas con la camiseta que traía puesta.

Se quedaron sentadas en silencio durante varios minutos. Luego sonó la alarma del reloj e Iris fue al baño para ver los resultados de su permanente casera.

—¿Ya le dijiste a la señorita Clark? —preguntó Iris con la cabeza bajo el chorro de agua.

—Ajá. Se sintió algo decepcionada. Bueno, eso fue lo que me dijo. También me dijo que podía llamarla en cualquier momento, incluso sólo para conversar.

—Qué buen detalle.

—Sí —murmuró Shannon.

La verdad era que la señorita Clark se había mostrado genuinamente molesta cuando se enteró de que se iría de Saint Andrews. Incluso le ofreció a Shannon seguir entrenándola, y le aseguró que tenía posibilidades de convertirse en una excelente corredora. Pero el deseo en ella se había desvanecido. En ese momento, la señorita Clark tomó su mano y le dijo que siempre estaría ahí para ella en caso de que necesitara ayuda. Las palabras de la mujer habían sonado tan honestas que, por un instante, Shannon bajó la guardia. Quería apoyar su cabeza en los casi planos senos de aquella masculina mujer, y dejar de ser la chica necia e independiente, aunque fuera por un par de minutos.

—Y entonces, ¿qué vas a hacer? —preguntó Iris secándose el cabello con una toalla.

—Voy a trabajar en una granja equina.

Iris se sentó en la cama y miró a su prima con solemnidad.

—En verdad lo vas a hacer, ¿no es cierto?

—Sip.

—¿Y pagan bien en un empleo así?

Shannon apretó una almohada y se preparó para una exhibición más de la dramática exuberancia de la señorita Iris O'Leary.

—Tienes que llevar tu propio dinero… y un almuerzo.

La segunda parte del sermón sólo duró como media hora.

Algunas semanas después de que Shannon abandonara la escuela, los O'Leary compraron un terreno cerca de un pueblo llamado Franklin Creek. El lugar era un pintoresco y pequeño escenario en el que, a pesar de que lo más parecido a un riachuelo era un tenue goteo de agua en donde ningún pez podría sobrevivir, se podía acceder a una hermosa vista costera que quedaba bastante cerca. En ese lugar Cresta tendría un hogar, y el padre de Shannon tendría la oportunidad de seguir entregándose a su pasión: la pesca. Nana había vendido tiempo atrás la cabaña de playa en donde William había pescado durante muchos años. Shannon estaba enamorada de la nueva propiedad. Además, después de adquirirla, William construyó una casa desde donde se podía ver el horizonte, ahí en donde el cielo se encontraba con el mar en la Bahía Waratah. La familia comenzó a pasar ahí todos los fines de semana para relajarse con la belleza natural del lugar, y el hecho de que el empleo de Katrina en Sydney la mantenía alejada la mayor parte del tiempo, hacía que el lugar fuera aún más perfecto a los ojos de Shannon. Sentía que era un lugar que le pertenecía de verdad, por lo que se esforzó mucho para hacer que fuera atractivo y acogedor antes de que Nana regresara de lo que ella misma había llamado su "viaje de despedida" a Irlanda. Llevaba ocho meses lejos y Shannon la extrañaba muchísimo. Ojalá pudiera haber dicho lo mismo sobre su hermana mayor.

La relación entre las hermanas permaneció fría, por decir lo menos. Habían llegado a dominar el arte de no estorbarse la una a la otra; de decir exclusivamente la cantidad necesaria de palabras para crear la ilusión de una conversación educada aunque corta; de lavar los trastes juntas sin arrojarse cuchillos ni aceptar la existencia de la otra. Después del "incidente", como la familia se refería a su accidente, la atención de Martha y William se enfocó abiertamente en Shannon. A pesar de que les aseguró que el suicidio no le había cruzado por la mente la noche en que se sumergió en el océano, ellos nunca pudieron creerle por completo. Respetaron su deseo de no asistir a terapia, pero decidieron involucrarse más en las actividades de su hija menor. Por remordimiento o resentimiento, la reacción de Katrina fue alejarse. Mantuvo sus visitas al mínimo en las vacaciones escolares y se mudó a Sydney con algunos compañeros en cuanto tuvo la primera oportunidad. En poco tiempo se estaba convirtiendo en lo que algunas revistas describían como una "dama de altos vuelos" o sumamente ambiciosa. Tenía un puesto de gerente junior en una agencia de reclutamiento que estaba en la segunda zona más septentrional de Australia. Usaba imponentes trajes con enormes hombreras, usaba el cabello bien esponjado y sus aretes eran increíblemente grandes. Comenzó a frecuentar nuevos y "más sofisticados" círculos, como decía Martha, y en cada visita que hacía a la casa de la familia, llegaba acompañada de una exquisita botella de su vino favorito del momento (Châteauneuf du Pape y Pouilly Fuissé eran los más recientes). Y claro, no podían faltar los interminables recuentos sobre cocteles en embajadas y cruceros alrededor de la bahía de Sydney en el yate de algún heredero del mundo financiero. Cuando Katrina se enteró de los nuevos planes de Shannon, de entre sus pestañas cargadas de mascara surgió un atisbo de la cruel joven de tres años atrás. Martha le había preguntado si podría echarle una mano a su hermana menor, a lo cual respondió diciendo que en su compañía sólo trataban con gente que tuviera, como mínimo, un título universitario. Luego le preguntó a Shannon, con la voz más profesional que tenía, exactamente qué era lo que implicaba su empleo. Como sus padres estaban en la sala, Shannon se vio forzada a responder de manera bastante seca, que tenía que ayudar a ejercitar a los caballos, a asearlos; a cuidar los establos y otras labores. Katrina miró rápidamente la fotografía de su graduación, la cual yacía orgullosamente sobre la chimenea, y suspiró.

—Ya veo. Supongo que eso es mejor que solicitar la ayuda que les da el gobierno a los desempleados. No hay por qué avergonzarse de ese tipo de empleos, Shannon. Admitámoslo, este mundo sería bastante incómodo si no hubiera alguien que levantara la mierda —dijo Katrina. Martha y William no escucharon todos sus comentarios, pero Shannon sí.

Cuando Katrina anunció que en la oficina se habían puesto demasiado difíciles y que, sencillamente, no podría invertir su valioso tiempo en manejar desde y hasta Melbourne, Shannon sintió que una brisa de aire fresco soplaba en su interior. Comenzó a ver el refugio rural como su paraíso personal, más cuando Nana por fin regresó de Irlanda. La mujer recibió las noticias de la nueva vida de Shannon con bastante estoicismo. Preguntó si el presente nivel de educación de la chica era suficiente para leer el periódico, abrir una cuenta bancaria y hacer compras sin que la engañaran. Sí, respondió Shannon. Luego Nana preguntó sobre el nuevo empleo. ¿Era algo honesto? ¿Disfrutaría Shannon lo que iba a hacer? ¿Tenía algún futuro? Shannon vaciló un poco, pero luego le aseguró a Nana que sí era honesto, sí lo disfrutaría y sí tendría un futuro.

—¿Hay jovencitos ahí? —preguntó Nana.

—Pues... sí.

—¿Guapos?

—No lo sé, tal vez, algunos.

—¿Y ricos?

—¡Nana! ¿Eso qué tiene que ver?

—Nada, pero recuerda que es igual de fácil enamorarse de un hombre rico que de uno pobre —dijo nana guiñando con picardía.

—Por favor, Nana, ¿quién habló de enamorarse?

La anciana sonrió.

—Ya casi tienes dieciséis años, Shannon. Te vas a enamorar de un hombre trabajador, religioso y honesto, por supuesto.

—Lo más probable es que sea un caballo —susurró la chica, luego sonrió—. Lo cual me recuerda, querida, adorada, dulce Nana… ¿has visto lo triste que ha estado Cresta Run recientemente? Creo que está demasiado solo.

Tomó toda una tarde, pero para el siguiente día, Nana ya estaba convencida de que el pobre caballo estaba a punto de tener un ataque de nervios por la falta de compañía equina. Tres días después, las dos mujeres estaban en la cima de una colina observando caballos jóvenes galopando. La venta de la cabaña le había permitido a la abuela guardar "un dinerito", el cual estuvo totalmente dispuesta a invertir en el bienestar de Cresta Run.

—¿Nana?

—¿Sí, cariño?

—Hay algo que me ha estado incomodando desde que volviste.

—¿En serio?, ¿y qué es?

—Bien, pues yo estaba segura de que ibas a poner el grito en el cielo en cuanto te dijera que iba a dejar Saint Andrews y, a pesar de todo, pues bien, aquí estamos, escogiendo un caballo.

—Francamente, no te puedo decir que me muero de la alegría de que hayas dejado la escuela sin siquiera avisarme. Por lo menos habría hecho mi máximo esfuerzo para disuadirte.

Shannon miró al suelo.

—Dicho lo anterior, ahora mírame y escúchame bien, niña —continuó Nana mientras acariciaba con dulzura el sedoso cabello negro de Shannon—. Todos en este mundo necesitamos que nos amen sin que importe nada más. El día que Martha y William te trajeron a mí, envuelta en tu cobijita blanca con rosa, decidí que yo sería esa persona para ti, aquella que te amaría a pesar de ti misma.

Sin siquiera pensarlo, Shannon abrazó con fuerza a su abuela.

—Ahora, vamos, vamos, no nos pongamos sentimentales. ¿Cuál quieres? —preguntó Nana.

Shannon tocó el lado derecho de su pecho por instinto. Y en ese momento posó la vista en una magnífica palomina dorada con crin y cola más claras que las de Cresta Run.

—Ésa —dijo señalando al hermoso animal—. La voy a llamar Providence porque ella será mi destino.

Nana le sonrió a la chica. Ya no era una niña pero tampoco una mujer. Al verla, sus ojos se iluminaron con cálido afecto. Shannon miró en ellos y, de pronto, se sintió en otro lugar, en una especie de sueño olvidado. Estaba galopando un semental negro con un grupo de palominos perfectos. Estaba rodeada de jinetes con hermosos rostros que le parecían extrañamente familiares. Corrían en una enorme llanura abierta, y a lo lejos se alcanzaba a ver una gloriosa ciudad fulgurante.

Shannon volvió de golpe a la realidad.

Si Nana había notado algo extraño, no lo mencionó. Continuaba mirando a la chica con la misma ternura. Shannon se sintió desconcertada porque no entendía lo que acababa de suceder. Sin embargo, una increíble sensación de amor inundaba todo su ser. Aquello que había sentido durante su visión era lo mismo que compartía con Nana: amor incondicional. Tan puro que podía mirar más allá de lo elusivo de la vida. Fue un momento muy intenso para ambas porque el corazón de Shannon se abrió por completo ante su abuela.

ONCE

Para su sorpresa, Shannon resultó una trabajadora excelente. Las exigencias físicas en la granja equina le hicieron ejercer la práctica, el vigor y el entusiasmo que el ámbito académico no había podido inspirar en ella. A sus nuevos jefes les encantaba aprovechar su naturaleza atlética y su ingenuidad juvenil. Explotaron al máximo sus habilidades. A cambio, Shannon observaba con cuidado y absorbía como una esponja todos los pormenores de cómo amansar caballos. Con ese nuevo conocimiento y la ayuda de un libro de la biblioteca, comenzó a amansar a Providence, dando inicio a su carrera como amansadora a la tierna edad de quince años. La chica construyó con gran orgullo su primer corral, elemento necesario para el programa de entrenamiento. Eligió un terreno en donde la tierra era bastante suave, por lo que, cuando regresó el fin de semana siguiente, el corral se había hundido. ¡Todo su trabajo había sido en vano! A pesar de ello, Providence se mostró juguetona y encantadora. La dulzura de la yegua, con la implacable fiereza de Cresta Run y las lecciones que estaba aprendiendo en la granja, le brindaron a Shannon suficientes emociones y motivación para engancharla en el maravilloso mundo de los caballos. Odiaba el momento en que tenía que dejar la propiedad y volver a la ciudad. Había llegado a sentirse completa en presencia de sus adorados caballos y en el maravilloso escenario de las exuberantes colinas de South Gippsland.

Shannon llevaba diez meses trabajando en la granja equina cuando sus padres la hicieron sentarse para sostener una de sus típicas pláticas familiares. Martha y William creían que esta experiencia estaba proveyéndole ciertos beneficios educativos, ya que le estaba ayudando a desarrollar el sentido de la responsabilidad y logro (algo que nunca debía subestimarse), además de enseñarle habilidades bastante útiles. Sin embargo, era sencillamente ridículo que trabajara durante tantas horas sin recibir un salario. Shannon no tuvo más opción que estar de acuerdo y, por lo tanto, comenzó a buscar un nuevo empleo.

Shannon puso un anuncio en un periódico rural. En él se ofrecía para trabajar con caballos, pero terminó horrorizada por algunas de las llamadas que recibió como respuesta. Durante toda su vida había permanecido bastante protegida. Prácticamente, no había tenido contacto físico (ni siquiera social) con gente del sexo opuesto y, por lo tanto, se sintió muy desconcertada por las perversas preguntas que escuchó al teléfono. Ni siquiera sabía cómo responder porque, además de los pasajeros y confusos sentimientos que la señorita Clark había despertado en ella, hasta ese momento no había explorado su sexualidad. Y luego apareció Jeff.

—¿Entonces sí tienes experiencia en amansar caballos?

—Sí, ya amansé a uno —dijo la chica y apoyó en la pierna izquierda todo el peso de su metro cincuenta y cinco.

El hombre continuó leyendo el currículo de una página que Martha había preparado con tanto cariño y profesionalismo.

—¿Y por qué te gustaría trabajar en mis establos?

—Porque no me puedo imaginar algo más bello que un purasangre fino, y me encantaría tener el placer de trabajar con uno.

Parecía que el hombre todavía tenía dudas. Shannon resopló para retirar un mechón de cabello que le cubría el rostro, y luego puso las manos en los bolsillos traseros de sus ajustados *jeans*.

—Escuche, señor Horton, podríamos quedarnos aquí todo el día tratando de lucir ingeniosos y distantes, o podemos ir directo al grano. Yo tengo dieciséis, soy fuerte y necia. También aprendo rápido, trabajo duro y no tengo un pelo de tonta, así que lo más probable es que no tendrá que explicarme las cosas más de una vez. Soy muy buena con los caballos y, si cree que estoy mintiendo, lo único que tiene que hacer es darme una oportunidad y reírse como tonto de mi estupidez si echo a perder las cosas, o congratularse y dar gracias al cielo por haber encontrado una alumna tan brillante. De cualquier forma, es su decisión.

En el año previo, había florecido de forma inesperada en Shannon un cierto desenfado irreverente. Más adelante ella asumiría que se trataba de una herencia genética que había recibido de su padre biológico, quien había sido inmigrante ilegal, pero, en ese momento, sólo intuyó que con este hombre funcionaría mejor una ofensiva directa que la amable persuasión. Jeff Horton se rió de buena gana y le dijo que llegara a los establos al día siguiente, a las cinco de la mañana en punto.

Jeff puso a cargo de la chica a Shadow Wind, uno de sus mejores caballos. Los muchachos que trabajaban en el criadero comenzaron a apostar en cuánto tiempo se daría Shannon por vencida. Porque, después de todo, el jefe le había dado un caballo particularmente difícil, un caballo que no podrían enfrentar los débiles ni las nenitas. Por desgracia para ellos, Shannon no era ni débil, ni se comportaba como nenita. Para alguien que se había atrevido a montar a Cresta Run a los trece años, y amansar a Providence siguiendo las instrucciones de un libro, Shadow Wind no representaba tanto un desafío como una recompensa. Shannon estaba fascinada por la velocidad y el explosivo ímpetu del caballo. Por las noches, se escapaba para quedarse a dormir con él en el establo, y al otro día, galopaban en la oscuridad de la mañana como si fueran uno solo. Shannon se agachaba para estar junto a su cuello y podía sentir el vaivén de su respiración y el fuerte palpitar de su corazón cuando corrían a toda velocidad los últimos cuatrocientos metros de la pista. Era pura energía, músculo y corazón. Shaw Wind ganaba todas las carreras que corría. Shannon por fin había encontrado su lugar en la vida: en la emocionante competencia de las carreras y junto a los hermosos caballos. Sus dos pasiones se habían fundido en una sola.

Shannon tenía un don con los caballos; no había nada que no lograra que hicieran. Le enviaban a los indomables, los que nadie podía controlar, y en muy poco tiempo los tenía bailando en la palma de su mano. Ella amansó, entrenó y domó caballos que ni siquiera los hombres podían manejar. Shannon no tardó en darse cuenta de que en ese mundo tan machista, una mujer tenía que esforzarse al máximo para que la consideraran la mitad de buena. Pero Shannon lo era. No sólo en el trabajo, también en los otros pasatiempos masculinos. Los hombres del criadero solían jugar póquer y ponerse borrachísimos. Ella comenzó a unirse a ellos para jugar y, cambiando cerveza por cigarros, logró juntar grandes cantidades de dinero. En muy poco tiempo pudo comprarse su primera yegua purasangre en 1,500 dólares. Jeff Horton estaba boquiabierto y convencido de que la chica era lo mejor que le había podido suceder a su establo, su admiración pronto se convirtió en seducción. Como muchas antes que ella, Shannon sucumbió a los encantos del hombre, quien estaba casado.

—De acuerdo, digamos que espero hasta cumplir dieciocho. ¿Entonces me podría casar con él?

Shannon vio cómo se abrían más los ojos de Martha mientras con la mano se tocaba el cuello. La chica sonrió. Vaya liberación femenina, pensó. Su madre estaba reaccionando como cualquier ama de casa domesticada de los años cincuenta. En realidad, ambas se sobresaltaron demasiado cuando se encontraron en los establos pues Martha resolvió ir a comprobar que de verdad Shannon estaba saliendo con su jefe. Sus padres podrían sólo haberle preguntado, ella les habría dicho todo porque eran adultos, ¿o no?

—¿Casarte con él? —preguntó Martha en un altísimo volumen—, Shannon, por Dios santo, ¡tiene veinticinco años más que tú! Además, pensé que ya era casado.

—Separado —corrigió Shannon.

Era la verdad, al menos durante las cinco últimas semanas. La esposa de Jeff estaba a dos pasos de la puerta cuando ella llegó, y en cuanto se dio cuenta del papel que tenía la chica en la vida de su esposo, se fue.

—Y eso fue por... —preguntó William, incapaz de terminar la oración.

—¿Por mí? No, no exactamente. Ellos ya tenían problemas. Creo que porque no podían tener hijos, y por otros asuntos —contestó la chica apurándose a beber su cerveza.

Los padres miraron la botella vacía pero no dijeron nada. Finalmente, Martha preguntó:

—¿Eres feliz?

—¿Qué no se me nota? ¡Mírame, mamá! Estoy trabajando en algo en lo que soy muy buena, rodeada de animales y un maravilloso paisaje, y ahora, estoy enamorada de un hombre que me trata como su par. Jeff me escucha, confía en mí, me hace reír y, lo más importante, me hace sentir como una mujer de verdad —dijo Shannon un poco ruborizada porque recordó la primera vez que hicieron el amor.

Shadow Wind había tenido su primera victoria y lo celebraron con champán. Sin darse cuenta, de pronto Shannon y Jeff se estaban besando con pasión y tratando de llegar, a pesar de lo poco que habían tomado, hasta una habitación de hotel. Ella había experimentado el éxtasis del triunfo, el licor y el sexo, todo, la misma noche.

—¿Qué más podría desear? —preguntó Shannon.

William y Martha se miraron. Sabían que lo único que podían hacer era soltarla y rezar. La discusión había terminado. A pesar de que estaban muy preocupados, tendrían que permitirle a Shannon que tuviera sus propias experiencias y cometiera sus errores. Y eso fue exactamente lo que hizo.

Tres meses después, Shannon Elizabeth O'Leary estaba embarazada.

Estaba orgullosísima. Se imaginaba a sí misma. ¡Madre! Tendría su propia familia, una que le perteneciera de verdad. Tendría un bebé producto del amor, sería el gozo de alguien en lugar de un pariente inconveniente o un compromiso social. ¡Y Jeff estaría tan feliz! Llevaba mucho tiempo deseando un hijo. Shannon no podía esperar para decírselo.

Pero Jeff ni siquiera se entusiasmó. Lo abrumaba la culpa que sentía por haber seducido a una virgen de dieciséis años. Tal vez estaban acelerando las cosas, dijo. Un bebé era un compromiso muy grande y él no estaba seguro de que hubiesen alcanzado la solidez necesaria en la relación. También había que pensar en otras cosas. ¿Era el mejor momento para tener un bebé?, se preguntaba en voz alta. Shannon estaba comenzando una carrera muy prometedora que, además, tenía muchas exigencias. Si se detenía para cambiar pañales, ¿podría recuperarse después? Él no estaba tan seguro. Eran tiempos difíciles y ella era mujer, tal vez después la suerte ya no la acompañaría. ¿Y qué había con Penny? Era verdad que estaban separados, pero ella seguía siendo su esposa. No quería lastimarla de esa manera. No poder tener un hijo había sido muy difícil para ella, y ahora, si se enteraba de que aquella chica iba a tener un bebé de su esposo… No, no era justo para ella, era una buena mujer y no merecía tal humillación.

—Pero pensé que querías un bebé —dijo Shannon a punto de llorar.

—Así es. Lo quería cuando estaba con Penny, pero ahora… Vamos, Shannon, soy demasiado viejo para eso. La vida se acaba y se acaba; ¡no puedo pasar mis últimos años de juventud corriendo detrás de un niñito! Además, tú eres mi nena. Tú me mantienes joven y con energía. Ya habrá en el futuro tiempo para un bebé, te lo prometo.

—Entonces querías un bebé, pero no querías tenerlo conmigo. Y algún día tendré niños pero no contigo porque, ahora, no quieres ser padre.

—Algo así. Sí, supongo que sí —tartamudeó Jeff.

—¿Y con quién se supone que voy a tener hijos, Jeff?

—No… no lo sé. Con quienquiera que estés cuando llegue el momento correcto —y entonces, comprendió—. Oh, por favor querida, tú no habrás pensado que esto era para siempre, ¿verdad?

Shannon sintió un golpe en el estómago y un sabor metálico y frío le recorrió la lengua.

—Oh, nena, ven acá —dijo Jeff extendiéndole los brazos—. Ya arreglaremos esto. No te dejaré sola, te lo prometo. Conozco a una persona. Es una mujer, es muy profesional y es tan buena como un doctor. Ella se va encargar de todo…

Shannon miró al hombre que tenía frente a ella y, por primera vez en su vida, sintió un genuino y absoluto odio.

—¿Sabes Jeff? Por un momento tuve la impresión de que me había enamorado de un hombre —dijo la chica mirándolo de pies a cabeza, con asco—. Fue mi error.

Salió corriendo porque temió que la ira se apoderara de ella, porque si Jeff decía algo más, estaba segura de que lo mataría con sus propias manos. Se escondió en el establo de Shadow Wind y se abrazó a sí misma, convertida en un capullo de lágrimas y sollozos. ¿Qué iba a hacer ahora? No podía decirles esto a sus padres, no después de la arrogante actitud que tuvo cuando ellos trataron de advertirle sobre esta relación. ¿Y además?, ¿por qué habrían de ayudarle? Si ella se había metido en esto, ella tendría que salir sola. ¿Qué podrían hacer ellos? ¿Mantenerla a ella y a su bebé? Porque Jeff tenía razón respecto a su carrera en el mundo de los caballos: no habría forma de que siguiera trabajando embarazada. Y con una jornada de quince horas diarias como entrenadora, tampoco podría hacerse cargo del bebé. No tenía certificado de estudios, así que, ¿en qué más podría trabajar?, ¿de mesera?, ¿convertirse en una madre soltera, cansada y resentida, con un bebé no deseado, ganando el salario mínimo y luchando para sobrevivir en la pobreza? ¿Qué tipo de futuro le podría ofrecer así a un bebé, no, a una creatura? Tenía menos de tres semanas de embarazo, así que, en realidad, todavía no había un bebé en ella. ¿O sí? Eran solamente células pegadas, sin forma, sin sentimientos. O también podría esperar y darlo en adopción (otro perrito sucio moviendo la cola para conseguir un hogar...); pero, ¿qué garantías había? Shannon estaba muy consciente de que fue muy afortunada al ser adoptada por gente amorosa, pero también conocía a otros niños con menos suerte, y conocía sus historias de maltrato y abuso. ¿Querría ella tomar ese riesgo? ¿No sería mejor terminar todo ahora, sin dolor, sin los horrores que podrían venir? ¡Oh, no lo sabía! En ese momento no sabía nada de nada, sólo que necesitaba hablar con alguien. ¿Pero quién?

—Iris —susurró Shannon.

Iris sabría qué hacer, siempre sabía qué hacer. Shannon casi no había hablado con ella desde que dejó la escuela. Por alguna razón, entre el trabajo y el romance, se había olvidado de responder a los mensajes telefónicos de su prima. Cuando estaba marcando el número de la chica, se dio cuenta de que no había hablado con ella en unos seis meses.

—¿Hola?

—Hola tío Ralph, soy yo, Shannon.

—¡Shannon, mi niña! ¿Cómo estás? Ha pasado mucho tiempo. ¿Cómo te va, cariño?

—Bien, bien, genial. ¿Está Iris en casa?

—Lo siento, Shannon, se fue a una pijamada a casa de Jennifer. Iban a trabajar en la nueva producción, creo que esta ocasión va a tener el protagónico. ¿Cómo se llama? Creo que *Santa Juana* o algo así.

—Es maravilloso —dijo Shannon mientras se enjugaba las lágrimas del rostro con el dorso de la mano.

—Para serte honesto, me está volviendo loco. Ahora tiene visiones y ve ángeles por todos lados —Shannon no pudo evitar sonreír.

—Pero se está divirtiendo —continuó su tío—, y eso es lo importante, ¿no es así? Sólo van a ser jóvenes una vez en la vida, como dicen por ahí.

Shannon sintió que le clavaban un cuchillo en el corazón.

—Sí, tienes razón, tío Ralph.

—Bien, de cualquier manera le diré que te llame y…

—¡No! Es decir, está bien, yo le marco más tarde. No quiero interrumpir su proceso o algo así.

—Está bien. Nos vemos, corazón, tengo que irme porque voy a llevar a tu tía al cine.

—Nos vemos, tío Ralph.

Shannon se quedó de pie con el auricular en la mano por un largo rato después de que su tío colgó. El sonido del teléfono le recordaba a aquellas máquinas en los hospitales que anunciaban cuando alguien había muerto. Se deslizó con lentitud hasta el suelo y se abrazó a sí misma, apoyando la cabeza en los brazos. Tal vez debería buscar a Nana. No, en ese momento no podía ver a su abuela directo a la cara. Nana siempre se había enorgullecido de que Shannon no bebía, no fumaba y tampoco andaba por ahí con muchachos. ¿Quién le quedaba? Los ecos nocturnos la envolvieron y se sintió tan sola como nunca antes. De pronto dio un alarido abruptamente. Gritó, pateó, aulló y lloriqueó desesperada. Y luego recordó: la señorita Clark. La señorita Clark le había dicho que le llamara si alguna vez necesitaba ayuda, y Shannon sintió que nunca necesitaría más ayuda que en ese momento.

"No necesito un sermón, ni consejos, ni un montón de opiniones informadas. Sólo necesito un hombro en qué apoyarme, alguien que esté a mi lado. La señorita Clark puede brindarme eso."

La maestra ni siquiera parpadeó cuando recibió a Shannon. Por teléfono la chica se había escuchado lo suficientemente afligida para darse cuenta de que estaba metida en grandes problemas. La señorita Clark la condujo a la sala, preparó café cargado y la escuchó. Durante horas. Dos días después acompañó a Shannon a la clínica para realizarse un aborto. Vaciló un poco cuando la chica le dijo que no quería que nadie se enterara, en especial, sus padres. Sin embargo, Amelia Clark cumplió su palabra y le hizo el favor. Dado que el aborto era legal en Australia, se practicaba en un quirófano esterilizado, de una manera muy eficiente e higiénica. La actitud de los médicos era muy profesional, por lo que la operación podría haber sido sólo para retirarle las amígdalas. Sin embargo, las cosas nunca son tan sencillas.

Cuando despertó de la anestesia tenía la visión borrosa y, debido a su confusión, realmente no percibía el agudo dolor de su útero contraído. Shannon escuchaba voces y golpeteos. Trató de enfocar la mirada en el lugar en donde los fragmentos de luz bailan entre las sombras. Shannon se estremeció cuando sintió que se sumergía en agua y que varias corrientes la jalaban en todas direcciones. Un profundo ruido sordo había comenzado a agitar el océano. Miró hacia arriba. Había una enorme y majestuosa estructura de cristal brillante que se estaba transformando en líquido, y cayendo en cámara lenta para fundirse con el océano circundante, para convertirse en una inmensa masa de agua que golpeaba las profundidades con una fuerza inconmensurable...

—¿Shannon? ¿Shannon puedes escucharme?

Los angulosos rasgos de la señorita Clark bloquearon los remanentes de las imágenes de agua, y con ellos, su posible significado se difuminó hasta mezclarse con el techo gris. Se detuvo el kaleidoscópico baile del mundo y Shannon se encontró en un inmaculado y frío cuarto de hospital. Sin embargo, un dulce aroma todavía se podía sentir en el aire.

—¿Miss Clark?

—Hola, chica, ¿cómo te sientes? Te traje consomé de pollo. Es la receta de mi mamá.

—Me duele —dijo Shannon mientras trataba de sentarse. Un agudo y punzante dolor la hizo volver a caer sobre la cama y quejarse.

—Con cuidado.

—No lo entiendo, dijeron que sentiría como cólicos y que mañana podría regresar a trabajar —dijo Shannon mientras se apretaba el vientre, tratando de contener el insoportable palpitar que la hacía retorcerse.

La señorita Clark miró hacia otro lado y luego tomó con dulzura la mano de la chica entre las suyas.

—Shannon, creo que debemos llamar a tu familia.

—No, no por favor señorita Clark. No los llamó, ¿verdad? Ellos todavía creen que me quedé con usted, ¿verdad?

—Sí, sí, eso creo pero... Shannon...

—Algo en la mirada de la maestra la hizo estremecerse.

—Shannon —continuó la señorita Clark— hubo una complicación. El doctor te lo podrá explicar mejor que yo, pero, niña...

—¿Qué? ¡Por favor dígame, señorita Clark!

—Nunca vas a poder tener bebés.

De repente la teoría del agujero negro adquirió toda su lógica para Shannon: el vacío que succionaba toda la luz, la calidez, la vida y la existencia, y la convertía en nada. Ahora era un florero quebrado, vacío e inútil; uno de los hombres vacíos del poema de T. S. Eliot: *Horma sin forma, sombra sin color, fuerza paralizada, ademán sin movimiento.* Shannon se quedó acostada sobre la almohada y lloró sin grandes aspavientos.

—Bueno, al menos aquellas clases de inglés no fueron una pérdida total de tiempo. La directora estaría orgullosa —dijo la voz de Iris en su cabeza—. La chica se cubrió el rostro con las manos e ignoró las palabras de aliento de la señorita Clark. Shannon en verdad dudaba de que la señora McCarthy, o alguien más, pudiera estar orgulloso de ella en ese momento. Excepto tal vez, Katrina. Después de todo, pensó Shannon, este perrito adoptado ya había sido esterilizado como debía de ser.

Jeff terminó con el silencio cinco semanas después, cuando llamó a Shannon a su oficina para entregarle su sueldo. Shannon lo vio al día siguiente.

—Te ves bien —dijo Jeff con la mano extendida.

Shannon lo ignoró y se sentó en el sofá de piel que estaba junto a la ventana.

—Pero tú no —dijo la chica.

Estaba en lo correcto. El cabello se le veía canoso y maltratado, y tenía bolsas en los ojos. Las finanzas habían estado yendo mal todo el mes y, al parecer, no había nada que pudiera detener la caída.

—¿Cómo va el entrenamiento de Shadow Wind? —preguntó la joven mientras encendía un cigarro.

—Lo llevaron a otro establo. Digamos que… las cosas están un poco difíciles por el momento.

Shannon soltó una bocanada de humo.

—Bueno, los caballos de carreras vienen y van, ¿no? ¿Tienes mi cheque?

—Sí, está en algún lado por aquí —dijo revolviendo la montaña de papeles que estaba sobre el escritorio—. Shannon nunca había visto la oficina de Jeff en tan mal estado.

—Si necesitas una referencia para conseguir empleo, sólo avísame. La secretaria te puede escribir una en cuestión de minutos —dijo Jeff mientras continuaba moviendo fólders.

—No es necesario, ya me contrataron para trabajar en el establo Saxton, en Queensland.

Jeff silbó sorprendido.

—¿El establo Saxon? ¡Eso es... genial! Es uno de los mejores del país.

—Sí, así es —dijo Shannon y se puso de pie—, pero tengo bastante prisa, así que si pudieras...

—Sí, por supuesto, aquí lo tienes.

Shannon tomó el sobre y caminó hasta la puerta.

—Shannon...

Volteó a ver al hombre. Notó que había perdido bastante peso.

—Acerca del bebé... Penny y yo hemos estado conversando... Ya sabes que estamos juntos de nuevo y, ya sabes, bueno, creemos que es demasiada responsabilidad para ti, así que estaríamos dispuestos a cuidarlo, a él o ella, a compartir la custodia o algo similar.

Hubo silencio.

—Vas a necesitar apoyo, muchacha —continuó Jeff—. Es decir, ¿cuánto tiempo crees que podrás mantener ese empleo cuando se te comience a notar?

En los labios de Shannon apareció una sonrisa amarga.

—¿Ahora sí quieres al bebé?

—Soy el padre, Shannon, y no quiero amenazarte, pero, de ser necesario, Penny y yo podríamos ejercer acción legal. Así que creo que lo mejor sería que llegáramos a un acuerdo amigable.

Shannon se quedó inmóvil por un momento, luego abrió su bolsa, sacó una hoja de papel y escribió una dirección. Se la entregó a Jeff, y él la miró confundido.

—¿Qué es esto?

—Es el nombre de la clínica en donde fui a botar a tu bebé, Jeff.

El rostro del hombre se descompuso de inmediato y las sutiles arrugas que tenía, de pronto cortaron con fuerza su erosionado rostro. Se sentó lentamente en la silla y se limpió el sudor frío de la frente.

—Te has vuelto muy cruel, Shannon.

La mujer abrió la puerta.

—Lo sé, aprendí de los mejores.

Shannon pasó las dos semanas enteras siguientes en cama. Sólo salió de su habitación para cuidar a los caballos. Casi no habló con nadie, y pasó todo el tiempo leyendo su libro, con Bear a su lado.

XV

El día que el Tilopa llegó a Grezian había un arcoíris. Sin embargo, las horas previas de navegación pusieron a prueba todas las habilidades náuticas de los jóvenes. La lluvia y las olas vapulearon el barco durante una peculiar tormenta que, por suerte, sólo duró unos minutos. Sin embargo, la agresión había sido suficiente para mostrarles la otra cara del mar: la cara del monstruo indomable, del estruendoso ser de mil inmensas lenguas que estaban listas para devorarlos. Los cielos permanecieron nublados y el frío viento empujó el barco a una velocidad increíble, golpeó sus rostros y les agitó el cabello hasta enredarlo en nudos imposibles. Luego, después de que enfrentaron lo que les pareció que fueron días y días bajo el domo incoloro del cielo, el sol apareció e hizo a un lado un telón de nubes para mostrarles, a Iko y a los Siete, los techos rojos de Grezian.

A pesar del resplandeciente sol, no se podía decir que Grezian fuera una ciudad desértica. Cada rincón estaba cubierto por algo que crecía. Había altos y delgados árboles que se enfilaban hacia el azul celestial del cielo, y que resguardaban las murallas de la ciudad. Los árboles frutales enmarcaban los campos como si fueran guardias en un desfile. Había arbustos y parras recargados en las columnas, y montones de flores rodeaban los caminos de hierba. Si Tandra había sido un exuberante laberinto curvilíneo, Grezian era un mundo de líneas rectas y belleza bien proporcionada. Todos los edificios estaban hechos con mármol de sorprendente blancura y estaban coronados con deslumbrantes tejas rojas. En las esquinas de las calles, los ángulos se abrían con estatuas colosales de detalles tallados con tanta finura, dándoles así una vitalidad asombrosa. Era como si aquellos ojos vacíos pudieran de verdad observar a la gente y seguir sus pasos hasta el corazón de la ciudad: la Gran Plaza.

Iko, H'ra, Sat y Sha caminaron bajo el bosque de columnas onduladas, muy conscientes de que algunas personas los miraban. En la corte, los jóvenes habían adquirido suficiente experiencia para saber que, independientemente de lo que las reglas decían, tenían más posibilidades de obtener una audiencia con el rey Kironte si se vestían como príncipes, que si llegaban como mendicantes. Sus delicadas túnicas parecían reflejar la luz; las capas de seda los envolvían en tonos de color púrpura y verde. Sus brazos y cuellos estaban adornados con las joyas ancestrales de Tandra; en el trenzado cabello de las chicas, brillaban perlas, y en las frentes de los muchachos, colgaban, de hilo de oro, lunas de lapislázuli.

Caminaban juntos y la gente les abría camino ante su decidido paso hacia las enormes puertas del palacio. Los guardias reales se acercaron e hicieron reverencias al preguntarles a quiénes debían anunciar.

—A Iko, príncipe de Tandra —declaró H'ra con solemnidad.

Habían decidido ser lo más honestos que fuera posible. Aparentemente, Grezian había permanecido neutral durante las guerras de los crendin con otros reinos, y era poco probable que apoyaran a Akion, al menos, abiertamente. Además, H'ra había anunciado la noche anterior que lo más probable era que tuvieran una ventaja de tres o cuatro días sobre el mensajero crendin. Así pues, parecía que, en principio, no existía razón para temer que sus enemigos les cayeran encima en cualquier momento.

El rey los recibió en su salón. Corrió hacia Iko con los brazos extendidos. Sus largos y rizados mechones color café bailaban al ritmo de su sonora risa.

—¡Iko, mi muchacho! ¡Mírate! La última vez que te vi estabas en los brazos de tu padre. ¿Y cómo está ese pillo, Al-Athalante-Ez? ¡Cómo extraño nuestras cacerías de leones! Ha pasado tanto, tanto tiempo… —dijo el hombre en un tandriano imperfecto al mismo tiempo que abrazaba a Iko.

Kironte era un hombre enorme. Le llevaba a Iko como dos cabezas de altura, y parecía que sus brazos podrían asfixiar al muchacho con un solo abrazo. Iko respiró con dificultad y se separó del gigante que todavía sonreía. El gozo había hecho que sus redondas mejillas se tornaran rosadas.

—Ah, éste es un día feliz, joven príncipe. ¡Pero ven, ven! ¡Comida, vino, música! Vamos a demostrarle a nuestro invitado que no somos tan aburridos como su padre solía decir que éramos.

—¿Mi padre decía eso? —preguntó Iko en greziano. Era una de las lenguas que todos habían tenido que aprender.

Kironte sonrió y lo condujo hasta una habitación más modesta.

—Era joven y tonto —dijo Kironte en su lengua natal—. Él pensaba que nuestro gusto por la simetría y la calidad era, digamos…, soso.

Se sentaron en sillas largas cubiertas de mantos azules. En el estanque rectangular que estaba en medio de la habitación, flotaban aromáticas flores. Un sirviente pasó y les ofreció frutos carnosos en una charola de bronce.

—Uvas —dijo Kironte—. Son casi tan buenas como sus dátiles.

Los cortesanos comenzaron a llenar la habitación y a hacer amables preguntas a los visitantes. La música de liras y flautas se mezclaba con las conversaciones, y en platos redondos comenzaron a servirse pan tibio y carnes dulces. Iko mantuvo un semblante agradable mientras contestaba las preguntas sobre su padre y su reino ya caído. En algún momento se le ocurrió contarle todo al rey, pero después de todo lo sucedido las semanas previas, supo que era mejor ser prudente.

—Entonces, Iko, ¿qué te trae a nuestra isla? —preguntó Kironte.

—La curiosidad, señor. Decidí ver el mundo antes de que las responsabilidades reales me lo impidieran.

—¡Una aventura! ¡Excelente!

—También escuché sobre el desafío.

Los ojos de Kironte brillaron y una ansiosa sonrisa apareció en su rostro.

—Vienes por mi cetro, ¿no es así?

H'ra enderezó su postura y Sha se tocó el muslo izquierdo en donde ocultaba su daga.

—Tu padre me dijo que vendrías por él —continuó Kironte—. ¡Tú! ¡Trae mi cetro!

Uno de los sirvientes salió apresuradamente del salón.

—Hace quince años nuestro querido Al-Athalante-Ez vino a visitarme. Nos divertimos muchísimo, Iko. Supongo que estaba teniendo su última aventura antes de convertirse en un padre serio y responsable porque tú ya venías en camino, querido príncipe. Antes de irse me dio el cetro como regalo porque, en su modesta opinión, el viejo cetro de madera que tenía ya sólo servía para pastorear cabras.

El sirviente regresó jadeando. Se arrodilló frente al rey y le entregó un cilindro de marfil y oro bellamente tallado. Era peculiarmente grueso y largo. A lo largo tenía un caballo de mar con incrustaciones de concha nácar, estaba coronado con un racimo de zafiros. Iko miró sobrecogido el magnífico objeto. Nunca había visto una pieza tan exquisita.

—Nunca entendí por qué se quiso deshacer de un tesoro así —continuó Kironte—. Peor, Al-Athalante-Ez dijo que algún día vendría un hijo suyo a reclamarlo como legítimo vencedor de nuestro desafío. Y aquí estás.

—Así es, señor, aquí estoy, listo para probar que mi padre estaba en lo correcto.

—¿Y qué vas a apostar?

—¿Disculpe?

—Bueno, mi muchacho, no pensarás que voy a correr a uno de mis caballos hasta dejarlo exhausto sin tener una compensación. Si tú ganas, te llevas el cetro, pero si yo gano me darás…

—No lo sé —dijo Iko confundido—. Tok no mencionó nada sobre una apuesta.

—Ya veo. ¿Qué te parece… tu barco? Escuché que es espléndido.

—¿Cómo? —exclamó Sha e hizo a un lado el plato que tenía frente a ella.

—Cálmate, Sha —murmuró Sat.

—¿Acaso estás sorda? ¿No te das cuenta de que nos quiere engañar? Todas estas sonrisas y amabilidades son sólo una cortina de humo para cegarnos. ¡Lo único que quiere es el Tilopa!

Los guardias dieron un paso al frente y sacaron sus espadas. La sonrisa desapareció de los labios de Kironte y un incómodo silencio convirtió a todos los presentes en figuras de cera.

—¿Por qué te preocupas? —preguntó Sat en un tono peculiarmente alegre y chillón —. Iko no va a perder.

Sat se puso de pie y dejó que su capa cayera detrás de ella. Se deslizó hasta donde estaban Iko y el rey. La luz de las antorchas se filtraba por su delgada túnica y dejaba ver la silueta de sus piernas desnudas. Sat levantó su copa de plata y fijó sus ojos, que ahora se veían de color esmeralda, en Kironte.

—Aceptamos, señor. El Tilopa por su cetro, el cual, por supuesto, se verá maravilloso junto a la triple corona de Tandra —dijo Sat en un tono juguetón.

Luego hizo una reverencia sin quitarle al rey los ojos de encima, y sus rizos color miel enmarcaron sutilmente la redondez de sus senos. Entonces, sonrió.

Kironte casi dejó caer el cetro.

Iko se movió con rapidez y se colocó junto a Sat. Repitió las palabras de aceptación y levantó su copa. H'ra los siguió e hizo un brindis a la salud y la sabiduría del rey de Grezian. Kironte levantó ligeramente su bebida y los demás nobles se unieron al brindis. Los músicos continuaron tocando sus melodías, y en muy poco tiempo, la plática trivial y las habladurías frívolas volvieron a inundar el salón. La única que quedó en silencio fue Sha, quien permaneció sentada en una esquina oscura, con el alma inflamada por la ira.

Kira, Ryu y Ari escucharon el repiqueteo metálico y corrieron a la cubierta superior, en donde Tok observaba con los

ojos bien abiertos la perfectamente simétrica marcha de los soldados que trotaban en sus armaduras hacia el barco. Lo más
asombroso fue ver a sus amigos caminando lentamente, como si
estuvieran paseando en la playa, entre dos hileras de guerreros.
Iko se despidió de un hombre que parecía ser el capitán de los
guardias, y cuando estuvo en el Tilopa, volvió a agitar su mano
para decir adiós. A pesar de la despedida, los soldados no se
movieron.

—¿Qué sucede? —preguntó Tok.

Iko no dejó de sonreír en ningún momento.

—Aquí no —murmuró y se dirigió al camarote. Los Siete lo
siguieron.

H'ra e Iko explicaron en pocas palabras lo que había sucedido. Mientras tanto, Sha permaneció enfurruñada, apoyada en el
umbral, y Sat se quitó las perlas que tenía en el cabello. Se veía muy
cansada, como si hubiese realizado grandes esfuerzos.

—¿Estás loca, Sha? —preguntó Tok temblando por el enojo—, ¿tienes alguna idea del peligro en que pusiste a todos?

—¿Yo, loca? Podríamos perder el barco en cualquier momento, y entonces, ¿a dónde iríamos?

—Adonde quiera que tengamos que ir, Sha. ¿Por qué no puedes tener un poco de fe? ¿Qué fue lo que te hizo ese rey para que
lo consideres un enemigo?

Sha miró con incredulidad a Tok, tenía la boca abierta.

—Discúlpame —dijo Sha—, pero, ¿en dónde han estado todas estas semanas, meses y años? ¿Cuántas veces más nos tienen
que engañar para que ustedes entiendan que, sencillamente, ¡no
podemos confiar en quien no conocemos!?

—Pero Isha dice que debemos aceptar lo desconocido —comenzó a decir Iko.

La chica pateó la mesa.

—¡Isha! ¡Isha! Estoy harta de Isha. ¿Podría alguien aquí decir que realmente entendemos bien lo que nos dice?

Hubo un silencio.

—A eso me refiero —continuó Sha.

—Eso es porque aún no estamos listos, Sha. Cuando nos convirtamos en maestros del Isha y logremos entender la conciencia humana por completo, entonces las cosas serán diferentes —dijo Ryu analizando la situación y con la esperanza de apaciguarla un poco.

—Hablas como si estuvieras embriagada —dijo Sha entre dientes.

—¡Hey! —gritó Ari y colocó su mano sobre la de Ryu.

—Todos ustedes están caminando en la oscuridad, tratando de alcanzar sueños, y cuando alguien les hace ver su ingenuidad, buscan la manera de explicar lo inexplicable a toda costa —Sha se dejó caer al piso y dobló los brazos sobre su implacable cabello—. Somos unos tontos, y yo soy la más tonta por seguirlos tres veces hasta el fin del mundo ¡y de vuelta!

Entonces habló Tok.

—Hay lugares que no podemos ver, Sha, son lugares invisibles. No trates de luchar contra ellos, mejor, ábrelos y exponlos.

—Aquí vas de nuevo. ¿Y eso qué se supone que significa?

Tok se sentó junto a ella y con suavidad atrajo la cabeza de la chica hacia su hombro.

—No importa, Sha. Al menos, no hoy. Sólo elige el amor, confía en que Isha está aquí para apoyarnos y amarnos. Yo estoy aquí para apoyarte y amarte. Todos lo estamos. No creas por favor que todos estamos en tu contra porque eso no es verdad.

Sha cerró los ojos y comenzó a llorar discretamente.

—Vamos, todos, descansemos un poco —dijo Kía mientras les pedía a los demás que salieran del camarote—. Mañana será un día muy pesado.

El estadio de Grezian estaba repleto; los escalones de mármol que rodeaban la arena dorada parecían listones multicolores que bailaban. La gente se ponía de pie, se sentaba, se movía; subía y bajaba por ellos. En la arena también se movían los caballos, los jinetes y los mozos que buscaban su lugar en la reja de salida. Iko y H'ra miraban a los animales que estaban a su alrededor. Eran espléndidos. Parecía que la perfección había adquirido la forma de un corcel, y luego se había multiplicado diez veces.

—Tal vez los grezianos no se equivocan al creer que Dios había creado a sus animales —dijo H'ra—. Son inmaculados.

Ofendido, Créstula golpeó en el suelo con el casco.

—No te preocupes, amigo, eres tan buen caballo como ellos, si no es que mejor. Tú conquistaste el desierto. ¿Qué saben estos sementales consentidos sobre luchar en el sol, el viento y las dunas? —dijo Iko mientras le acariciaba el aterciopelado cuello.

Créstula agitó la cabeza y miró a H'ra directo a los ojos. El muchacho arqueó las cejas. Tal vez Tok tenía razón, tal vez los caballos entendían todo lo que se les decía.

—¡Iko, muchacho! —rugió una voz detrás de ellos.

Kironte vestía su más majestuoso atuendo y tenía una sonrisa más amplia de lo humanamente posible.

—Señor —lo saludó Iko.

—Creo que te recuerdo —dijo el rey acariciando la nariz de Créstula—. O al menos, a tu padre. Era uno de mis mejores sementales. Lo llamábamos La Mancha porque eso era lo único que se podía ver de él cuando corría. Ah, querido Iko, ya estaba preocupado por ti, pero ahora veo que no eres tan ingenuo como pensé. Bien, bien, ¡nada me gusta más que una buena carrera! Pero creo que tú y tu caballo visten demasiadas prendas para la ocasión.

Iko miró al resto de los jinetes y se dio cuenta de que estaban desnudos.

Sin ropa, sin silla y sin estribos, sólo las riendas. Un verdadero jinete debe ser uno solo con su montura —continuó Kironte, bastante divertido por la expresión del tandriano.

Iko se ruborizó. La última persona que lo había visto completamente desnudo había sido su nana unos diez años atrás. Resopló, tragó saliva y se quitó la túnica.

El sonido de miles de voces que se escuchaban en el estadio se convirtió en un murmullo apagado.

El cuerpo color cobre de Iko resplandeció al sol de la tarde. Era una escultura viva que rivalizaba con las figuras de piedra que adornaban el edificio.

Kironte se aclaró la garganta.

—Ejem, tampoco amuletos —dijo señalando al saco que colgaba del cuello de Iko.

—Pero, señor... —intercedió H'ra. Habían asumido que tendrían la protección, o incluso la guía, de Isha en la carrera.

El inmóvil semblante de piedra de Kironte cortó las palabras de H'ra. Iko le entregó el saco a su amigo, y el rey recobró su sonrisa canina.

—Bien, muy bien; ahora revisemos los detalles.

Kironte les explicó a los jinetes que tenían que dar diez vueltas a la arena sin detenerse. El último caballo en terminar cada una de las primeras siete vueltas sería sacado de la competencia y sacrificado.

—¿Sacrificado? —repitió Iko horrorizado.

—¿Cómo crees que mantenemos nuestra excelencia? Además, el resto es muy sencillo: el primer corcel que termina la décima vuelta gana.

Iko observó la arena. Era un óvalo gigante del tamaño de un lago. Al centro había un rectángulo alto y alargado, con bajorrelieves de bronce para decorar los costados con imágenes de atletas y guerreros. En la parte superior, diez jóvenes sostenían banderines azules para marcar cada vuelta. Dos hipocampos tallados formaban la puerta del rectángulo y, detrás de él, se podía ver la entrada a un corredor sombrío.

Los ojos de Kironte se fueron cerrando conforme seguía la mirada del príncipe.

Ése es el Pasaje del Destino —susurró Kironte al oído del príncipe—. Es un atajo. Si lo cruzas ganarás de inmediato la carrera sin importar cuántas vueltas hayas completado. Eso, asumiendo que sobrevives, claro.

Iko tocó su pecho. Sus dedos buscaban la sensación familiar del saco y el alivio que brindaba Isha. El príncipe volvió a estudiar la arena. No había manera alguna en la que Créstula podría acabar en primer lugar, al menos no después de pasar tantos días en el mar, y sin ejercicio adecuado.

—¿Qué pasaría si decidiera retirarme de la carrera ahora? —le preguntó al rey.

—Bien —dijo Kironte jugueteando con los dedos—, las reglas dicen que si me siento suficientemente compensado, entonces puedo tomar el Tilopa, matar a tu caballo y enviarte de vuelta con tu padre en un barco mercante. Pero como vienes de un gran reino y yo me he esforzado muchísimo para satisfacer tu curiosidad, creo que voy a incluir a la chica en la oferta, la de ojos verdes. Estoy buscando una quinta esposa.

El sonido de las trompetas impidió que Iko respondiera. Los jinetes montaron sus caballos.

—Decídete, mi querido Iko. Estamos a punto de comenzar, contigo o sin ti.

Iko se montó en el lomo de Créstula y, cuando cayó el primer banderín azul, el príncipe dio una palmada en el costado del caballo. Los cascos de Créstula se elevaron del suelo y comenzó a rasgar el viento con su cuerpo y a dejar una marca en la ola de polvo que iban dejando los otros caballos. Los muslos de Iko se aferraron al pelaje negro y su cabeza se inclinó sobre el poderoso cuello para dirigir a Créstula con su propio cuerpo. Un semental se cayó frente a ellos y su jinete se convirtió en un bulto de alaridos.

—¡Cuidado! —gritó Iko en la oreja del animal.

Créstula extendió su cuerpo como si fuera un arco tenso y voló por encima del hombre. Cayó el segundo banderín.

Los corazones del muchacho y del semental latían al ritmo de las bestias galopantes que los rodeaban; sus músculos se contraían y se doblaban en perfecta sincronía. Antes de que el tercer banderín cayera, pudieron dejar a dos caballos atrás. A través de la tormenta de tierra y animales corriendo, Iko logró ver que los guardias se llevaban a uno de los sementales. Un temblor frío lo recorrió. Torció la mano alrededor de las riendas y presionó a Créstula para que fuera más rápido. El mundo se convirtió en un tumulto de líneas de colores cuando Créstula ganó velocidad. El caballo manaba calor y sudor que corría como ríos por su lomo. El mismo Iko sintió que se estaba deslizando hacia los lados sobre el húmedo pelaje de Créstula. Cuando su cuerpo se quedó peligrosamente colgado hacia un lado, se asió a la crin con toda la fuerza de que era capaz. El muchacho apretó los dientes y se impulsó poco a poco hacia el centro; sus bíceps se extendieron hasta el máximo punto debajo de su piel. Cuando Iko recuperó el balance, otro jinete lo perdió, y se enredó con las patas frontales del caballo. La sangre salpicó la dorada arena y las exclamaciones de la multitud apagaron el estruendo de los caballos.

—¡Rápido, Créstula, rápido!

Cuando el quinto banderín se perdió de vista, alrededor del hocico del caballo comenzó a formarse espuma.

—No vamos a lograrlo —murmuró Iko y, sin pensarlo dos veces, desvió a Créstula y se dirigió al Pasaje del Destino.

Más allá de la entrada no había nada más que oscuridad.

—*No importa cuál camino elijas* —escuchó Iko dentro de su cabeza—, *sólo sigue a tu corazón y confía en que todo estará bien.*

Créstula se detuvo cuando las sombras los rodearon. Iko cerró los ojos, se abrazó con fuerza al caballo y comenzó a pensar en la cara: *Alabado sea el amor por este momento en su perfección.* El muchacho trató de evocar las sensaciones que había tenido cuando estuvo en la choza de la Bruja, cuando se convirtió en uno con el universo. Visualizó el contorno de su propio cuerpo, y luego el del cuerpo de Créstula. ¿Qué más había ahí? Muros. Altos, fríos y mohosos. Trató de sentir el espacio que había entre ellos, la distancia que separaba el piso y el techo. En su mente surgió un camino. Era un sinuoso sendero entre los muros. Iko empujó el torso hacia el frente y pateó con suavidad a Créstula.

—¡Vamos, muchacho, rápido!

El semental corrió ciegamente guiado por los jalones de las riendas. Primero a la derecha, luego a la izquierda, y luego a la derecha otra vez. Iko presionó su cabeza contra Créstula cuando en su imagen mental aparecieron varias vigas que estaban muy abajo. De repente apareció un pozo en su visión.

—¡Salta, Créstula!

Créstula saltó. El vacío debajo de él parecía no tener fin. Los cascos del caballo acababan de tocar el otro lado del pozo cuando se resbalaron debido a un charco de lodo. Iko salió volando y se estrelló contra una pared de ladrillos; rodó varios metros alejándose del caballo.

El príncipe se levantó hasta que pudo gatear y trató de ignorar el dolor que sentía en la espalda.

—¿Créstula? ¿Créstula, en dónde estás?

Iko se dejó guiar por el intenso jadeo del caballo, y luego tocó con gentileza al animal en las costillas que ascendían y descendían.

—Está bien, muchacho, no tenemos que ganar, sólo descansa y yo buscaré ayuda.

Créstula relinchó con fuerza y alejó de él la mano de Iko. Lentamente pero con fortaleza, se puso de pie y empujó al joven con la cabeza.

—¿Estás seguro?

Créstula comenzó a caminar. Iko tomó las riendas, cerró los ojos otra vez y respiró hondo. Imaginó que se convertía en aire y que se expandía como un huracán hasta que su conciencia envolvía todas las zonas posibles del pasaje. El sendero sinuoso apareció de nuevo.

—Confío en ti, Isha, y también confío en mí. Vamos, muchacho, vamos a encontrar la luz.

La multitud rugió cuando vio al príncipe y al caballo aparecer caminando del otro lado del rectángulo de granito, uno al lado del otro. Dos banderines más surcaron el cielo color turquesa. Se detuvo a los caballos que aún continuaban en la carrera, e Iko y Créstula cojearon hasta llegar al pabellón del rey. Kironte abandonó su trono y caminó hasta ellos con el cetro en la mano y una expresión indescifrable en el rostro. Detrás de él iban los guardias reales. El hombre y el muchacho se miraron con intensidad. Entonces, Kironte abrazó al joven tandriano.

—Tú en verdad eres el hijo de Al-Athalante-Ez. Tu padre estaría orgulloso.

Los ojos de Iko se humedecieron.

—Gracias, Señor.

Kironte le entregó el cetro.

—Ha llegado la hora de que este cetro encuentre un nuevo hogar, joven rey —dijo Kironte haciendo una profunda reverencia. Sus súbditos lo imitaron.

Iko miró alrededor sin saber bien qué hacer. Levantó el cetro y la multitud enloqueció. La gente arrojó flores a la arena y comenzó a gritar el nombre de Iko en un canto. Los Siete corrieron a su encuentro y se apiñaron junto a él. Los aplausos se sumaron a la celebración, y de esa forma, los grezianos expresaron su admiración por el único sobreviviente conocido del Pasaje del Destino.

La fiesta de la victoria se celebró esa misma tarde en los jardines del palacio. Las doncellas bailaban bajo las guirnaldas, los niños se acercaban a Iko para tocar su túnica y luego salir corriendo entre risas; los jóvenes retozaban haciendo acrobacias para impresionar a Sat, Kía y Ryu, quienes brillaban adornadas con tiaras de flores anaranjadas que las damas mayores les habían brindado. Incluso Sha lucía feliz porque el gozo había suavizado su rostro.

—¿Estás seguro respecto a la chica? —le preguntó Kironte a Iko mientras le ofrecía más vino—. Yo podría convertirla en reina.

—Señor, debería preguntarle a Sat, no a mí —respondió Iko sin corresponder a la mirada de Kironte.

El rey se acarició la barba.

Pensándolo bien, es demasiado hermosa para mí. Creo que nunca tendría paz con ella a mi lado. Necesita sangre joven. La noble sangre de un purasangre que pueda quebrar su coraza y liberar la pasión que su sonrisa promete —dijo el rey con un guiño—. ¿Alguien como tú, tal vez?

El joven se ruborizó.

—Señor —dijo Iko para cambiar la conversación—, le puedo preguntar ¿por qué me llamó "rey" cuando estábamos en la arena?

Kironte miró a las doncellas que bailaban.

—El mundo no es tan grande como a algunos les gustaría creer, Iko. Las noticias sobre el destino de Tandra llegaron varios días antes que ustedes.

—No lo entiendo. Si lo sabía ¿por qué no nos lo dijo?

—Por la misma razón por la que ustedes tampoco lo hicieron. No sentí suficiente confianza, pero estuve dispuesto a darte una oportunidad para que probaras quién eras.

—Y ahora, ¿confía en mí?

Una vez más, brilló la traviesa sonrisa de Kironte.

—Oh sí, amigo mío. Lo suficiente para decirte que, si quieres abrir el cetro, lo único que tienes que hacer es girar el ojo del hipocampo.

Iko se quedó boquiabierto y el rey se rió tanto que las aves salieron asustadas de entre los árboles.

DOCE

Desperté al lado de Maxwell. ¿Por qué me atraían tanto los amantes pésimos? Jeff tenía el pene del tamaño de un tampón, y Tommy, mi primer amante en Queensland, sólo podía tener una erección después de una serie de fantasías perversas. De otra manera, sólo era: "Taz taz, gracias, señora." Por otra parte, al menos su brío norteamericano lo hacía bastante interesante. Además, era un gran veterinario. Me levanté en silencio y caminé hasta el baño. Tenía ojeras; era claro que necesitaba vacaciones. Maxwell gruñó. Las cosas no siempre habían sido tan mediocres con él, de hecho, en algún momento llegaron a ser bastante buenas. La feroz atracción física que nos había juntado llegó a ser subyugante.

La primera vez que vi a Maxwell fue en una venta de caballos. Traía un sombrero Stetson grande y gafas oscuras. Cuando el humo de su cigarro le pasó por el rostro, me sentí mágicamente transportada a una película del viejo oeste. Me acerqué hasta él. Yo traía unos jeans negros ajustados y una blusa de cuello en "v" que permitía ver mi ahora generoso escote. Le pedí su encendedor y él me prestó su Cartier sin despegar siquiera la vista de su catálogo a pesar de que, desde los quince años, yo me había acostumbrado a atraer la atención de los hombres con muy poco esfuerzo.

—Gracias —le dije con la voz más *sexy* que tenía.

—Por nada, señora —contestó el hombre echándome una mirada rápida para después continuar leyendo. Después giró y se fue caminando.

A diferencia de la mayoría de los australianos, Maxwell tenía estilo. Utilizaba trajes vaqueros fabricados en Italia y sombreros de seiscientos dólares. En sus fuertes manos brillaban anillos de oro. A mí me gustó lo que vi, y se me antojó.

Indagué sobre él. "Maxwell Saxton, el mejor entrenador de dosañeros en el hemisferio sur." Y mi siguiente jefe...

Los establos Saxton eran los más grandes que había conocido. Ninguno de los caballos tenía más de tres años y, a la semana siguiente de las ventas, se entregarían ciento cincuenta potrillos para ser entrenados y preparados para las carreras. Maxwell había desarrollado un sistema educativo que les aplicaba a los caballos desde que tenían dieciocho meses; con él, lograba hacerlos madurar en los aspectos, físico y de comportamiento, desde una edad muy temprana. Para cuando llegaban a las carreras, su entrenamiento les significaba valiosos segundos en la pista, lo que les daba una ventaja crucial sobre caballos con una habilidad mayor pero con educación inferior. Maxwell era un gran educador. En muy poco tiempo aprendí todos sus sistemas y técnicas para amansar y entrenar a los potrillos. A pesar de que había comenzado como jinete de pista, no pasó mucho antes de que me convirtiera en capataz de todo el establo.

Sólo había una desventaja en aquella situación. Una vez más, el objeto de mi deseo era un hombre casado. Sandra, la esposa de Maxwell, era una feminista recalcitrante y se convirtió muy pronto en mi mayor admiradora. Era una mujer muy masculina a la que le desagradaba todo tipo de maquillaje. Como yo era muy buena para leer el lenguaje corporal de la gente, me di cuenta de que en las pocas ocasiones que Sandra y Maxwell entraban en contacto era sólo para tratar asuntos estrictamente de negocios. El amor que hubo entre ellos, si es que alguna vez existió, llevaba mucho tiempo muerto y enterrado. Uno de sus hijos me lo confirmó más adelante: al parecer, Sandra no había compartido la cama con Maxwell por más de diez años. A pesar de todo, para los niños eso parecía ser lo más normal. Por otra parte, algo en mí sentía que el resentimiento que Sandra le tenía a su esposo estaba bien justificado. Sin embargo, una vez más me negué a prestarle atención al sentido común.

—*Todo se vale en la guerra y en el amor* —seguía sonando la voz de Nana en mi cabeza—. Sin embargo, había otra voz más sutil que me decía que era muy poco probable que mi abuela me estuviera sugiriendo andar con hombres casados.

Yo era una chica bien educada, pero entre más conocía al hombre, más lo anhelaba.

Era excesivo, excéntrico, talentoso, misterioso, terco y, además, alcohólico social. Tenía la habilidad de codearse con reyes y reinas, y al mismo tiempo, seguir tratando con gente más modesta. Había logrado surgir desde sus humildes orígenes y crear un nicho para sí mismo dentro de la industria de las carreras. Tenía muchos clientes ricos y famosos, incluyendo estrellas de Hollywood y propietarios de grandes viñedos y cuentas corporativas. La cantidad de dinero que la gente estaba dispuesta e invertir en el talento de Maxwell no tenía límite. Bebía bastante, socializaba todo el tiempo y tenía fama de seductor. Este vaquero era un poeta, un romántico, y un oportunista que nunca apostaba con su propio dinero. Todo mundo amaba a Maxwell Saxton. En especial, Maxwell Saxton.

Jamás había conocido en la vida alguien que me hubiera gustado tanto ser. Nuestra relación comenzó poco después de que comencé a trabajar en los establos y duró siete años.

El éxito es un afrodisiaco muy poderoso y, a pesar de que en el aspecto físico no era muy atractivo, yo no podía resistirme al encanto de su carisma. Maxwell era divertido, ingenioso y filosófico, pero siempre se mantenía a distancia y disfrazaba su sensibilidad con una bronca masculinidad. Nuestros encuentros casuales se convirtieron rápidamente en una relación apasionada, turbulenta y obsesiva. Ese hombre era más difícil de amansar que los caballos más salvajes a los que me había enfrentado, pero, de alguna manera, durante siete años logré ser la única mujer que le interesaba, y eso me hacía sentir orgullosa.

Maxwell me hizo saber, casi en cuanto llegué, que estaría a cargo de amansar a todos los caballos que llegaban. La industria de las carreras tenía un ambiente muy machista y, el hecho de que una mujer asumiera un puesto de tanta responsabilidad y poder, provocaba tanto admiración como envidia. La gente me amaba o me odiaba. Yo era muy franca y esperaba que todos los trabajadores tuvieran un desempeño excelente; no estaba dispuesta a aceptar menos. Maxwell estaba convencido de que no había nada que yo no pudiera hacer, y eso me hacía amarlo aún más. Él creía en mi capacidad más allá de cualquier duda, y por ello, de manera implícita, confió en que aquella joven mujer que yo era podría asumir cualquier responsabilidad que se le encomendara.

Para finales del primer año que pasamos juntos, ya dirigía yo sola los establos, y tenía veinte trabajadores bajo mi supervisión. Algunos de los capataces resintieron mi rápido crecimiento, pero otros admiraron mi carácter dinámico y mi profesionalismo. Ignorantes de la situación, su esposa y sus hijos me adoraban como si fuera una heroína. Sandra consideraba que yo era una inspiración para la humanidad, y sus hijos admiraban mi habilidad y talento con los caballos. Los mejores caballos quedaban a mi cargo, y eso nos ofrecía una pantalla de humo perfecta para nuestra relación romántica. A veces, las carreras eran en otros estados, por lo que aprovechábamos los viajes como oportunidades para ir de vacaciones a lugares preciosos en donde nos alojábamos en los hoteles más exclusivos, comíamos en los restaurantes más finos y nos mezclábamos con una amplia gama de gente interesante y divertida. Con el tiempo, los clientes de Maxwell se dieron cuenta de que su interés por aquella joven y exótica mujer iba más allá del ámbito de los negocios. Sin embargo, mi visión profesional me hizo aún más importante para nuestras numerosas reuniones, y por ello, muy pocos de sus conocidos se opusieron a nuestra relación.

Para el tercer año que pasamos juntos, el establo ardía: todo lo que Maxwell y yo tocábamos se convertía en oro. Produjimos ganador tras ganador, y ganamos carrera tras carrera. El dinero caía como confeti en fiesta, y lo único que teníamos que hacer era meterlo a nuestros bolsillos. A mí me apasionaba mi trabajo, los caballos y mi hombre... hasta que quise más.

—¿Estás bien, cariño? —preguntó Maxwell desde la habitación. Escupí el enjuague bucal en el lavabo y respondí.

—Sí, salgo en un minuto.

—Tómate tu tiempo, tengo que irme porque es tardísimo. ¿Quieres desayunar?

—No, estoy bien. Te veo en el trabajo, amor.

Asomé la cabeza por la puerta y vi que Maxwell se estaba poniendo las botas.

—¿Vas a venir esta noche? Es decir, ¿quieres que descongele pollo, pescado u otra cosa?

—No puedo nena, mis suegros están aquí.

—Qué fastidio.

—Tú ya lo dijiste —añadió Maxwell besándome con premura en los labios sabor a menta—. Te veo al rato, no te tardes.

—¡Claro que no, señor! —dije, tratando de sonar graciosa.

Escuché la puerta del frente azotarse y volví al lavabo para refrescarme la cara con agua fría. Miré mi reflejo en el espejo. Ahí estaba yo: Shannon, sólo Shannon. Sola. Era el destino de todas las amantes ocultas. Me sequé la cara con una toalla y me puse algo de humectante. Tenía que mantenerse en secreto, sugirió Maxwell. Había muchas cosas que tomar en cuenta: sus hijos, la diferencia de treinta y tres años, el hecho de que Sandra era socia de los establos y, por lo tanto, una socia de mi propia carrera. Ya suficientes problemas había tenido para ganarme el respeto de mis compañeros. ¿Cómo me tratarían si llegaran a creer que en lugar de tener éxito por mérito propio me estaba acostando con el jefe para escalar peldaños en el aspecto profesional? Aunque al principio no quería, tuve que estar de acuerdo con Maxwell, lo mejor era mantenerlo en secreto.

Pero en el fondo de mi mente creía que para cuando los hijos de Maxwell crecieran, yo ya habría demostrado que era una gran entrenadora. Si los establos seguían haciendo dinero a ese ritmo, no sería difícil comprar la parte de Sandra. Pero, ¿y si ella no quería vender? Bueno, tampoco habría problema. Ambas éramos mujeres civilizadas. Yo podría esperar un poco antes de establecerme. O esperar mucho más. O esperar, por lo menos, siete años.

Shannon se dirigió a la cocina y encendió la cafetera. Como siempre, la vista que tenía del mar desde su ventana, la dejó sin aliento. Su pequeño departamento rentado no era gran cosa, pero su proximidad al mar lo convertía en un castillo para ella. Revisó el correo: facturas, facturas, publicidad, facturas y... un sobre rosado. Shannon miró la letra que le parecía tan extrañamente conocida. ¿En dónde la había visto antes?

Volteó el sobre. ¡Iris! Shannon sacó la tarjeta floreada.

Querida prima (asumiendo que esta tarjeta te llegará y que tengo la dirección correcta porque, ¿sabes? eres más difícil de localizar que la reina de Inglaterra).

¡¡¡Feliz cumpleaños 21!!!, espero que estés pasando un día maravilloso con toda la gente de Queensland, y que, en algún momento, entre

la risa, la cerveza, los prolongados besos de tu amante secreto (¿cuándo me lo vas a presentar?) y las noches de pasión, te acuerdes de aquellos que tanto te extrañamos.

Con cariño, Iris.

Shannon sonrió. ¡Cuánto extrañaba a su prima! Habían pasado tres años desde la última vez que la vio, y las conversaciones telefónicas entre ellas habían sido bastante irregulares. La pequeña diva se había convertido en una gran estrella de televisión. Agitaba su cuerpecito y sus rizos dorados en una telenovela llamada *Home and Away*. Hasta había sacado un sencillo (¡sí, con esa vocecita de Minnie Mouse que tenía!) y éste se había convertido en hit; además, la aparición en MTV había desatado una fiebre por Iris en toda Australia, ya que había salido a cantar con los shorts dorados más pequeñitos que la moralidad televisiva permitía. Shannon volvió a leer la tarjeta. Había llegado un día tarde.

Pero no, no había habido un grupo de amigos ruidosos en su cumpleaños. Sólo ella y Bear, la rottweiler que Nana le había regalado. Comió comida china fría, se bebió una botella completa de vino, y cuando abrió la puerta para sacar la basura, se encontró a Maxwell borracho en el pórtico. Él·le deseó feliz Navidad y luego vomitó a sus pies. Shannon pasó el resto de la noche limpiándolo a él, y luego a ella; aseando el pórtico y cubriéndose la cabeza con la almohada para amortiguar los agudos ronquidos de Maxwell, los cuales competían con los estruendosos ronquidos de Bear. Vaya noche de pasión, pensó Shannon mientras guardaba la tarjeta en su buró.

A la mañana siguiente, Shannon entró a la oficina y se sorprendió al ver que Sandra estaba sentada en el escritorio de Maxwell. Ya casi nunca iba a los establos porque se había enfocado en las subastas. El delicado cabello castaño de Sandra caía sobre sus hombros y formaba un sutil estanque en su brazo. Shannon jamás había podido entender cómo una mujer tan poco femenina podía tener tal fascinación por sus rizos. "Tal vez le recuerdan a los caballos —había dicho Maxwell una vez en medio de una borrachera—, ya sabes, como hay que cepillarlos tanto..." Shannon se había reído en voz baja aquella ocasión, tanto que había comenzado a regurgitar cerveza. Ahora todo aquello parecía tan tonto.

—¡Shannon! Qué bueno verte. Estaba pensando justamente en ti —le dijo Sandra en cuanto la vio.

—¿En serio?

—Oh sí. Necesito la ayuda de un buen amansador, y ambas sabemos que eres la mejor.

—Gracias.

—Honor a quien honor merece. Pero vayamos al grano. ¿Ya te contó Maxwell acerca de Brian?

—No, ¿qué pasa con él?

—Pues cumplió dieciocho años la semana pasada.

—Eso es genial... debes estar muy orgullosa.

—Así es, así es. Es por eso que Maxwell y yo decidimos que debemos darle un nuevo desafío. Algo para mostrarle que confiamos en él.

—Ajá...

—Así que lo vamos a nombrar capataz.

—¿Cómo?

Tenía que ser una broma. ¡Brian! El hijo mayor de Maxwell no sabía nada de caballos, no tenía buen trato con la gente y, además, era bastante pesado. La decisión era totalmente absurda. Sin embargo, Shannon había aprendido que, a pesar de su fuerte personalidad, a veces Maxwell era capaz de ser débil en extremo. Cuando se trataba de desafiar las decisiones de Sandra, siempre se veía reducido a un frágil cobarde.

—Es por eso que necesito tu ayuda —continuó Sandra—. Brian es muy joven y necesita que lo guíen. Estoy segura de que tú estarás muy contenta de ser su mentora. ¿No es así, querida?

Tal vez era su imaginación, pero a Shannon le pareció detectar un toque amenazante en la voz de Sandra. ¿Habría comenzado a sospechar? ¿O tal vez sólo estaba saboreando su autoridad? De cualquier forma, no era buena idea desafiarla. Al menos, no por el momento. Shannon tenía que hablar con Maxwell antes de que todo su trabajo se fuera al caño.

—Claro que sí, Sandra. Cuenta conmigo.

—Perfecto —dijo la mujer y volvió a revisar los papeles en el escritorio.

Shannon se quedó de pie ahí durante algunos segundos. Luego se dirigió a la puerta y la abrió.

—Por favor cierra con cuidado, querida, tengo un espantoso dolor de cabeza hoy —dijo Sandra sin despegar la vista de los papeles.

Shannon cerró la puerta con suavidad y se dirigió a los establos. Estaba muy molesta. ¿Después de todo su esfuerzo para marcar estándares de excelencia, ahora tenía que sentarse y ver cómo le pasaban sus responsabilidades a un imbécil? Maxwell palideció cuando la vio caminando hacia él. El mozo de cuadra que estaba junto a él se dio cuenta de la situación y se alejó con rapidez mientras la furiosa amazona se acercaba más y más a Maxwell.

—Shannon, permíteme explicarte —tartamudeó Maxwell mientras levantaba la mano.

—¿Explicar qué? ¿Qué vas a dejar que un muchachito estúpido se haga cargo del negocio?

—Por favor entiende, él es mi hijo y no es estúpido. Sólo es un poco, vaya, un poco lento.

—Y taciturno. Y además, odia a los caballos.

—Tal vez, pero es el negocio de la familia y él quiere intentarlo. ¿Qué podía yo decir?

—Diablos, no lo sé... ¿algo como "hijo, no creo que estés hecho para esto", tal vez?

—Tengo que darle una oportunidad.

—¿Y qué hay de mí, Maxwell? ¿Ahora cuál va a ser mi papel?

—Tú vas a estar por aquí, Shannon. Puedes ser asesora si tanto te interesa tener un título.

—Si me interesaran los títulos estaría con un hombre dispuesto a darme el título de su esposa. O por lo menos, el de socia.

—Amor, por favor... —susurró Maxwell abrazándola—, ya sabes lo que siento por ti.

—No, ya no lo sé, Maxwell —murmuró Shannon al mismo tiempo que trataba de soltarse de él.

—¿Y eso qué se supone que significa? —dijo Sandra entre dientes detrás de ellos.

Ambos voltearon.

—¡Entonces son verdad los rumores! ¿Cómo pudiste, Shannon? ¡Eres una perra! —gritó Sandra de repente y le saltó encima.

Maxwell sujetó a su esposa por la cintura mientras ella pateaba llena de ira. Su cabello siempre bien peinado, ahora era una masa aplastada contra su endurecido rostro. Parecía un ser completamente trastornado.

Sandra gritó palabras desordenadas por su enojo y, suplicante, Maxwell miró a Shannon.

—Por favor, Shannon, vete. Ya has hecho suficiente por hoy.

—¿Disculpa?

Shannon negó con la cabeza, incapaz de creer lo que había escuchado.

—¿Sabes qué? —dijo después de algunos segundos—, tienes razón. Ya hice más que suficiente por ustedes y por su negocio. Espero que puedan seguir prosperando sin mí.

Salió hecha una fiera del campo, las maldiciones de Sandra le seguían llenando los oídos. Maxwell tenía razón. Con eso que pasó era suficiente, y ella ya había acabado con él, con el establo y con toda su vida secreta. Después de demasiados años, Shannon Elizabeth O'Leary se iba a casa.

TRECE

Una de las cosas que descubres cuando vuelves a casa es que, por fin, te das cuenta de cuánto has crecido y cuánto han crecido los otros.

Estaba tratando de encontrar una posición cómoda en mi antigua cama. Mis padres ni siquiera parpadearon cuando me vieron en la terraza con Bear, dos maletas y una caja.

—Esto es lo que logré en cuatro años —le dije a Nana, sintiéndome arrepentida, pero la anciana no me quiso escuchar.

—¿Y qué hay de todas las habilidades que has acumulado amansando caballos? ¿La emoción de ver que ganaban después de una carrera? ¿Qué hay de los amigos que hiciste? ¿De la experiencia de probarles, a ti misma y a los demás, que podías hacer las cosas sola?

—Eso es invaluable —dijo la abuela—, incluso si no puedes empacarlo.

Había vuelto con mi familia y, todo lo que había salido mal en Queensland desaparecería tarde o temprano. Abracé a mi abuela y me pregunté si podría contarle la verdadera razón por la que había vuelto. Les conté a Nana y a mis padres sobre el nombramiento de Brian y sobre el dinero que sentía que me debían. Todos estuvieron de acuerdo en que había hecho lo correcto al renunciar a un lugar de gente tan ingrata. A mí madre sí le confesé el romance que había sostenido con Maxwell, por lo que esperaba que me diera un sermón acerca de la moralidad cristiana y el principio "no fornicarás".

—No puedo entender muchas de tus elecciones —dijo—, y con mucha frecuencia tampoco puedo entender las cosas que haces, pero mi amor y mi aceptación son incondicionales.

Me sentí sorprendida. Tal vez había llegado el momento de bajar mis defensas y comenzar a construir una relación adulta con mi madre. Iris estuvo de acuerdo a pesar de que pensaba que yo había llevado el "amor incondicional" de mi madre, a su límite. Montábamos a Cresta Run y a Providence en el refugio rural de mi familia. Iris había venido a visitarnos por dos días y, en menos de cinco minutos, habíamos vuelto a las risas y los gritos de nuestra adolescencia. Aquella noche nos sentamos en la mesa de la cocina para compartir helado y confidencias. Iris me contó sobre el guapo actor británico con el que estaba saliendo, y sobre la audición que él había concertado para ella en Londres para un papel en teatro. Me sorprendió. A pesar de que todavía conservaba sus rasgos infantiles, había en Iris una nueva madurez que era difícil definir. Luego llegó mi turno. Le conté a Iris sobre mis desastres amorosos, sobre Jeff (realmente no habíamos tenido una conversación en forma por años), y sobre Maxwell. Me preparé para recibir uno de los legendarios exabruptos de mi prima. Pero Iris lamió su cuchara con los ojos medio cerrados.

—¿Por qué siempre te enamoras de hombres que no pueden corresponderte, Shannon?

—¿A qué te refieres?

—Bien, pues veamos: dos hombres casados. El primero, un hijo de perra al que no le importó acostarse con una adolescente virgen, el otro, un católico infiel de esos que sabemos bien que nunca se divorcian de sus esposas y, en medio, un sicópata americano que necesitaba que hicieras cosas raras para tener una erección. Como que entre ellos no había muchas posibilidades de encontrar al señor perfecto, ¿verdad?

—Nunca lo vi de esa manera...

—Escucha, tal como lo dijo un gran artista alguna vez: "Lo más importante que aprenderás, será a amar y a ser correspondido."

—¿Y quién dijo eso? ¿Shakespeare?

—David Bowie.

Era maravilloso volver a tener a Iris en mi vida, aunque fuera por un breve tiempo antes de que el mundo reclamara su regreso.

—Bueno, de cualquier manera —continuó—, creo que deberías darte un respiro de los hombres. Algo como meterte a un retiro espiritual o algo así.

—¿Retiro espiritual?

—Hey, está muy de moda. Conocerte a ti misma, el cielo es el límite, libera tu potencial... ¿En dónde has estado todo este tiempo, mujer?

—¿Amansando caballos?

—Bueno, pues ponte al día. Eso me recuerda: adivina quién está muy involucrada en cuestiones del New Age.

—Supongo que no eres tú.

—Por favor, ¿teniendo este cuerpo? Sería un pecado. No. ¡Es la señorita Clark!

—¿Qué? ¿La señorita Clark?

—Sí, ahora está muy metida en el crecimiento interior. ¡Deberías verla! Hasta parece mujer con todas esas trenzas y caftanes africanos.

—¿En serio? Creí que nunca se saldría del mundo deportivo.

—La gente cambia. Deberías llamarla; la última vez que la vi en una reunión escolar, me preguntó por ti.

—Sí, ya veremos.

No me sentía muy segura de querer ver a la señorita Clark. Me había apoyado y ayudado mucho, pero con tan sólo escuchar su nombre, volvía a mí todo el dolor del pasado.

—Entonces, ¿has pensado en qué vas a trabajar ahora? —preguntó Iris interrumpiendo mi ensoñación.

—No lo sé. Estoy un poco cansada de trabajar para otros.

—¿Qué tal si comenzaras tu propio negocio? ¿Por qué no comienzas poniendo un pequeño centro de entrenamiento aquí? Creo que a tus padres no les molestaría. Después de todo, el tío William siempre está diciendo que esta propiedad será tuya algún día.

—Tal vez tengas razón, Iris. Voy a hablar con papá para ver si podemos llegar a un acuerdo.

Comencé a visualizarlo todo. Tendríamos que agrandar el establo y preparar el campo. Incluso yo podría comprar más tierra. Había escuchado que el vecino de junto planeaba dividir su lote.

—Además, si necesitas un socio, puedes contar conmigo —continuó Iris—. Tengo algunos ahorros y, como papá siempre dice, los bancos sólo sirven hasta cierto punto.

—¿Estás segura? Los negocios son complicados y podrías terminar perdiéndolo todo, prima.

Iris se encogió de hombros.

—Si no arriesgas, no ganas.

Pasamos el resto de la noche hablando sobre la idea, y para cuando terminamos de calcular el costo, las necesidades y la estrategia, el sol ya había empezado a colarse por las ventanas y a cubrir de rosado las paredes de la cocina.

CATORCE

El negocio de amansar caballos comenzó con el pie derecho y con mucha publicidad gracias al *manager* de Iris. En todas las revistas de chismes y comercio aparecieron fotografías de la hermosa estrella montando a Providence, y el impresionante currículo de Shannon, incluyendo una lista de los caballos ganadores a los que había amansado. Cuando todo el brillo y el *glamour* se fueron apagando, las cosas dependieron del profesionalismo y el talento natural de Shannon; en muy poco tiempo, el establo O'Leary tuvo gran éxito. Incluso Katrina parecía estar impresionada y, en las pocas ocasiones que llegó a ir a Melbourne, trató con educación a su hermana. Estaba preparando su boda con un político en ascenso y, para la sorpresa de todos, le pidió a Shannon que fuera una de sus damas de honor. Shannon sólo se quedó sentada esperando el golpe. ¿Le pediría Katrina que bajara seis kilos? ¿Qué se pintara el pelo de rojo o que comprara perfume francés para ocultar su olor a caballo? No, la oferta era genuina. Después de la conmoción inicial, Shannon estuvo muy feliz de aceptar. La boda se llevó a cabo en un hermoso club campestre, un hermoso día a finales del verano. La novia estaba tan feliz que resplandecía; Shannon se llevó muy bien con las otras damas y se divirtió mucho en la recepción. Por otra parte, a Martha y a William les costaba tanto trabajo ocultar la felicidad que parecía que ellos eran los recién casados.

El sol parecía brillar perpetuamente para Shannon y la única nube negra en el paisaje era la partida de Iris a Londres. Sin em-

173

bargo, después de recibir la primera carta de su prima, en donde le narraba sus aventuras en Inglaterra (le dieron el papel, perdió al novio, se enamoró del director y ahora estaba en pláticas con una compañía disquera), Shannon supuso que Iris la estaba pasando de maravilla. Y si Iris era feliz, entonces Shannon estaba aún más feliz por ello. El apoyo de su prima y su fe en la capacidad de Shannon para sacar adelante el negocio, la habían conmovido y continuaban inspirándola en aquellos raros momentos en que las cosas se complicaban en el establo. Con todo, la vida se había vuelto increíblemente dulce.

Pero no podía olvidar a Maxwell. Después de que el enojo se apaciguó, Shannon comenzó a llamarlo todos los días. Sus celos hacían que la ausencia del hombre le pareciera imposible de soportar. Maxwell, por su parte, le suplicaba a Shannon que volviera y le prometía que dejaría a Sandra para mudarse a vivir con ella.

—Estoy cansada de las palabras, Maxwell, necesito acciones.

—¿Qué quieres que haga, Shannon?, ¿que te llegue con un montón de flores y les pida a tus padres permiso para visitarte y entregarte una sortija?

—Sí.

Hubo un silencio del otro lado de la línea, luego Shannon lo escuchó. Fue un débil pero distinguible: "De acuerdo."

Shannon después le escribiría a Iris que la presentación de Maxwell a la familia había sido "interesante". Martha y William trataron de disimular su conmoción porque, de alguna manera, aunque sabían que tenía la misma edad de William, no habían logrado asimilarlo sino hasta que lo conocieron en persona. Por supuesto, Maxwell había sido encantador. A Martha le dio un ridículamente grande jarrón lleno de flores, y a William, una aún más ridículamente costosa botella de vino. Nana se enamoró de inmediato de él, y después de mirarle los dedos para valuar los diamantes y rubíes que en ellos portaba, le susurró a Shannon su frase de siempre: "Es tan fácil enamorarse de un hombre rico como de un hombre pobre." Después, concluyó que el hecho de que Shannon hubiese logrado lazar a ese vaquero, había sido un gran logro. Y aunque el carisma de Maxwell no fue tan efectivo para seducir a William y Martha, ellos se portaron con educación y cordialidad como siempre. Incluso cuando Nana le preguntó a Maxwell su estado civil y él contestó "separado", no mostraron ninguna emoción.

—Pero seguramente ya se está divorciando —insistió Nana.

—Sí, por supuesto —contestó Maxwell.

—Muy bien. Claro que no esperábamos que fuera soltero, dada la diferencia de edades.

—¡Madre! —exclamó Martha, mortificada.

—Ay, por favor, Martha, relájate. No estoy ciega y es muy obvio que es mucho mayor que Shannon. Así que dígame, Maxwell, ¿es usted muy trabajador?

—Sí, mucho, señora.

—¿Y religioso?

—Supongo que sí.

—¿Existe alguna posibilidad de anular su matrimonio?

—Mamá, por favor…

—Bueno, la que será mi ex esposa es protestante.

—Ah, entonces no habrá problemas. Y dígame, ¿usted ama a nuestra Shannon?

—Claro que sí.

Nana mostró una sonrisa tan amplia como la del gato Cheshire.

—Creo que es hora de abrir esa botella de vino —dijo la anciana triunfalmente.

A partir de ahí todo fluyó bien hasta que, después de la comida, Maxwell cometió el error de encender un cigarro en la mesa. Martha y Nana tenían una profunda aversión por los cigarros, lo que había convertido al resto de la familia en fumadores de clóset. Shannon pateó a Maxwell por debajo de la mesa y le arrebató el cigarro para apagarlo en un platito. Maxwell se disculpó de inmediato con su sonrisa más cautivadora.

—Es un hábito difícil de dejar, pero le prometo, Nana que… —dijo Maxwell mirando a la anciana directo a los ojos— que esto termina aquí y ahora. Haré lo necesario para hacerla feliz.

Nana suspiró y una sensación de paz volvió a llenar la mesa.

Un mes más tarde, Shannon ya estaba mudándose de nuevo a Queensland. Había ganado suficiente dinero para devolverle el préstamo a Iris con intereses, y tenía una cantidad suficiente para asegurar una transición sin sobresaltos. Volvió a empacar su vida y viajó con Bear hasta Queensland. Tenía los ojos llenos de polvo de hadas y estaba lista para jugar a la casita y vivir su gran historia de amor al máximo. Sólo que las cosas no salieron como ella esperaba.

Efectivamente, se mudaron juntos a un departamento que estaba cerca de los establos de Maxwell, pero no hubo sortija. En el exterior, la vida de Maxwell parecía no haber cambiado. Exceptuando su familia inmediata, nadie sabía que estaba viviendo con Shannon. Ella ahora trabajaba en círculos distintos, estaba en una de las pistas cercanas, en donde podía evitar el contacto con él, con su esposa y con los trabajadores.

Pero las cosas habían cambiado y ahora Maxwell no tenía la sartén por el mango. Shannon había comenzado a percibir que él la necesitaba a ella más de lo que ella a él. No obstante, Maxwell continuaba posponiendo todo lo relacionado con su divorcio. Shannon no dejaba de quejarse porque ya no quería esconder su relación, y Maxwell le seguía pidiendo que le diera tiempo para arreglar las cosas con Sandra. A pesar de que Shannon controlaba el corazón de Maxwell, Sandra era quien controlaba a los niños y el dinero y, tal como lo había sospechado la chica, el dinero representaba la mayor debilidad de Maxwell.

Vivir con él también era todo un desafío porque era un desastre total en la casa y, las pocas veces que se ofrecía a ayudar, sólo empeoraba las cosas. Shannon llegaba cansada después de trabajar todo el día y encontraba a Maxwell prestando toda su atención a las instrucciones para cocinar que le daba su madre por el teléfono mientras agitaba alegremente el contenido de una sartén que emitía un montón de humo y aromas demasiado extraños para discernir. Y claro, la cocina estaba repleta de cacerolas y sartenes vacíos, en un estado de caos absoluto. Mientras Shannon trataba de entender cómo había podido Maxwell distribuir toda su ropa sucia de una manera tan pareja por toda la casa, y cómo había logrado cubrir con ella todos los muebles y superficies de la casa, la chica notó que estaba más preparada para vivir como amante que como ama de casa. Su feliz historia de cenicienta hogareña no la estaba conduciendo al "y vivieron felices para siempre" como ella quería. O tal vez eso no era lo que quería después de todo...

Shannon aplacó su descontento aceptando que, al menos, la pasión entre ellos se había reavivado. Pero por desgracia también se reavivaron los celos. Shannon comenzó a sospechar de cada mujer que se acercaba a Maxwell; utilizó todo su atractivo sexual para encadenarlo. Hacía el amor con él en todos los lugares y en todo momento, cuando él menos lo esperaba. También le dio rienda suelta a todas las fantasías que creyó que podrían mantener el interés de Maxwell, cualquier cosa que lo mantuviera exhausto y alejado de las rivales imaginarias que, según Shannon, estaban todo el tiempo tratando de acostarse con él.

La carrera profesional de Shannon comenzó a florecer en Queensland y la chica pudo hacer nuevos amigos además de los socios de Maxwell. Se comenzó a llevar muy bien con una pareja inglesa, los Richardson. Ellos llevaban un estilo de vida bastante costoso y de gran lujo, y trataban a Shannon como si fuera una especie de hija adoptiva. Evangelina, Oliver y Shannon pasaban largas tardes juntos consumiendo grandes cantidades de vino tinto en sus comidas. Hablaban de arte, música, libros, caballos, viajes y una variedad amplia de temas culturales. La pareja también aprovechaba esas oportunidades para ir diseccionando el drama de la relación de la chica. Oliver era un asesor del gobierno y, de manera privada, también entrenaba caballos. Shannon consideraba que sus opiniones eran muy valiosas. Conforme la relación con los Richardson la hizo madurar más y más, su relación con Maxwell comenzó a decaer. Fue en parte porque él continuaba consumiendo grandes cantidades de alcohol, y las discusiones entre ellos se hicieron más violentas.

Un día, después de una pelea particularmente explosiva con Maxwell, Shannon estaba ensillando uno de los caballos de Oliver cuando él la miró y le dijo: "¿Cuánto tiempo más vas a seguir siendo la lapa de ese vaquero?"

La frase horrorizó a Shannon. ¿En verdad eso era lo que pensaba de ella este hombre a quien tanto apreciaba? El impacto fue tan dramático, en particular después de haber tenido una discusión tan violenta con Maxwell, que durante días la atormentó la idea de dejarlo. La relación ya no podía ser peor porque entre ellos se había formado un muro de resentimiento. Además, tres años después de su regreso a Queensland, los establos estaban en decadencia y los caballos perdían con frecuencia (o, en todo caso, llegaban en segundo lugar). Por otra parte, Shannon se había convertido en una estrella por sí misma y estaba ganando dinero a una velocidad asombrosa.

En una de sus discusiones, Maxwell le había gritado "Bruja de pelo negro, ¡ya retira tu maldición de mis caballos!", Shannon no podía definir si había sido algo que sólo dijo porque estaba ofuscado, o si realmente sentía que ella era culpable de la situación en los establos. Y para ese momento, todo el amor o ternura que había sentido por aquel hombre, se había tornado en enojo puro. Shannon estaba furiosa porque Maxwell no estaba dispuesto a dejar a Sandra, porque era sucio, porque siempre estaba borracho y porque siempre que ella necesitaba su ayuda o apoyo, él se hacía a un lado. Después del comentario de Oliver, Shannon se preguntó cuántas otras personas la veían de la misma forma, cuántas creían que era una intermediaria que traicionaba a sus clientes para el beneficio de Maxwell.

A pesar de todo, había dado tanto por él, que todavía no estaba lista para detener la sangría que significaba estar a su lado. Pero todo cambió el día que sus peores pesadillas se hicieron realidad y lo encontró con otra mujer. Los vio en una venta de caballos. La otra chica se parecía tanto a Shannon, que era insultante: cabello oscuro, piel bronceada, piernas largas y ombliguera. Pero esta vez Maxwell no estaba jugando a ser el tímido. Era todo sonrisas y caricias. Y cuando tocó su infantil rostro con dulzura y besó sus labios tiernamente, Shannon se dio cuenta de que no se trataba de un encuentro fortuito o una aventura de una sola noche.

Caminó furiosa hasta ellos y le pidió a Maxwell que le devolviera las llaves del departamento. Si la gente no estaba al tanto de que vivían juntos, en ese momento todo mundo se enteró. Como siempre, Maxwell se acobardó, tartamudeó y trató de explicar que las cosas no eran lo que parecían. Segura de que todo se trataba de mentiras monumentales, Shannon ya no pudo contenerse y lo empujó al suelo. La otra chica gritó y corrió al lado del hombre.

—¿Cómo pudiste? —gritó Shannon como lo había hecho Sandra tres años atrás—. ¡Confié en ti, demonios! ¡Te di lo mejor de mí! ¡Dejé atrás una buena vida por ti! ¿Y ahora lo tiras todo a la basura? ¿Por esto? ¿Por una mini-perra?

—No soy una perra, soy su novia —sollozó la chica—. ¡Soy su novia! Nos amamos y nos vamos a casar en cuanto tú decidas firmar los papeles de divorcio.

Shannon estaba asombrada. La chica no tenía más de dieci-siete o dieciocho años, la misma edad que tenía Shannon cuando comenzó su relación con Maxwell.

—¿Y cómo te llamas?

—Helena.

—Bien, Helena, para que sepas, no soy su esposa, soy la idiota que tiró a la basura siete años de su vida con este imbécil. Y tú, tú puedes quedarte con él si quieres.

Shannon se dio la vuelta y salió del lugar. Llegó al departa-mento, aventó las cosas de Maxwell por la ventana, empacó sus pertenencias, las puso en el coche y, después de convencer a dos empleados de que se le unieran, se dirigió al otro lado de Australia. Se juró a sí misma que ya no habría más oportunidades, no más escenitas repetidas en su vida. Shannon Elizabeth O'Leary había acabado con esa historia de ser la segunda en la vida de un hombre; había acabado con la espera de que le cumplieran promesas, había acabado con Maxwell Saxton y la influencia que ese hombre tenía sobre ella. En lo que a ella concernía, había terminado, total y ab-solutamente, con los hombres.

QUINCE

Después de atravesar mil kilómetros de desierto, Shannon llegó a un santuario, a las playas de Australia occidental. Era un paraíso virgen con un esplendor natural. El azulado Océano Índico acariciaba con suavidad las brillantes y blancas arenas que estaban en la orilla. Enganchada en las riberas del magnífico río Swan, Perth era el hogar de más millonarios *per cápita* que cualquier otra ciudad del mundo. Era una ciudad aislada del resto de Australia, y un oasis cultural en medio de la zona más despoblada del desierto, un lugar con fina gastronomía y una atmósfera cosmopolita. Shannon no perdió el tiempo; de inmediato rentó un departamento con Leonor, una de sus empleadas que había traído de Melbourne, compró dos revistas de modas y se fue a comprar ropa de diseñador. La elegancia de los noventa le sentaba mucho mejor que la salvaje exageración de los ochenta. Además, la ropa hacía lucir mucho más la firmeza de un cuerpo formado por el ejercicio y la vida campestre. La experiencia también le había otorgado sofisticación y confianza a la chica; la redondez de su rostro de adolescente le había dado el paso a unos pómulos pronunciados, piel bien cuidada, y una sonrisa controlada. Habría sido muy difícil ignorar que una figura tan atractiva había llegado a un escenario que, aunque pequeño, era uno de los más prósperos en el ámbito de las carreras, de la zona occidental del país. Rápidamente Shannon consiguió un empleo en la pista, mientras esperaba que llegara la oportunidad de trabajar como entrenadora privada. Poco después la contrataron como entrenadora para un granjero adinerado y magnate de los bienes raíces. Ese papel lo desempeñó hasta el día en que obtuvo su licencia oficial como entrenadora y se convirtió en una de las entrenadoras más jóvenes de Australia.

Todo comenzó con Leonor. Leonor y su apariencia larguirucha y suplicante. Leonor y sus suspiros apagados, su atención no solicitada. Me parecía bastante patética. Ya había sospechado de su orientación sexual cuando estábamos en Melbourne, pero en aquel tiempo no me había molestado para nada. Estaba demasiado ocupada con el melodrama de Maxwell para preocuparme por las miradas furtivas de mujeres que parecían ratoncitos.

Pero en cuanto estuvimos en Perth, en donde parecía que toda la población homosexual del sur de Australia había encontrado refugio, lo que había sido ruido blanco en la lejanía, se convirtió en una clara canción de amor. Yo, sencillamente, no estaba interesada.

Cierta ocasión en la que estábamos ebrias intentamos hacer el amor. En parte, fue debido a la excesivamente generosa noción que yo tenía de la caridad. Sin embargo, todo resultó un fiasco que terminó en aburrimiento total en unos cuantos minutos. Desde ese momento dejé de ser señorita Linda Chica, y comencé a rechazar de manera abierta a Leonor. Resignada, aceptó los términos y las condiciones de vivir juntas, y cambió de estrategia, cambiando el enamoramiento por amistad. Las cosas funcionaron bastante bien, incluso propició que apareciera Kenny, el primo de Leonor, en el panorama. Kenny era un exuberante y divertido, casi estereotípico, integrante de la comunidad gay. Kenny y yo nos llevamos bien de inmediato.

Hasta ese punto siempre me había sentido más grande de lo que era. Estaba acostumbrada a socializar con adultos más grandes de una forma bastante responsable. Era como si la parte más bulliciosa de mi juventud me hubiera eludido. Ahora la vida, por fin, me estaba dando la oportunidad de saber lo que era ser joven, alocada y despreocupada.

Comencé a salir a clubes gay con Kenny y Leonor. Los vívidos colores y la imprudente alegría eran muy diferentes a lo que yo había vivido hasta entonces. Todo era tan teatral y dramático... los travestis andaban por ahí haciendo malas imitaciones de Abba y Cher. La música retumbaba en el fondo y encendía la noche. La emocionante atmósfera bohemia me hacía sentir parte de un musical de Broadway. Siempre había sentido pasión por la música y el teatro (de hecho, Iris y yo habíamos creado algunas atractivas interpretaciones de Cats y Oklahoma, entre otros éxitos de Broadway), y para mí, la escena gay era un lugar mágico y maravilloso. Sentía como si hubiera encontrado mi paraíso personal. Bebí, bailé y flirteé. El hecho de que no era gay lo hacía todo aún más divertido. ¿Pero, realmente no lo era?... O... ¿Podría serlo? Sabía que sería desastroso para mi carrera en todo caso, sin embargo, el destino trae lo que trae sin tomar en cuenta la carrera de la gente.

El calor de la pista de baile era sofocante, electrizante. Era una avalancha de energía que provenía de las luces, de las paredes de video, del humo de cigarro y del calor de los cuerpos ondulados que se tocaban, saltaban y se provocaban los unos a los otros. Bailé con todo mi corazón en medio de un laberinto de brazos y torsos. Mis manos se deslizaban hacia arriba y hacia abajo de mis muslos, abdomen y senos, y mi cabello se sentía como un elegante abanico que se balanceaba conmigo hacia la izquierda y hacia la derecha. Sentía que las sombras se arrojaban a mi rostro.

De pronto, me detuve. Ahí estaba de nuevo, la sensación de que alguien me observaba. Entonces, revisé todo el lugar.

—¿Qué pasó, querida? —me preguntó Kenny al mismo tiempo que se recargaba en mi pierna como un cachorrito salvaje.

—No lo sé… siento que alguien me observa.

—Pues esa es la idea, ¿no, chica? —contestó él, y luego agitó su trasero con espasmos practicados.

—Sé linda y consíguenos algo de beber, ¿sí, amorcito?

Caminé hacia el bar y me incliné para gritarle mi orden al barman. Entonces tiré la bebida de una mujer.

Me deshice en disculpas.

—¿Me permites comprarte otro trago?

La mujer accedió sin decir gran cosa y yo volví a la pista de baile. Cuando miré hacia atrás me di cuenta de que ella era quien me había estado mirando. Cuando empecé a bailar otra vez con Kenny, volví a mirar hacia donde ella estaba y pude ver sus extraordinarios ojos azules: tenían una intensidad hipnótica. Parecían brillar en medio de las sombras como zafiros en terciopelo negro. Me comenzaron a sudar las palmas, sentí unas gotitas de sudor sobre el labio superior y unos pequeños choques de frío me causaban chispas en toda la piel. Comencé a temblar. La mujer se volteó y abandonó el bar. Por instinto me alejé de Kenny y la seguí. Él me jaló de la mano.

—¿Qué estás haciendo? ¿Por qué sigues a esa mujer? ¡No eres gay!

—Lo sé —le contesté—, sólo necesito verla.

—Bueno, chica, pues si estás a punto de saltar la barda, no te recomendaría que empezaras con ese postre. Ahí en donde la vez con todo ese porte y autocontrol, no es más que una vampira necesitada: siempre hambrienta, nunca satisfecha.

—¡Oh, por favor, Kenny, se está yendo! —y me solté de su mano.

Empujé las puertas del club y vi que la mujer se alejaba con rapidez de la luz de los faros de la calle. La perseguí y le grité. Ella volteó.

—Eres increíblemente hermosa —balbuceé, envuelta por la deslumbrante visión.

Su cortísimo cabello casi platinado creaba un halo alrededor de los perfectos pómulos, la alargada y delgada nariz, las cejas arqueadas y los increíblemente grandes y felinos ojos. Su labio superior era apenas un poco más grande que el inferior. Sus hoyuelos sugirieron una traviesa sonrisa.

La piel era luminosa y el resplandor de sus ojos azules, cegador. Se quedó ahí parada con la boca medio abierta, esperando que yo hablara otra vez.

¿Qué estás haciendo? Gritó una voz en mi cabeza. *¡No lo sé!* Fue la respuesta. Estaba actuando empujada por el instinto.

—Sí... mmm... me preguntaba si... bueno, si... ¿te gustaría ir a algún lugar? ¿A beber algo?

—¿A dónde? —me preguntó.

Su voz era un juguetón maullido que se escurría como miel en mis oídos.

—¿Y qué tal a... no sé... a Rouge?

¡Demonios! ¿Cómo pude sugerir un lugar tan malo? Es verdad, es el único lugar que está abierto después de las cuatro de la mañana, pero de todas formas...

—No lo creo —dijo, y mi corazón se encogió. Me miró por última vez y continuó caminando.

Claro que no le gustaba la idea, el lugar era un basurero. De repente me sentí completamente fuera de lugar, como si llevara tacones en un partido de futbol. Esa mujer tenía un aire de superioridad, algo que sugería champaña y caviar en el desayuno. Ante eso, mi sugerencia sonó aún más ridícula. Vi cómo su elegante figura desaparecía mientras caminaba entre las sombras, cómo se fundía con la noche. El eco de sus tacones de aguja golpeando el pavimento húmedo, se quedó sonando en el aire.

Al siguiente día me desperté con una terrible resaca, preguntándome qué diablos me había llevado a perseguir a una mujer por la calle. Decidí que, debido al oscuro comportamiento que había tenido la noche anterior, debía descansar un rato de los clubes gay. Sin embargo, Perth era una tierra de diversión y celebración, y me resultaba sencillamente imposible resistir el atractivo de la noche por mucho tiempo. En poco tiempo rompí mi propósito y el ambiente aturdidor de los clubes me atrajo de nuevo. Comencé una rutina en la que parrandeaba toda la noche y, durante el día, me la pasaba visitando todas las playas soleadas. Cada momento era perfecto. Como mucha de la gente en la industria de las carreras en Australia, yo trabajaba, jugaba, bebía y dormía. Luego, despertaba al día siguiente para seguir la misma rutina otra vez.

Un día, mientras miraba el mar desde mi mesa en un restaurante con vista a la playa, algo peculiar captó mi atención. Miré a mi derecha y, para mi sorpresa, vi un enorme grupo de gente. Todos estaban vestidos de color naranja brillante. Parecían salidos de una fantasía. Me sentí confundida por un momento, incapaz de entender aquella extraña aparición. Después supe que eran discípulos de Bhagwan Rajneesh. Su presencia había atraído mi atención de inmediato y, por un segundo, incluso llegué a sentir la sutil agitación de mi segundo corazón. "Bueno, pues ese sí que es un grupo de gente rara", podía imaginar a Nana decir. ¿Y quién era yo para discutir con ella?

Aquella noche, mientras el país entero esperaba con emoción la defensa de la Copa América, yo regresé con Kenny y Leonor a la zona gay. En cuanto entré al club vi cómo aquellos ojos azules se clavaban en mis ojos negros. Caminé de manera mecánica hacia ella, acaricié con mi mano su exquisito rostro y la miré con intensidad. Cualquier duda, cualquier confusión que pudo existir en mi alma, se evaporó y se transformó en la ardiente pasión que la mera presencia de esta creatura provocaba en mí. Desapareció la ilusión del tiempo. El mundo que nos rodeaba se transformó en una pintura borrosa. Y nos besamos dulce, tierna, amorosa, cálida, ferviente, ansiosa, poderosamente... A mi cuerpo lo sacudió un deseo devorador: no podía saber en dónde acababa mi piel y en dónde comenzaba la de ella. Era, en cierta forma, como tocarme a mí misma, como besarme. Todas las fronteras se derritieron y se fundieron en una sola. No sabía lo que estaba haciendo, y para ser sinceros, no me importaba. Mi corazón me empujó hacia esa mujer y yo, me rendí ante su voluntad.

Si lo primero que cautivó a Shannon de Michelle fue su belleza, su gracia social y su finura cultural añadieron otra capa de atracción que la hacía absolutamente irresistible. A pesar de que tenían la misma edad, Michelle poseía una refinada sofisticación que iba mucho más allá de los años que tenía. Era una mujer de mundo que había vivido de primera mano mucho de lo que Shannon había aprendido con hombres mayores. Michelle era una avezada conocedora de la gastronomía más fina, y trabajaba como chef en un hotel de lujo. Como era de esperarse, las cenas románticas en restaurantes exclusivos fueron el atractivo de las primeras etapas de la apasionada relación. A eso le siguió el hacer el amor en los lugares más inapropiados. Se consumían la una a la otra bajo las estrellas en el bosque de jacarandas y se acostaban desnudas en playas desoladas. Parecía casi imposible que se quitaran las manos de encima. La atracción física era muy intensa y poderosa, algo que Shannon jamás se habría imaginado. Cualquier chispa que la señorita Clark haya encendido en Shannon, jamás podría compararse a este ardor, a esta urgencia y a esta sed de la perfección física que era Michelle. Shannon podía quedarse viéndola durante horas. Todos sus talentos creativos comenzaron a emerger, aquella exquisita criatura la inspiró a escribir poemas y canciones, a que

la música surgiera de su voz después de tantos años. Michelle se convirtió en la musa de su obsesión. Si acaso existía otro mundo que no fuera el de Michelle en sus brazos, Shannon no quería conocerlo. Éste era su hogar, aquí era donde deseaba estar. Siempre.

—¿Qué sucede? —preguntó Michelle con los ojos entreabiertos mientras acariciaba el oscuro castaño de Shannon.

—Soy una entrenadora de burros, Elle —dijo Shannon con los ojos enfocados en la ventana abierta.

Michelle besó su espalda desnuda.

—No seas tonta, eres una gran entrenadora.

—Eso puede ser cierto, pero todos esos caballos no valen su nombre. De hecho, creo que los burros son mucho más rápidos que esos caballos que, más bien, parecen vacas. Así que supongo que soy una gran entrenadora vacuna.

Michelle se rió discretamente. El sonido para Shannon fue como el de campanas de plata atadas a flores en una tarde con agradable brisa.

—¿Sabes lo que acabo de escuchar, Elle?

—¿Qué, amor?

—Que muy pronto abrirán una nueva pista en Caloundra, en Queensland.

Michelle apretó los labios con fuerza.

—¿En serio?

—Sí, y creo que ahí habría una gran oportunidad para mí.

—Pero Queensland está del otro lado de Australia.

—Lo sé, Elle, pero es que aquí ya no queda nada para mí.

—…Yo estoy aquí —dijo Michelle.

Luego se levantó de la cama, caminó con su impactante belleza hasta la mesa, tomó un cigarro y lo encendió.

Shannon se temía que Michelle no querría abandonar la prestigiosa posición que había alcanzado en el hotel para ir con ella.

Acostumbrada a manejar caballos de carreras de la más pura sangre, las perspectivas del nuevo establo de carreras de Shannon se veían bastante lúgubres. Nunca había visto caballos tan lentos y criados tan mal en su vida. No había entrenamiento alguno que pudiera transformarlos en ganadores. En realidad, ella había tratado de sacar lo mejor de una mala situación; había llevado a los más ineptos equinos a pequeñas y oscuras pistas alejadas del centro de Perth. Ahí, sus prospectos podían comenzar a mejorar, aunque nunca lo suficiente para satisfacer la búsqueda de la excelencia de Shannon. Había un caballo en particular que se había mostrado prometedor. Quedó en segundo lugar en su primera carrera. Sin embargo, cuando Shannon pensó que era lo suficientemente bueno para llevarlo a una pista en la ciudad, el propietario lo cambió a un establo más grande. Una vez más, Shannon se sintió explotada; la habían usado como pre-entrenadora para un grupo de caballos mediocres. Ahora sabía que a cualquier caballo que mostrara el más ligero potencial, se lo quitarían de las manos. Se sentía descorazonada, desilusionada y mal pagada.

—Podrías venir conmigo —sugirió Shannon con dulzura. Vio una ligera vacilación en los ojos azules y aprovechó la oportunidad—. Vamos, Elle, ¡sería una gran aventura! Aquí eres una gran chef, pero también allá, en cualquier sitio. Es decir, sólo mírate, ¿quién no te contrataría, por Dios santo? Además, podríamos tomarnos un tiempo para llegar allá, hacerlo como una especie de *tour*. ¿No sería romántico? ¿Nosotras solas en el desierto, deteniéndonos cuando y donde se nos diera la gana? Podríamos ser libres, Elle, verdaderamente libres. Sin preocupaciones, responsabilidades ni frustraciones. Sólo Australia y nosotras. ¡No habría nada mejor que eso!

Michelle exhaló una nube de humo y luego sonrió.

—Una aventura, ¿eh?

—La mejor de tu vida, chica, te lo prometo.

DIECISÉIS

La Gran Bahía Australiana es uno de los paisajes más extraordinarios del mundo. Hay enormes acantilados que caen al mar desde las planicies Nullarbor, y la arena es como la de las dunas rodantes del Sahara, sólo que las de aquí son del blanco más puro. Las olas ruedan en un continuo y estruendoso desfile cada vez que el Océano Pacífico se estrella sin compasión contra la costa. Prácticamente no hay presencia humana y todo aquel que se atreve a contradecir lo anterior, por lo general se encuentra solo, o sola, acompañado sólo por los peligros y las maravillas que la compañía de la naturaleza puede implicar.

Shannon se tiró en la playa, absorta por el majestuoso poder de la naturaleza salvaje. A sus sentidos los estimulaban excesivamente el rugido del mar, los chillidos de las aves, la caricia del viento, el toque de la arena y el sol, el aroma de la sal y las algas, la intensidad del azul, del blanco y del verde. Era como si su espíritu se diluyera en todo lo que la rodeaba y se convirtiera en parte de ello. El océano chocaba y se convulsionaba mientras Michelle caminaba por las dunas envuelta en una sábana blanca que se hinchaba con el viento. Era, en verdad, la más pura visión de belleza inmaculada que jamás había visto Shannon. Literalmente le quitaba el aliento. Y mientras contemplaba asombrada, su segundo corazón volvió a la vida con el agudo sonido de un delfín sonando en su frecuencia más aguda. Al otro lado del océano Shannon pudo ver un grupo de ballenas francas que saltaban desde las profundidades como una

191

fantasía en movimiento. En un abrir y cerrar de ojos las ballenas desaparecieron pero, oh, qué segundo, ¡qué momento tan breve de perfección! Magia pura capturada para la eternidad. Shannon sintió un gozo difícil de explicar, algo como volver a casa. Deseó que pudieran quedarse en esa playa, que pudieran convertirse en ermitañas o refugiadas, lo que fuera, de este paraíso prístino. Pero tal como Michelle se lo recordó con tanto tacto, aquellos eran sueños que, sencillamente, no podían hacerse realidad.

Una de las primeras desviaciones que tuvieron en el viaje fue para visitar a la familia y amigos de Michelle en Adelaide. Decir que fue una situación incómoda para Shannon habría sido una gran imprecisión. No sabía cómo comportarse, cuán abierta o discreta tenía que ser. No tenía claro cuánto sabía la familia de su amante sobre su relación y, además, tampoco tenía idea de qué tipo de reacción tendrían si se llegaban a enterar. ¿Y qué pasaría si los amigos gay de Elle no la aceptaran? ¿Y sus propios amigos? ¿Qué pensarían cuando se enteraran de su nuevo estilo de vida? En Queensland no podría haberse presentado a los demás como más heterosexual. Además sabía que en la industria de las carreras, tan orientada a los hombres, sus preferencias sexuales lograrían incomodar a varias personas.

Los dos días que pasaron en casa de los padres de Michelle fueron bastante difíciles para Shannon. A pesar de que fueron bastante educados con ella, el señor y la señora Steward no mostraron calidez ni la hicieron sentir bienvenida. Durante el día fueron encontrando distintas actividades para mantenerse ocupados y la hora de la cena la apartaban para tener una versión ligera de una típica sesión de interrogatorios nazi. ¿Por qué se habían ido de Perth? ¿Qué esperaban encontrar en Caloundra? ¿Ya había considerado los riesgos de dejar un empleo tan prometedor? ¿Qué tipo de profesión era para una mujer, ésa de entrenadora de caballos?

—¡No seas tonta! —dijo Michelle más adelante y sin darle importancia, cuando Shannon trató de explicarle lo incómoda que se había sentido—. Son mis padres, así son ellos. Creí que eras más madura, Shannon.

También ella lo había creído así, pero aquellos dos días en Adelaide la hicieron ver que todavía no estaba lista para enfrentar al mundo. Quería la aventura, la pasión desenfrenada, el espacio íntimo que existía cuando estaban solas. Conscientemente o no, Shannon diseñó todas las distracciones posibles para prolongar el viaje. Ella y Michelle se detenían en todos los hoteles del camino. Bebían, jugaban billar, escuchaban la música de las rockolas y parrandeaban en lugares en donde no eran importantes para nadie, y nadie las conocía. El único contacto que Shannon había tenido con su familia en esos seis meses, fue cuando los llamó, un tanto por inercia, para pedirles algo de dinero.

Después de un viaje de seis meses por Australia que pudo haber sido un recorrido de sólo dos semanas, por fin llegamos a Caloundra. La nueva pista resultó ser un enorme elefante blanco: había una hermosa construcción pero no había caballos. Y el hecho de que no los hubiera significaba que tampoco había trabajo. Fue por eso que tomamos empleos raros en espera de que algo surgiera. Sin embargo, muy pronto tuve claro que teníamos que volver a la Costa Dorada.

Para cuando llegamos ahí, ya les debía a mis padres la enorme suma de dieciséis mil dólares. Nuestro viaje romántico había llegado a su irremediable fin, y en muy poco tiempo yo ya estaba corriendo en las pistas a las cuatro de la mañana y luego viajando a distintos establos en la tarde para entrenar potrillos. También conseguí un empleo en una propiedad en donde se entrenaban caballos cuarto de milla, o de carreras de corta distancia. Ésa sí que era una nueva experiencia para mí. Queensland era el único lugar en Australia en donde se permitía que los cuarto de milla compitieran contra los purasangre. La propiedad de mi nuevo jefe albergaba a muchos cuarto de milla que habían sido cruzados con purasangre. Uno de ellos en particular, Tritón, era el animal más veloz que había montado. Yo en verdad creía que si podía sostener ochocientos metros en lugar de un cuarto de milla, aventajaría tanto a los purasangre que podría ganar sin el menor esfuerzo.

Arnold Weyland, el propietario del caballo, no estaba tan seguro. Era un millonario que tenía una cadena de ropa para caballero y estaba involucrado en muchos otros negocios. A pesar de que le apasionaban los caballos, no sabía nada respecto a ellos. No sabía cómo ensillarlos, mucho menos cómo enseñarles a ganar una carrera. Entonces me convertí en entrenadora y, una vez más, estuve en control de toda la operación. Como quería pagarles a Martha y William, y también necesitaba el dinero para pagar los abonos y los depósitos de nuestro nuevo departamento, me quedé con no más de quinientos dólares a mi nombre en ese momento. Decidí que Tritón haría su debut en una carrera de ochocientos metros para no-ganadores en la Costa Dorada. Tritón era una certeza absoluta. Yo estaba segura de él y me apoyaba en una convicción que desafiaba toda lógica. Sentía que era el elegido. Traté de convencer a Weyland de que su caballo era un ganador nato, pero mi juventud y su falta total de conocimiento sobre las carreras, lo hicieron dudar. Al final, Weyland apostó muy poco. Yo aposté todo lo que tenía a la nariz de aquel caballo. Estaba corriendo con apuestas de treinta y dos a uno.

DIECISIETE

El día de la carrera, Tritón se convirtió en una furia en cuatro patas. Corrió tan rápido como los mejores purasangre que había yo visto en distancias cortas. Los otros caballos apenas iban llegando a la curva cuando él ya volaba por la recta de ganadores hacia la meta final. Tritón ganó con una ventaja asombrosa y rompió el récord de ochocientos metros. Con apuestas de treinta y dos a uno, mis quinientos dólares se convirtieron en una ganancia de dieciséis mil dólares. Con mucho orgullo les llamé a mis padres para avisarles que les enviaría el dinero. Luego tomé una pequeña parte de las ganancias y me fui al casino local a emborracharme... muchísimo.

Weyland estaba tan impresionado por la ganancia que me invitó a vivir a su rancho. Michelle y yo nos mudamos a un *loft* que estaba arriba de un establo, y cada mañana nos levantábamos para admirar una propiedad de un millón de dólares. Como nadie más vivía ahí, resultaba muy sencillo imaginar que el lugar nos pertenecía. Sin embargo, yo ya había comenzado a notar algunas fracturas en nuestra intensa relación.

Poco después de mudarnos a la propiedad de Weyland, recibí una llamada de mi padre. Los doctores habían descubierto que las constantes y tortuosas migrañas de Martha eran ocasionadas por un tumor cerebral. La única opción era operar. Le extirparon una parte considerable del cerebro durante la operación, y como resultado, sufrió un derrame. El doctor dijo que jamás volvería a caminar, y que ya no tendría la capacidad de aprender otro idioma. Sin embargo, como el tiempo tantas veces lo había probado, decirle a un O'Leary lo que podría o no podría hacer, era sólo una pérdida de tiempo. Con el amoroso apoyo de toda la familia, mi madre volvió a caminar, y como un desafío a la poco sensible sentencia del doctor, también se propuso aprender portugués.

En una de aquellas ocasiones en que yo regresaba de Melbourne, las cosas comenzaron a tornarse bastante agrias entre Michelle y yo. Llegué a media tarde. Me sentía cansada porque había cuidado a mi madre toda la noche, y lo primero que me sorprendió fue que Michelle no hubiera ido a recibirme al aeropuerto. Habíamos acordado que ella me recogería para que yo no tuviera que dejar el auto en el estacionamiento. Molesta, tomé un taxi a casa, pagué la costosa tarifa y, finalmente, llegué al *loft*. Ahí me encontré con ropa tirada por todo el lugar, comida a medio terminar y una llave goteando. Fue un poco como entrar a mi pasado y encontrarme una vez más con los pésimos hábitos de Maxwell. Entré a la habitación sintiéndome asqueada y, en ese momento, me di cuenta: Bear no había salido a saludarme. La llamé frenéticamente pero no apareció. Busqué por toda la propiedad y les pregunté a los vecinos sin resultado alguno. Cuando volví al *loft* noté que su plato de comida estaba cubierto de moscas y larvas. En ese momento escuché que se abría la puerta. Era Michelle.

—Hey, ya llegaste —me dijo con los ojos un poco vidriosos.

—Y tú estás ebria.

—Sólo un poquito, por eso no fui a recogerte. Ya sabes, si toma no maneje… Creo que deberíamos conseguirnos unos celulares y ponernos al día.

Michelle se dejó caer en el sofá y se quitó las botas con trabajo. Yo estaba furiosa.

—Elle, ¿y en dónde está Bear?

Se notó confundida por unos segundos, y luego dijo: —Ah, sí, la perra. Te iba a llamar, amor, pero con lo de tu madre y todo eso... no me pareció que fuera un buen momento.

—¿Dónde está Bear? —pregunté y sentí cómo se me calentaba la sangre.

—No lo sé, se escapó hace algunos días. Tal vez está en celo.

—¿Perdiste a mi perra?

—Bueno, es que estaba ocupada. Encontrar un empleo en este lugar no es fácil, ¿sabes? Creo que Bear regresará. Sólo atendió el llamado de la naturaleza o algo así.

No podía creer lo que estaba escuchando. ¿Cómo podía Elle ser tan indiferente en esa situación? Bear era importantísima para mí y ahora estaba perdida; al parecer se había ido días atrás. Le pudo haber pasado cualquier cosa. Cada vez que llamé a casa, lo primero que pregunté fue "¿Cómo está Bear?", y Elle siempre había respondido que estaba bien. No podía creer que había sido capaz de mentir respecto a algo tan importante. Ahora Bear podría estar herida... ¡o hasta muerta!

Salí del departamento hecha una furia y continué buscando. Por suerte uno de mis vecinos más amigables se había encontrado a Bear vagando por los potreros cercanos a los criaderos, y se la había llevado a su casa. Cuando llegué por ella, la perrita estaba fuera de sí de tanta alegría.

—Sé que no es de mi incumbencia —dijo mi vecino—, pero tu amiga siempre está ebria y deja mucho que desear —en ese momento no pude estar más de acuerdo con él.

Después de que el alcohol se evaporó de su cuerpo, Michelle se disculpó, pero yo quería golpearla de todas maneras. ¿Cómo pudo ser tan insensible? ¿Cómo pudo no darse cuenta de lo importante que era Bear en mi vida? El enojo se me fue bajando poco a poco, pero la confianza se había desvanecido entre nosotras. A veces lo único que sentía por ella era odio. Después del incidente de Bear la relación comenzó a deteriorarse con mayor rapidez. Michelle sentía resentimiento porque creía que yo insistía en no presentarla con mis amigos de las carreras, y al mismo tiempo, yo me sentía muy confundida por su comportamiento cuando salíamos. Por lo general ambas bebíamos mucho y nos la pasábamos de parranda. Michelle logró causar una fuerte impresión en el mundo gay de la Costa Dorada y en los relativamente heterosexuales huéspedes del hotel que frecuentábamos. En la zona gay, su rubio y corto cabello, tan parecido al de la popular cantante y compositora Annie Lennox, la hacía un punto de constante atención y atracción. La gente de los dos ámbitos se enamoraba con tanta rapidez de su imponente apariencia, que a nadie parecía importarle si estaba acompañada o no. Además, cuando se emborrachaba, a ella tampoco parecía importarle. En cuanto el vino o la cerveza se le subían a la cabeza, seducía a cualquiera, hombre o mujer, con una pasión que me recordaba lo que Kenny me había dicho aquella noche, la primera vez que posé la mirada en la hermosa rubia: "No es más que una vampira necesitada: siempre hambrienta, nunca satisfecha."

Cuando Elle se emborrachaba se olvidaba de todo. Una ligera capa como de piedra le cubría los ojos y perdía noción de lo que hacía. Cuando despertaba al otro día, siempre se horrorizaba con las historias de lo que había sucedido la noche anterior. Luego me miraba incrédula y aseguraba que no podía imaginarse a sí misma haciendo todas esas cosas que yo le había contado. Decía que me amaba, que en verdad me amaba, y que no podía ni siquiera imaginarse estar con alguien más. Era lo que repetía una y otra vez después de cada espectáculo de alcohol. Comencé a sospechar que las inseguridades de Michelle y su falta de amor por sí misma era lo que la obligaban a buscar apoyo en los brazos de desconocidos. Era una necesidad que tenía de convencerse a sí misma de que era atractiva, de que era un objeto del deseo. Es posible que me haya amado, pero, por lo que se podía ver, para Michellle eso no era suficiente.

—Aquí estoy, señora.

A Shannon se le cayó de la boca el cigarro que aún no había encendido. Volteó con toda lentitud y ahí, en las ventas nacionales de caballos, con todo y su infaltable sombrero de vaquero, estaba Maxwell Saxton ofreciéndole su encendedor. Le brindó una sonrisa amplia, como si no hubieran pasado casi siete años.

—Maxwell.

—Hola, muchachita, ¿estás echándole un vistazo a los añeros?

—Ah... sí.

—Te ves muy bien, Shannon —dijo Maxwell con afecto. Sin embargo, él había perdido la chispa. Era obvio que los años le habían pasado la factura y lo habían dejado agotado y acabado. Entonces Maxwell dirigió su atención a Michelle.

—¿Y tú debes ser...?

Era obvio que la belleza de Michelle lo había dejado atónito.

—Elle, te presento a Maxwell. Maxwell, ella es Elle... —dijo Shannon con un tono juguetón esperando a que volviera a aparecer la sonrisa en el rostro del viejo— mi amante.

Maxwell se quedó boquiabierto.

—Oh sí, querido Max —continuó Shannon como disculpándose un poco y agitando la cabeza—. Me la pasé tan mal contigo que, después de que terminamos, no tuve otra opción más que fijarme en las chicas. Tú me arruinaste el gusto por los hombres.

Shannon estuvo a punto de reír cuando se dio cuenta de que Maxwell en verdad le había creído. Qué bueno, pensó, tal vez eso le enseñe a ser más responsable con la gente con la que se involucra. Tan encantador como siempre, Maxwell recuperó el aplomo de inmediato y las invitó a cenar. En el fondo, Shannon sabía que era una mala idea: ya había notado el tic nervioso que siempre le daba a Michelle en la boca cuando se sentía insegura. Sin embargo, tal vez era su oportunidad para darle una lección a Elle, para mostrarle lo que se sentía que te hicieran a un lado, que tu pareja tratara de seducir a otra persona. Shannon mostró su sonrisa más atractiva y aceptó la invitación. Coquetear con Maxwell era demasiado fácil, ella sabía muy bien cuáles botones debía oprimir, de qué temas hablar; sabía cómo mirarlo, cómo hablarle… No pasó mucho antes de que estuvieran en un universo aparte, un mundo de bromas privadas y anécdotas íntimas que mantenían alejados a los observadores. Como respuesta, Michelle consumió enormes cantidades de alcohol, y en cuanto se sintió fuerte, comenzó a pelear por su mujer. La abrazó, la besó, la llamó con aquellos apodos cariñosos que jamás había usado fuera de la habitación. Shannon se dio cuenta de que la situación se le estaba escapando de las manos, pero ya no tenía forma de recuperar el control. La sorpresa que Maxwell había mostrado cuando las encontró se convirtió en un voyerismo erótico; su mirada viajaba de una de las dos hermosas mujeres, a la otra. Obedeciendo a su naturaleza, Michelle inició la cacería: ni siquiera en ese momento en que estaba en medio de una batalla para recuperar a su amante, pudo dejar de desear a alguien más.

—Será mejor que nos vayamos, Elle —dijo Shannon con un tono enérgico.

—Oh, vamos, Shannon, estoy segura de que a Maxwell le encantaría venir con nosotras a jugar. ¿No es así, Max?

Maxwell miró a las dos mujeres sin saber qué actitud adoptar.

—¡Elle, déjate de tonterías y vámonos! ¿Qué te pasa?

—¡Tú no me aprecias lo suficiente!

—¿Cómo dices?

—Yo pude tener a quien yo quisiera, hombre o mujer, y te elegí a ti porque pensé que eras especial. Pero tú me apagas Shannon, me succionas así como la abeja succiona el néctar de la flor... me tratas como si fuera de tu propiedad.

—Es sólo que te amo, Elle. Te amo con todo mi corazón.

—¿Me amas? ¿Y a quién le importa el amor? ¿Quién te dijo que quería que me amaras? Si me conocieras, si te importara lo suficiente, entonces habrías entendido que yo necesito mucho más. Necesito que me quieran, Shannon: ¡que me deseen, que me anhelen, que se mueran por mí! Y para ser honesta, en realidad tú no satisfaces mis necesidades. Eres una mojigata, una cobarde... Aquella noche debí haberme ido con Brenda... ella sabe cómo tenerme... ella me entiende. Brenda no me habría llevado a esa bazofia de lugar...

La voz de Michelle se transformó en un mascullar incomprensible. Shannon sintió que le faltaba el aire cuando se dio cuenta de que lo que ella había pensado que era una pasión cegadora, el tener poder sobre Michelle, no había sido más que un engaño. Michelle habría seguido a cualquier persona que la hubiera hecho sentirse amada, a cualquiera que la hubiera hecho sentir viva. Volvió a la realidad cuando escuchó un fuerte golpe. Era Michelle. Su cara estaba sobre la mesa; se había desmayado.

Shannon y Maxwell la levantaron con rapidez y la llevaron a la habitación de él, tratando de ignorar las miradas curiosas y sardónicas que los rodeaban.

—Vaya, creo que va a estar dormida por varias horas —dijo Maxwell cuando dejó sobre la cama a la mujer inconsciente.

—Gracias, Maxwell —tartamudeó Shannon mientras trataba de ocultar su llanto. ¡Hasta ahí habían llegado sus intentos por mostrarse ante él como una mujer feliz y con confianza en sí misma! Había ocasiones en que a Shannon le daba la impresión de que alguien, en algún lugar, se estaba riendo bastante a sus costillas. Sin duda alguna, ésta era una de esas ocasiones.

—¿Vas a estar bien?

—Sí, claro. No es la primera vez que alguien usa mi corazón como balón de futbol, ya lo sabes.

—Lo sé, pequeña, y siento mucho haber contribuido con tantas patadas.

Maxwell abrazó a Shannon, y ella apoyó la cabeza en su pecho.

—Shannon, Shannon, ¡cómo te extrañé, muchachita!

La abrazó con más fuerza, y ella pudo escuchar con claridad los latidos de su corazón.

—Maxwell...

—No, por favor permíteme terminar. Realmente te necesito, Shannon; no sabes lo que han sido estos años sin ti. Es como si una parte de mí se hubiera muerto, mi pasión se extinguió casi por completo. Ando por el mundo, medio vivo, muchachita. Todo me sabe igual, todo huele a lo mismo desde que te marchaste.

—Maxwell, por favor...

- Vuelve conmigo, muchachita. Te juro que te compensaré, ¡te lo prometo!

—No puedo, Max. Ya no soy la misma.

—Está bien, está bien. Soy un hombre de mente abierta... puedes seguir con ella si quieres. Podemos ser los tres... o turnarnos... o ella puede ser tu pareja oficial y yo, tu amante secreto. Lo que tú quieras, Shannon, estoy dispuesto a todo.

—¿Es así como me ves, Maxwell?, ¿como la tercera integrante de un trío?

—No, bueno, claro que no... es decir... es que tú ahora andas en esto. Pero está bien, en serio. Por favor, al menos dime que lo pensarás, por favor, dame algo de esperanza... por los viejos tiempos.

Shannon se sentó. Estaba desconcertada. Ahí estaba ella en una habitación de hotel, su amante acostada inconsciente en la cama, su ex novio suplicándole, sin esperanza, que regresara con él. ¿Qué tipo de mundo había creado? ¿De verdad quería ser parte de él? Los había amado a ambos, de hecho, todavía los amaba de alguna extraña manera, pero los dos la habían decepcionado y le habían roto el corazón sin remedio.

Shannon tomó su bolso y sacó algo de dinero.

—Debo irme, Max. Pero, hazme un favor: cuando despierte Elle dale este dinero. Dile que le voy a enviar sus pertenencias al hotel… ella sabe a cuál. Y también dile que por favor no me vuelva a buscar jamás.

—¿Así nada más?

—Sí, así nada más. Ya he tenido demasiadas despedidas dramáticas en la vida.

—¿Y qué hay de nosotros?

Shannon sonrió con amargura.

—Lo siento, jovencito, ya es demasiado tarde.

La carrera de Shannon prosperó y su profesionalismo se pulió hasta alcanzar los más altos estándares. Pero aunque tenía muchísimo más trabajo del que podía realizar, no había manera de ocultar la devastación emocional que le había provocado el rompimiento con Elle. Ya no tenía unos brazos abiertos a dónde correr, y todo el alcohol ya no era suficiente para ahogar sus penas. La ausencia de Michelle no la dejaba en paz. Shannon se imaginaba su rostro por encima de todos los demás rostros anónimos de las mujeres que habían pasado a su lado. Dejaba una taza de café en la mesa, antes de irse a trabajar y la encontraba fría cuando regresaba. Ya no estaba Michelle para preparar café caliente y ponerle miel y trocitos de galleta para molestarla. Ya no estaba Michelle para preparar pan caliente los domingos por la mañana. Ya no estaba Michelle para regar las agonizantes plantas del alféizar. La angustia era como un martillo que no dejaba de golpearle la cabeza. Era un martilleo implacable, desde el momento que se despertaba, hasta que se iba a dormir y estiraba el brazo hasta el lado opuesto de la cama vacía para encontrar nada más que la fría soledad que se había convertido en su compañía constante.

Lo peor de todo era saber que era cuestión de tiempo antes de que Elle encontrara a alguien más, y esa idea le causaba tanto dolor, que Shannon no se atrevía a imaginar lo que sentiría si "las viera" juntas. Lo único que quería era alejarse lo más posible de Elle. Alejarse de la posibilidad de encontrarse con ella; alejarse de cualquier conversación accidental en la que pudiera surgir su nombre y conjurar el amor que Shannon alguna vez pensó correspondido. Sólo quería huir, volver a su familia, su pueblo... tener doce años otra vez y sentirse protegida.

Lo que Shannon no sabía era que apenas estaba por comenzar el período más catastrófico de su vida. Los siguientes dos años definirían el escenario para los cambios más radicales que había tenido. Perdería todo lo que amaba, todo en lo que confiaba, todo en lo que creía. Shannon iba a quedarse en las mismas condiciones en las que había llegado al mundo: sin nada.

Todo comenzó con la muerte de Cresta Run.

Cresta Run se fue de la misma forma en que había llegado: en Navidad. Fue toda una conmoción cuando el veterinario dijo que se había tratado de una falla del corazón. El caballo se había comportado igual de sano y valiente que siempre. Como era un caballo del que habían cuidado bien, Shannon estaba segura de que todavía tendría por delante unos ocho años de buena vida antes de que ella tuviera que comenzar a preocuparse por él.

Shannon trató de convencerse de que así era como actuaba la naturaleza: uno vive y luego muere, y eso es todo. No iba a llorar por Cresta Run como si fuera una niña chiquita. El caballo había tenido una buena vida, y eso era más de lo que muchos animales, incluso gente, podían decir. No obstante, el dolor continuaba ahí:

el dolor por Elle, por Cresta Run, por sí misma. Shannon se sentía atrapada, era como si de alguna manera hubiese sido succionada por un doblez del tiempo y le hubiese sido imposible escapar. Ahí estaba de nuevo, sentada a la mesa familiar con la misma gente y teniendo la misma conversación, la misma comida, año tras año, religiosamente.

Shannon miró a Nana al otro lado de la mesa y los ojos se le llenaron de lágrimas. Se disculpó y corrió al baño. No podía decir ni cómo ni por qué, pero en su corazón, Shannon sabía que Nana moriría pronto. Su "último viaje" a Irlanda pudo haber sido precisamente eso. Porque nada parecía lógico. Nana estaba en perfecta salud y condición física, sin embargo, Shannon estaba segura, sin duda alguna, que ésa sería la última cena de Navidad que pasarían juntas. Esta certidumbre le provocó una angustia muy profunda a la chica: de toda la gente del mundo, Nana era la única cuyo amor por ella era totalmente incondicional.

DIECIOCHO

Con la ayuda de sus padres, Shannon compró una modesta propiedad en Nar Nar Goon, cerca de Melbourne. El dinero que había ahorrado en Queensland le sirvió para dar un buen depósito pero, debido a que tuvo que pedir un préstamo, la propiedad quedó a nombre de William. Todo parecía ir bien, pero la pasión de Shannon por los caballos había comenzado a disminuir. Seguía siendo una gran amansadora y pre-entrenadora, pero todos sus intentos por convertirse en una entrenadora exitosa por sí misma , siempre terminaban llevándola por el mismo camino de frustración. La gente siempre terminaba abusando de su talento y atribuyéndose los éxitos de la joven. Una vez más, trabajó para un entrenador privado que no sabía nada de caballos, y la historia se repitió. Una de las potras que Shannon estaba entrenando resultó ser indomable por completo. Shannon la educó y la llevó hasta un punto desde el que podía ganar por primera vez y continuar haciéndolo. Pero, una vez más, se llevaron al caballo a un establo más exitoso en donde, al final, no logró nada. Después de muchos intentos inútiles, Shannon terminó sintiéndose resentida y agotada; llevaba dieciséis años trabajando en el mundo de los caballos y aún no tenía nada que lo acreditara. También se dio cuenta de que ya no era tan arriesgada como en el pasado; ahora, cada vez que se caía, ya no se ponía de pie con la misma rapidez que antes. Las caídas comenzaron a dolerle. Tantos años de esfuerzos físicos excesivos, finalmente le pasaron la factura.

Un día, mientras paseaba por las colinas, Shannon se encontró a una mujer que montaba un cuarto de milla color castaño. Rose captó de inmediato la curiosidad de Shannon. Tenía dos hijos y estaba casada con un profesor de matemáticas de medio tiempo, quien, por las noches, trabajaba como gerente de un gimnasio. Rose comenzó a montar a su cuarto de milla al mediodía, con los potrillos que Shannon estaba entrenando. Disfrutaban mucho la compañía mutua, por lo que pasaban juntas largas horas en el hotel local jugando billar, bailando y compartiendo las historias de sus vidas. Rose era una de las mujeres más sensibles e inteligentes que Shannon había conocido. Tenía una hermosa propiedad y su fortuna ascendía a cientos de miles de dólares. En algún momento, Shannon pensó que la situación financiera y el acomodado estilo de vida de Rose seguramente no dependía en realidad de lo que ganaba su marido, y un día, decidió preguntarle. Estaban en casa de Rose bebiendo cocteles en la piscina y el alcohol ya se le había subido a Shannon a la cabeza.

—Rose…

—Sí —susurró la mujer, quien ya había bebido demasiado.

—¿Cómo lo hacen? ¿Cómo pueden tú y Harry darse el lujo de pagar este lugar con el salario de un maestro de medio tiempo que por las noches es gerente de un gimnasio?

Rose hizo un gesto de desdén y se derramó, sin querer, la mitad de su bebida sobre la blusa. Luego se inclinó y susurró:

—¿Puedes guardar un secreto?

—Claro.

—¿Tú juegas *blackjack*? —preguntó Rose.

—Un poco, ¿por qué?

—Porque yo soy gerente de una casa de apuestas.

—¿Qué? Pero… yo pensé que eran ilegales.

Rose sonrió con dulzura.

—Lo son.

Shannon se quedó mirando a la mujer con incredulidad.

—Hay una cadena de casas para gente extremadamente adinerada, de aquí y del extranjero —añadió Rose—. Hay una en cada estado de Australia.

Shannon tragó saliva. ¿Quién se habría podido imaginar que Rose, con sus modales perfectos y su enorme gracia, en realidad trabajaba del lado equivocado de la ley? Sin embargo, conforme siguieron platicando, Shannon se dio cuenta de que Rose estaba demasiado involucrada en una red de apostadores, gente muy parecida a la mafia. Eran apostadores que manejaban una cadena encubierta de clubes súper secretos y exclusivos, diseñados para satisfacer las mayores exigencias de la élite del país. El grupo servía a jeques y multimillonarios, y, aparentemente, estaba dirigido por un francés, o al menos, por un hombre que hablaba francés al que se le conocía como Monsieur. Varios infortunios inesperados lo habían forzado a abandonar su posición de aristócrata y a huir a Australia. O por lo menos, eso era lo que él decía. Como no tenía ni papeles ni amigos, al llegar ahí comenzó a trabajar desde abajo en el lado oscuro de la ciudad y se convirtió en el favorito de aquella gente que tiraba de los hilos tras bambalinas.

—Él cree que tiene la responsabilidad personal de probar los límites de la moralidad y la legalidad, y de ayudarles a los ricos y poderosos a darse el gusto de hacer lo mismo —murmuró Rose, y una incómoda mirada de admiración y ensoñación se apoderó de ella.

Shannon la miraba con un horror que apenas podía ocultar. Esa experiencia se estaba tornando en algo surrealista. Sin embargo, lo ilícito de su historia era demasiado emocionante para hacerse a un lado y, por lo tanto, conforme pasó el tiempo, la "carrera" de Rose se convirtió en el tema de conversación predilecto. La incomodidad de Shannon se transformó en fascinación cuando su amiga compartió con ella los secretos más oscuros de aquel nuevo y prohibido mundo.

Contrariamente a lo que Shannon esperaba, Rose trabajaba en un suntuoso y opulento club en el que había salones de juego tapizados con caoba, ocultos detrás de cortinajes de seda. Para el visitante distraído habría sido difícil notar que ahí se llevaban a cabo actividades ilegales, de hecho, la mayor parte de los clientes no estaba al tanto de que en "Ciudad Gótica", como el lugar se llamaba, había mucho más que buenas bebidas en una atmósfera interesante. Las historias acerca de los excéntricos y adinerados clientes que habían atravesado aquellas puertas, y las aún más excéntricas y escandalosas historias sobre sus apuestas, se convirtieron en la nueva fuente de entretenimiento para Shannon. Había anécdotas sobre prósperos hombres de negocios que habían arriesgado millones en una sola tirada de dados, e historias acerca de las extravagantes exigencias de los huéspedes extranjeros. Su favorita era una sobre una exuberante celebridad gay que siempre insistía en que se colocara una cortina de gasa rosada alrededor de su mesa de apuestas para evitar que se escaparan sus dos pavorreales de pecho azul. Su asesor de Feng Shui le había asegurado que las aves azules y la tela rosada eran una receta infalible para la buena suerte.

Sin embargo, a Rose le parecía que no había nadie tan atractivo como el mismísimo Monsieur. De hecho, nunca lo había visto en persona, pero las anécdotas sobre su carisma, ingenio y desenfadado cinismo con las celebridades que lo condenaban y reverenciaban, admiraban y recelaban, eran un tema constante de conversación entre sus empleados. Monsieur caminaba al lado de los ricos y los famosos, y de paso, exhibía e inflamaba los instintos fundamentales y la proclividad al riesgo de los más dignos miembros de la sociedad. Y todo, con la más delicada elegancia y buena educación posibles. Corría el rumor de que incluso la Reina Madre había revoloteado en una de sus mesas de juego, justo después de haber tomado el té con el primer ministro australiano. A pesar de lo fascinantes que eran las historias de Rose, Shannon simplemente no se imaginaba a sí misma involucrada en ese tipo de ambiente. Hasta que... claro, hasta que llegaron al tentador tema del dinero.

—Yo gano en este trabajo tres mil dólares más o menos —le dijo Rose a Shannon.

—¿Al mes? —preguntó Shannon y Rose se rió.

—A la semana.

Shannon la miró y luego se vio a sí misma reflejada en las puertas francesas que conducían a la piscina de Rose. Iris solía decir que siempre que juzgabas a alguien, terminabas siendo igual a esa persona o casándote con ella. Y claro, Shannon ya estaba coqueteando con la idea de trabajar con Rose. Al principio, sólo asumió que era ridículo por completo, pero la tentación regresó como lo hace un amante implacable: cantándole con dulzura al oído. Cuando Rose le dijo a Shannon que estaban buscando una recepcionista, de inmediato aprovechó la oportunidad.

El primer día Shannon estaba tan paranoica que hasta usó una peluca para que no la reconocieran cuando entraba al club. El lugar era del mismo tamaño que un hotel pequeño y estaba situado en uno de los suburbios más exclusivos de Melbourne. Ella ya había pasado por ahí unas cien veces pero jamás se imaginó que un edificio llamado Ciudad Gótica pudiera ser algo más que una especie de tributo obsesivo a la ciudad natal de Bruce Wayne. Al entrar al edificio, Shannon estuvo de pronto en un opulento vestíbulo. La recibió con gran cordialidad una mujer muy atractiva de rasgos bien marcados, labios carnosos y el cabello sujeto en un chongo francés. Luego la mujer se dio la vuelta y comenzó a pavonearse en el ceñido traje negro Chanel que delineaba cada una de sus curvas. Lo menos que se podía decir era que las chicas que trabajaban en

Ciudad Gótica eran guapísimas. A pesar de que la casa de apuestas era bastante glamorosa, Shannon se sintió desconcertada al descubrir que había tantas mujeres atractivas, educadas y con estudios universitarios trabajando ahí. No podía quitarse de la mente un comentario que Rose había hecho en una de sus conversaciones: en este establecimiento los clientes pueden llegar a disfrutar de "mucho más que sólo una bebida". No pasó mucho tiempo antes de que Shannon comenzara a sospechar que en Ciudad Gótica se podía cumplir cualquier deseo de quien estuviera dispuesto a pagar el precio.

Shannon estaba eufórica. Su trabajo como la nueva recepcionista le permitía coquetear con todos los hombres que entraban al club y con todas las mujeres que andaban por ahí. Las chicas la adoraban. ¿Y cómo no? Shannon era encantadora, divertida y teatral. Los hombres la deseaban porque, después de todo, estaba disponible. Era como trabajar en el Moulin Rouge, era un cambio delicioso y además, ella se estaba divirtiendo como nunca.

El invierno había llegado y las frías y escarchadas mañanas le impedían un poco a Shannon encontrar aquella misma pasión por el mundo de los caballos que, alguna vez, llegó a significar todo para ella. Los dedos de Shannon se aferraban a las riendas mientras la lluvia caía a cántaros. El frío le helaba el cuerpo y, por supuesto, le comenzaron a doler todas y cada una de las caídas que había tenido los dieciséis años anteriores. Todo lo anterior era un recordatorio de que aún faltaban varios meses de invierno. La belleza de las áreas rurales y la frescura de la naturaleza comenzaron a perder su atractivo para Shannon. Tal vez se debía a lo desilusionada que se sentía o al hecho de que había encontrado una nueva y emocionante diversión, pero la joven comenzó a disminuir el número de caballos que tenía en el establo y a trabajar más horas en Ciudad Gótica.

Lentamente, aquella nueva y glamorosa vida que Shannon acababa de descubrir, comenzó a envolverla más y más. En el club había asumido el papel de mediadora porque se la pasaba calmando a todo mundo y porque era quien manejaba a los ebrios cada vez que acusaban a la casa de hacer trampa o se desquitaban con las repartidoras de cartas cuando perdían. Las cosas se fueron dando de una manera muy natural porque Shannon había adquirido mucha experiencia con los ebrios en la industria de las carreras de caballos. Había hecho un arte de manejar a la gente; su sentido del humor más bien irónico y su sutil forma de manipular le permitían convencer a la gente de que estaba obteniendo exactamente lo que buscaba.

Algunas de las chicas en verdad impresionaban a Shannon. Christie era la más popular entre los clientes; tenía unos treinta y cinco años y era de origen francés, llevaba diez años trabajando en la casa de apuestas. No hablaba mucho y tampoco le hacía falta hacerlo: su felina indiferencia y su sensual belleza motivaban a los clientes a hacer apuestas más altas para impresionarla. Bastaba una mirada para que Christie se los ganara, y luego, hipnotizados por su atractivo, perdían el control sobre sus carteras. En la mesa en la que ella repartía, por lo general se apilaban las fichas a favor de la casa.

Shannon observó con cuidado a las chicas, estudió sus tácticas de seducción y aprendió con una curiosa fascinación la forma en que lograban mantener a los hombres lo más alejados posible pero, al mismo tiempo les hacían creer que estaban a sólo unos cuantos pasos de conquistarlas. Shannon observó, escuchó y aprendió. Con su imaginación comenzó a construir su propia nueva personalidad, y se preguntaba si la dejaría salir de su interior algún día... o noche. Poco después Shannon tuvo la oportunidad de decidir. Le pidieron que cubriera a una chica que estaba demasiado enferma para trabajar. Al principio vaciló, pero luego se decidió por el riesgo y la emoción. Después de aquella noche ya no hubo forma de mirar atrás. Shannon comenzó a trabajar en las mesas poco tiempo después. Logró repartir cartas en las mesas de la parte trasera del club, en donde jugaban los clientes más importantes detrás de pesadas cortinas de seda. En medio de la pobre luz inundada de humo, Shannon aprendió a descifrar hasta las más rígidas caras de póquer. Su naturaleza perceptiva le ayudó a entender con facilidad las necesidades y las debilidades de sus clientes, y a usarlas en su propio beneficio. Se convirtió rápidamente en una de las socias en mesa más llamativas del club, y los clientes comenzaron a preguntar por ella cada vez más. Shannon tenía la idea de que estaba viviendo una especie de elegante y oscura fantasía estilo James Bond, y eso le hizo soslayar la próspera cultura de las drogas que operaba tras las puertas de Ciudad Gótica de manera simultánea. Su aventura le hizo hacerse de la vista gorda respecto a las líneas de coca que se servían en las mesas más exclusivas, a los distribuidores que trabajaban para Monsieur y que formaban una parte importante del imperio del zar de las apuestas. A pesar de que Monsieur no había visitado el club por mucho tiempo, era muy común que se escucharan rumores sobre sus aventuras y negocios más recientes. La admiración que Shannon había visto por primera vez en el rostro de Rose, la compartían todos los que trabajaban en Ciudad Gótica, y, según la leyenda, Monsieur tenía informantes personales por todos lados para que le hicieran llegar noticias sobre lo que sucedía en sus establecimientos.

Una noche Christie se acercó a Shannon con un brillo en sus pícaros ojos.

—¿Ya te enteraste? —murmuró.

Shannon la miró con curiosidad.

—¿De qué?

—Algunos de los muchachos le han hablado a Monsieur acerca de tus habilidades. Quiere hablar contigo.

—¿En serio? —contestó Shannon sorprendida.

—Oh sí. Tienes que ir a la recepción y esperar su llamada.

Shannon esperó la llamada telefónica en la recepción. La sola idea de hablar con aquel misterioso y poderoso hombre le hizo sentir una inyección de adrenalina en la médula espinal. Se preguntaba qué es lo que habría escuchado sobre ella. Cuando el teléfono sonó al fin, del otro lado de la línea, la saludó un fuerte acento francés.

—Es un placer hablar con usted, madame. He recibido muy buenas referencias sobre usted y sobre sus contribuciones al éxito de Ciudad Gótica.

—Gracias, señor —dijo Shannon titubeante—. ¿Acaso sus compañeros de trabajo le estaban jugando una broma? ¿O en verdad este individuo era tan exageradamente halagador como había escuchado?

—Diez meses después de celebrar mis ganancias en la carrera Mackinnon Stakes, voy a visitar Ciudad Gótica. Espero verla ahí.

—¿Entonces va a apostar en la carrera? —preguntó Shannon. Monsieur bajó la voz.

—Me dijeron que uno de los caballos es una apuesta segura. Se llama Surelong y no puede perder. Voy a apostarle catorce a uno para que sea una celebración muy especial, usted me entenderá.

—Oh, pero todo mundo sabe que los días de Surelong están contados —dijo Shannon sin pensar—. Tuvo un par de carreras afortunadas, pero un amigo mío lo ha estado entrenando recientemente y dice que el caballo sangra de la nariz después de galopar.

Sólo se escuchó silencio del otro lado de la línea. Shannon trató de rescatar la situación.

—Pero… —dijo— hay otro caballo, un debutante. Sé de muy buena fuente que va a ganar. Casi nadie lo conoce y tiene posibilidades de treinta a uno. Tengo muy buenas razones para pensar que Cifa va a llegar en primer lugar.

El silencio no se rompió. Shannon pensó que había arruinado la situación con su nuevo jefe. Pero luego escuchó una cálida y fuerte risa que casi logra que truene la línea telefónica.

—Eres algo impertinente pero me gusta la confianza que demuestras. Sé mucho sobre ti, Shannon, incluso tu experiencia con los caballos. Creo que le voy a apostar al caballo del que me hablas.

Se volvió a escuchar la risa del otro lado de la línea y Shannon comenzó a reír también. Estaba un poco nerviosa y no le quedaba claro qué le había parecido tan gracioso al hombre.

—Pero hay una condición —continuó Monsieur con un repentino tono serio—. Deberás acompañarme a la carrera.

Shannon pasó las siguientes semanas tratando de convencerse a sí misma de que el consejo que le había dado a su jefe era bueno. En realidad, Cifa era una apuesta arriesgada, pero sus amigos de la industria de las carreras tenían confianza en que podía ganar. Después de aquella conversación con su jefe comenzó a escuchar rumores sobre Surelong, y deseó con desesperación no haberse equivocado. Dentro de todo, aquella preocupación sólo era parte del juego en el que se había convertido su nuevo empleo. Estaba ganando un dineral en Ciudad Gótica y bebiendo como nunca. Monsieur adquirió el hábito de llamarla con regularidad, y ella, por su parte, se dio cuenta de que pensaba constantemente en él. Shannon y Monsieur tenían mucho en común: una fuerte pasión por las carreras, el arte y la música, además de opiniones muy parecidas respecto a la vida. La atracción que la joven sentía por él comenzó a crecer a la par de su curiosidad. Shannon asumió que las peculiaridades de todo aquel asunto sólo eran parte de la diversión. Sin embargo, debajo del *glamour*, en su mente siempre había una angustia constante, una sensación de que estaba haciendo algo terriblemente malo.

Fue entonces que recibió la llamada. Nana estaba agonizando.

Shannon fue corriendo al hospital, rezándole a alguna deidad desconocida para llegar a tiempo. Nana le sonrió cuando llegó y le dijo:

—Ya llegó la hora de irse, cachorrita.

—No, Nana, ¿de qué hablas?, ¿irse a dónde?

—A alcanzar a mi creador, cariño. Pero está bien, estoy lista.

—Por favor, Nana, ¡tienes que luchar! Por favor no te mueras.

—¿Quién habló de morir? Sólo dormiré por un tiempo y después despertaré a la verdadera vida.

Shannon agitó la cabeza, no entendía lo que decía su abuela.

—Pero te necesitamos, Nana —suplicó Shannon—. Yo te necesito, eres el amor de mi vida.

La frágil anciana tocó la mejilla de Shannon con dulzura.

—Y tú eres el amor de la mía. Siempre estaré contigo —Nana cerró los ojos y cayó en coma.

Al día siguiente, cuando Shannon regresó, Nana se veía totalmente en paz. El sol de la temprana mañana brillaba en la ventana del hospital y cubría el cuerpo inmóvil de Nana. Shannon se sentó al borde de su cama y se dio cuenta de que en la maletita de su abuela había un libro: *El diamante negro de Atlantis*. Con un listón de seda estaba marcado el lugar en donde Nana había leído por última vez. Shannon lo abrió y comenzó a leer en voz alta.

XVI

Iko vio cómo trabajaba H'ra en la mesa y se maravilló por la forma en que sus elegantemente marcados músculos presionaban su cuerpo como una fuerza creativa que dibujaba colinas y valles en su piel. Sus ojos grises habían adquirido aquel semblante de ensoñación que adoptaban cada vez que H'ra se enfocaba con intensidad en un proyecto o idea. Su boca grande se extendió hasta convertirse en una sonrisa.

—Parece que te estás divirtiendo —dijo Iko y se sentó del otro lado de la mesa.

H'ra levantó la cabeza un poco sorprendido. Estaba rodeado de diseños y diagramas que había empezado a dibujar desde que dejaron Grezian. Había bocetos de edificios, plazas, templos, jardines… Algunos se parecían a las hermosas torres con cúpulas redondas de Tandra; otros parecían haber sido inspirados más por la controlada simetría de los grezianos. Y algunos otros parecían sacados de un mundo más allá de cualquier cosa que hubiesen visto los ojos humanos. Edificios de una ciudad fantástica en la que dioses, y no mortales, caminaban por las calles.

—Iko, tienes que ver esto —dijo H'ra mientras presionaba con sus dedos un pequeño trozo de arcilla frente a él—. ¿Recuerdas que Isha nos ha dicho que todo es una ilusión? ¿Dolor, miedo, muerte?

—Sí.

—Pero, antes de conocer sus enseñanzas, todos nosotros habríamos dicho que esos conceptos eran reales, ¿no es así? Porque hemos sentido el dolor y la ira. Porque hemos visto la muerte.

Iko miró a H'ra con curiosidad. A pesar de ser creativo en exceso, por lo general no era muy dado a filosofar. Al menos no hasta ahora. Todos parecían estar cambiando tanto desde que comenzó su entrenamiento con el diamante negro, que Iko ya no se atrevía a decir que conocía bien a sus amigos, ni siquiera a él mismo, para empezar. Eran como los jarrones cuando están en el torno del alfarero esperando a tomar forma.

—Exactamente —dijo H'ra.

—¿Qué? —preguntó Iko confundido.

—Yo también tuve esa visión, la de los jarrones en el torno del alfarero.

—¿Cómo supiste...?

—No lo sé pero sucede de vez en cuando. Es como si me estuviera conectando a todo lo que tiene que ver contigo. A todo lo que tiene que ver con todo. Pero, bueno, no importa, me perdí. ¿De qué estaba hablando?

—De las ilusiones.

—Sí, bueno, si todo es una ilusión pero parece real, ¿por qué no sucede lo mismo con el mundo sólido?, ¿con todo lo que tocamos, vemos y sentimos? Y si es una ilusión, ¿no podríamos darle forma? ¿Como el bloque de arcilla en el torno del alfarero?

—Creo que no te entiendo, H'ra.

H'ra señaló la bola de arcilla que tenía en la mano izquierda.

—¿Qué ves aquí, Iko?

—¿Arcilla?

—Tal vez —susurró H'ra y cubrió la bola con la mano derecha—. Pero yo veo un templo. Un hermoso templo redondo como el que hay en Tandra. Veo las esbeltas columnas, la base redonda, el techo abovedado y las graciosas hojas que suben por las vides que trepan por las columnas. Veo el altar central. Lo veo con claridad, Iko. Incluso puedo ver la forma en que luciría cuando la luna brillara sobre él y se reflejara en el pequeño estanque en cuyo centro se erige este templo como una perla en la concha, como una isla en medio de un mar inmóvil.

H'ra quitó la mano derecha e Iko se quedó boquiabierto. En la palma izquierda de su amigo había un templo redondo en miniatura, esculpido, detalle a detalle, como lo indicaban las especificaciones de H'ra.

—¿Sabes cuál es la diferencia entre esta arcilla y los bloques de mármol? —preguntó H'ra.

Iko dejó de mirar la escultura para ver el rostro de H'ra y luego volver a la escultura otra vez.

—Ninguna —dijo Iko.

El rostro de H'ra resplandeció. Volvió a moldear el templo de arcilla hasta convertirlo en una masa amorfa de nuevo.

Las maravillas no se limitaban a este tipo de demostraciones mágicas. La conciencia de Iko y de los Siete se estaba expandiendo con rapidez bajo la influencia de Isha. Habían explorado las incontables islas y descubierto los secretos del océano gracias a que aprendieron a dominar el arte de bucear en las profundidades. Isha les enseñó a afinar su intuición a tal punto que pudieron llegar a comunicarse con animales marinos. Uno de ellos era Pushan, una extraña criatura que les estaba costando mucho trabajo clasificar. La primera vez que la vieron creyeron que era un tiburón gigante porque tenía una atemorizante aleta negra con la que surcaba la superficie del agua a una velocidad increíble. Luego Pushan saltaba en el aire. Iko nunca había visto algo tan asombroso. La tierna y redonda cara de la criatura le recordaba a la de un delfín a pesar de que no tenía hocico de botella. Su enormidad le recordaba a las ballenas. Su brillante cuero blanco y negro le recordaba a algunos de los caballos que alguna vez se albergaron en los establos del rey. Pushan nadaba alrededor del Tilopa y los jóvenes lo veían sin saber cuáles eran las intenciones que aquella criatura marina podría tener. Pero luego Iko sintió algo, era una especie de llamado que le hacía el animal. El príncipe se lanzó al mar y la criatura nadó alrededor de él varias veces para estudiarlo. Luego, así como lo había hecho el delfín la primera vez que Iko estuvo bajo el agua, Pushan le ofreció su aleta. A partir de ese momento formaron un vínculo que sólo rivalizaba con el que tenía Iko con Créstula.

La conciencia de Iko y de los Siete había tenido un crecimiento dramático desde que notaron que, todo aquello en lo que se enfocaban, crecía. Por eso ahora siempre preferían el amor y la apreciación; preferían cultivar una mayor aceptación ante todos los aspectos de sí mismos. Después de que el pasajero miedo a lo desconocido los había hecho vacilar por un momento en medio de aquella carrera por alcanzar lo que deseaban, aprendieron a no juzgar nada de manera negativa. Ahora todo fluía de manera suave y natural. Tareas que en algún momento les habrían parecido titánicas, se habían vuelto posibles, incluso comunes para los jóvenes exiliados tandrianos. Eran como dioses, su potencial no conocía límites. Todas aquellas cicatrices y desuniones que habían surgido, se desvanecieron como sombras ante la omnisapiente luz de Isha. Cada nuevo descubrimiento, cada nueva manifestación del poder de los jóvenes, les brindaba gozo y nuevas revelaciones de Isha.

"Nuestras conciencias se están uniendo con tal rapidez que están comenzando a encontrar mi presencia, mi paz y mi poder dentro de ustedes mismos —les revelaba Isha—. A eso es lo que aspiran todos los grandes maestros. La sabiduría de ustedes ha crecido tanto que ahora pueden dominar y gobernar dentro de la ilusión de su mundo. Es un logro maravilloso: todo lo que ven en el exterior lo reciben en el interior porque ahora son capaces de encontrar la perfección en todo lo que forma parte de la creación. Pero no basen su poder en mí, las respuestas están dentro de ustedes; yo sólo voy a pulir las caras ásperas y a destruir su ignorancia. Siempre recuerden la nueva cara que les voy a enseñar porque, sólo aceptando su verdad, podrán encontrar la libertad absoluta: 'El amor me crea en mi perfección.' Ahora, vuelvan su atención hacia el corazón otra vez. Sólo ustedes pueden aspirar a su propia iluminación. Encuentren el diamante en su interior y entonces se transformarán en Isha."

Una de las primeras habilidades que surgieron en todos ellos fue el asombroso poder del entendimiento. Durante los meses que le llevó al Tilopa navegar de Grezian a Shah-veslan, el destino que les había indicado la segunda parte del mapa, los jóvenes habían leído todas las tablas y pergaminos que encontraron en el baúl. Así que, para cuando alcanzaron a ver las altas montañas de la Isla-Demonio, como algunos la conocían, ya tenían una noción bastante clara de lo que podría implicar su nuevo desafío.

El rey Kironte le había dicho a Iko que cuando extrajo el mapa y se dio cuenta del lugar que señalaba, su primer impulso había sido el de destruirlo. Pero luego reflexionó y concluyó que su buen amigo, Al-Athalante-Ez, no habría puesto esa señal en el cetro si no hubiera tenido una buena razón para hacerlo. Fue por eso que Kironte devolvió el mapa a su lugar y decidió esperar.

—Todavía no entiendo lo que tu padre quería que hicieras en un lugar tan impuro —le había dicho Kironte a Iko cuando se despidió de él—, pero debemos confiar porque él no te habría enviado a tal infierno sin una razón extraordinaria. Sin importar lo que decidas hacer, recuerda que siempre tendrás aquí una casa si quieres volver.

—Se lo agradezco inmensamente, señor —le había dicho Iko—. Pero creo que tiene razón, las razones de mi padre siempre poseen un significado excepcional y, por lo tanto, debemos confiar en ellas.

Cuando los jóvenes estudiaron la detallada información que el rey les había brindado, comprendieron cuán importantes eran las enseñanzas de Isha para el éxito de esta última misión. Shahveslan era un lugar que se había dedicado durante siglos a las artes oscuras. Se había documentado que ahí se practicaban sacrificios, esclavitud espiritual y física, y posesiones diabólicas. Algunas personas incluso consideraban que la isla era un pasaje al infierno, a la maldición eterna; un lugar en donde los espíritus malignos vagaban y se mezclaban con los humanos.

—¿Y entonces por qué va ahí la gente? —preguntó Ryu una noche en que todos estaban hablando sobre lo que habían descubierto en los pergaminos.

—Por avaricia —dijo Tok.

En aquella isla habían construido un jardín amurallado, y del otro lado del jardín se encontraba el Gran Templo de la Oscuridad. Un poderoso ser llamado Freehas aguardaba dentro del templo. Si sobrevivías al jardín, Freehas estaba obligado por la magia a brindarte cualquier cosa que pidieras, desde riquezas hasta la vida eterna.

—Muy bien, me da miedo preguntarlo pero lo haré de todas maneras —dijo Sha—. ¿Cuántas personas han sobrevivido al jardín?

—Muy, muy pocas.

En poco tiempo se enteraron de que el jardín era un lugar que ofrecía peligros físicos y espirituales. Además de que había criaturas, hombres o espíritus malévolos que atacaban a la gente, los visitantes siempre se enfrentaban ahí a su peor enemigo.

—Y para hacerlo aún más divertido —añadió H'ra unos cuantos días después—, a los "buscadores espirituales", o sea, a nosotros, no les permiten introducir ninguna arma al jardín.

—¿Y cómo crees que haya llegado ahí el rey, Iko? —preguntó Ari.

—Dudo que haya sido él. Creo que la Bruja estaba más preparada para sobrevivir en el jardín.

Se quedaron sentados en silencio durante un buen rato, y luego Iko habló:

—No tenemos nada que temer; nada puede dañar el poder de la conciencia.

Todos asintieron al unísono y, con eso, se retiró de sus cabezas la oscura nube de preocupación.

El día que llegaron a Shah-veslan, una pesada niebla cubría el contorno de la isla. El aire era espeso, húmedo y pesado; era como si en lugar de respirar una sustancia etérea estuvieran inhalando líquido: la viscosa superficie de un pantano en descomposición. An-

claron el Tilopa lo más cerca que pudieron de la bahía y luego nadaron hasta la playa. Incluso la textura del mar, que se había convertido
en un elemento casi totalmente natural para ellos, se sentía distinta
aquí. No había calidez, ni vida, ni sensación de libertad. Antes de llegar a tierra tuvieron que luchar contra una barrera de algas muertas
que se les pegaron a la piel y se les enredaron en las piernas. Iko y los
Siete jamás habían visto un lugar como éste. Un dosel de árboles impedía el paso del sol, creando así una penumbra perpetua. Enjambres
de insectos zumbaban alrededor de los jóvenes y era imposible hablar
sin que los animales se les metieran a la boca. Cuando comenzaron
a caminar al lugar que en el mapa se identificaba como Puerta de la
Muerte, sufrieron los rasguños de maleza y arbustos espinosos. No
era ningún paraíso. Encontraron los cuerpos de un hombre y una
mujer descomponiéndose a los lados de una enorme puerta de hierro.
Partiendo de cada lado de la puerta, había colosales muros que se
extendían hasta donde la vista alcanzaba. Ryu apretó con fuerza la
mano de Ari y su mirada se nubló al ver los cuerpos putrefactos.

—Entonces, ¿qué hacemos ahora? —preguntó H'ra tratando
de ignorar las moscas que volaban alrededor de su cabeza.

—Es una puerta. Tócala —dijo Sha.

Iko tocó el metal lleno de herrumbre y el golpe resonó a su
alrededor con un eco diez veces más fuerte que el del trueno.

El cadáver del hombre abrió la boca y de ella cayeron gusanos
en cascadas de bilis verde.

—¿Quién pide entrar a mi jardín? —preguntó.

Asustado, el joven dio un salto.

—Iko —respondió el joven, tratando de mantener la calma.

—Iko —repitió el cadáver de la mujer con una risa burlona—.
¿Sólo Iko? ¿Iko y nadie más?

—Iko y H'ra —añadió H'ra con firmeza.

—Y Kía.

—Y Tok.

—¡Y Sha!

—¡Y Ari y Ryu!

—Y Sat —dijo con suavidad la chica—. Iko y Sat.

Los cuerpos voltearon a ver el sereno semblante de Sat. El cuerpo de la mujer se estremeció y se cubrió las órbitas vacías de los ojos. El hombre no pudo ocultar la expresión de terror que tenía, pero continuó hablando.

—¿Entonces han venido aquí como buscadores espirituales?

—Sí —contestaron a coro.

—Como ustedes deseen. Pero entonces, ¿entienden que éste es un pacto que no se puede romper? Una vez que crucen la puerta, ya no habrá marcha atrás, y en cuanto se cierre, ya no se volverá a abrir para ustedes. Yo les cumpliré su gran deseo o me alimentaré de su carne. No hay excepciones. Ésa es la única regla. Sobrevivan y les perteneceré. Fallen y me pertenecerán.

—Comprendemos —dijo Iko.

—Entonces dejen sus armas y entren —dijo el cadáver, y la puerta se abrió.

Los jóvenes se tomaron de las manos y cruzaron el umbral.

Del otro lado, el frío era insoportable y había una sólida capa de neblina que les impedía ver. Cuando comenzaron a caminar sobre la viscosa escoria a sus pies, escucharon una risa descarnada. Iko y los Siete temblaban tanto que prácticamente no podían controlar sus movimientos. Luego escucharon el estruendo. El suelo se agitó y una explosión de fuego dispersó el blanco manto de tierra que los rodeaba. Ahora se veía más claro el paisaje: una tierra estéril de negro lodo burbujeante, árboles caídos… y un cielo color púrpura.

—Creen que son uno solo —se escuchó que dijo un coro de voces salidas de la nada—. Confían en que su fuerza mutua podrá engañarnos… veremos cómo les va cuando no tengan cabezas.

De pronto se abrió un vacío a los pies de Sha y la tierra se la tragó.

—¡No! —gritó Tok—. ¡Llévenme con ella!

—Como tú lo desees —contestaron las voces y Tok desapareció al igual que Sha. Les sucedió lo mismo a Kía y a Ari. H'ra e Iko sujetaron a Ryu del brazo y trataron de jalarla para que no cayera en el abismo que se había abierto debajo de ella, pero una fuerza invisible la arrastró al fondo, y lo único que quedó de la chica cuando el suelo se cerró fue un grito desgarrador. Unas enredaderas emergieron con violencia a la superficie y se enrollaron alrededor de Iko y H'ra, aprisionándolos tras rejas llenas de espinas.

—¿Y la chica?

—Le tememos, le tememos mucho —continuaron las voces.

—No hay nada que temer —contestó otra voz sin cuerpo—, ella es uno de nosotros.

Y después de eso Sat se convirtió en bruma y desapareció en el aire.

—¡No, no, no! —gritó Iko mientras se rasgaba las manos con las espinas tratando de empujar las rejas.

—Ustedes vinieron aquí como un solo buscador espiritual

—Declaró la voz del coro—, y así será como se satisfagan sus deseos. Pero si uno muere, entonces todos mueren.

Las voces se tornaron en un profundo gemido, y la oscuridad cayó sobre los muchachos, borrando cualquier destello de luz de sus ojos.

Sha y Tok aparecieron en un sinuoso laberinto con muros tan altos que parecían no tener fin. La superficie plateada estaba excesivamente pulida y multiplicaba los reflejos de la pareja hasta el punto en que era difícil distinguir la realidad de las imágenes en los espejos.

—¿Estás bien? —preguntó Tok mientras le ayudaba a Sha a ponerse de pie.

—Lo mejor que se puede estar después de ser tragado por la tierra —contestó al mismo tiempo que se sacudía las raíces viejas y el polvo del cuerpo—. ¿En dónde crees que estemos, Tok?

—No estoy seguro pero creo que es el Sendero del Enemigo. Recuerdo que leí algo sobre un laberinto en donde los buscadores espirituales debían encontrarse y luchar contra sus peores enemigos.

—Vaya, entonces ya sabemos a quienes nos enfrentaremos, ¿no crees? A los crendin.

En cuanto Sha terminó de hablar, dos guerreros crendin surgieron frente a ellos. Corrieron hacia los jóvenes y sus gritos de guerra rebotaron en los muros pulidos. Sha pateó a uno en el estómago, saltó sobre él, y luego rodeó el cuello del guerrero como si su brazo fuera una serpiente iracunda.

—¡No, Sha! ¡Detente, eso es lo que quieren! —exclamó Tok y se quedó inmóvil. El guerrero crendin comenzó a merodear alrededor del joven; lo olió y lo estudió como si fuera un animal salvaje que se enfrentaba a una nueva especie.

El guerrero gruñó y empujó con fuerza a Sha contra el muro.

—Sha, tienes que escuchar a Isha, tienes que permitir que te guíe —le imploró Tok. El guerrero, que todavía no atacaba, escuchó sus palabras como si estuviera hipnotizado, como si fuera una cobra bajo el hechizo de las notas de una flauta.

—¿De qué hablas? —preguntó Sha jadeante mientras el guerrero la tenía bocabajo presionando su espalda con la rodilla, y le jalaba el cabello— Iko... tiene al Isha.

—Isha siempre está con nosotros, vive en nuestro interior. —Dijo Tok y luego caminó hacia el soldado crendin y lo abrazó con gentileza. De pronto hubo un estallido de luz que los cubrió a ambos, y luego, desaparecieron.

—Tok... —susurró Sha. El soldado crendin continuaba presionándole la garganta con sus ásperos dedos. La sonrisa del soldado flotaba sobre ella, sus afilados dientes eran como dagas clavadas en la cabeza de la chica, dagas que impedían que le llegara la luz—. Is... ha...

"No hay ningún aspecto tuyo en el exterior que no esté también en el interior", susurró la voz del diamante negro en su alma. Sha se acordó de la primera vez que Isha había dicho esas palabras. Fue en una de las primeras meditaciones que tuvieron juntos, una en la que Sha había estado furiosa. ¿Acaso estaba Isha comparándolos con los crendin y su maldad?, ¿cómo se atrevía?, ¿cómo se atrevía a hacer eso después de todo lo que habían pasado juntos.

"Tú puedes aliviar esos aspectos —continuó Isha— acéptalos y ámalos como si fueran los tuyos, o aléjalos. Si los alejas, volverán con mayor fuerza. El amor no necesita defensas, sólo requiere que te abras y lo mires. Para unirte a mí, debes aventurarte en lo desconocido. Debes dejar atrás tus miedos y aceptar tu humanidad. Las cicatrices que te ha dejado la vida son de heridas profundas; los horrores que has presenciado te dejaron llena de amargura y resentimiento. Pero toda separación de dios es una mera ilusión, y con mis enseñanzas podrás curar todo lo que no es real. Adonde quiera que haya oscuridad, el diamante llevará luz, hasta que ésta sea tan fulgurante que brilles igual que yo lo hago, hasta que brilles en una perfección translúcida."

Sha comenzó a pensar... *el amor me crea en mi perfección*. Lo pensó una y otra vez. ¿Este guerrero en verdad era el enemigo? Sha reflexionaba en la oscuridad, y mientras lo hacía, surgió un resplandor anaranjado del suelo. Sha miró hacia arriba. El guerrero ya no la estaba sometiendo ni la trataba de estrangular. Había una mujer, una mujer joven. En realidad era una chica que tenía las facciones distorsionadas por el odio y la ira, y cuyos ojos estaban cubiertos por una venda roja que le impedía ver. A pesar de todo, Sha la reconoció con facilidad. Era ella.

—Te... amo.

La chica se detuvo, no estaba segura de lo que había oído. Cuando los dedos dejaron de aprisionarla, el aire entró con rapidez a los pulmones de Sha.

—Te amo —repitió Sha—, y ahora te dejaré ir.

La venda cayó de los ojos de la chica y Sha pudo ver sus lágrimas. Levantó los brazos y abrazó a la chica, y al hacerlo, todo su odio e inquietud se transformaron en humo y luego en calor. Una suave luz blanca envolvió a Sha como un capullo, como el amoroso vientre de una madre, entonces, el apabullante mundo del laberinto se hizo moronas hasta que no quedó nada.

Kía, Ari y Ryu caminaron por un bosque sombrío. No se parecía en nada al oasis que alguna vez conocieron, en donde los rayos del sol lo cubrían todo con una brillantez llena de vida. Aquí, los árboles eran tan imponentes que proyectaban su sombra sobre todo lo que estaba debajo de ellos, cubrían los arbustos y el suelo con una helada turbiedad. Los jóvenes llevaban horas caminando sobre las hojas podridas que servían como alfombra, y aún no habían encontrado ninguna señal de vida además de la abrumadora vegetación.

—Es inútil —dijo Kía y se sentó exhausta en el suelo—. Creo que hemos estado caminando en círculos. Creo que ya había visto aquel tronco.

—A mí me parece que todos son iguales —dijo Ari mientras se frotaba las temblorosas y enrojecidas manos.

—¡Bien, pues yo me niego a continuar participando en este juego! —continuó Kía.

—¿Qué quieres hacer, Kía? —le preguntó Ryu al tiempo que flexionaba las piernas hasta su torso y las abrazaba.

Kía escudriñó los alrededores durante uno o dos minutos. Estaban en un pequeño claro rodeado por una cerca de árboles gigantes.

—¡Claro! —dijo Kía— ¿Cómo pude ser tan ciega? Lo único que necesitamos saber es en dónde está el otro lado del jardín, ¿no es cierto? Bien, pues estoy segura de que desde la copa de alguno de estos árboles podré ver bien.

—Claro —dijo Ari, y luego alzó la cabeza para ver el techo que formaban las ramas que estaban sobre ellos—, lo único que necesitas son unas alas y volar.

—Vamos, yo puedo escalar hasta la punta del mástil del Tilopa en unos cuantos segundos. No creo que estos árboles sean muy diferentes, ¿o sí?

—No lo sé, Kía, no confío en este lugar.

—Vamos, Ari, ya estás comenzando a sonar como Sha.

La chica se levantó y caminó hasta uno de los árboles. Calculó las dimensiones del tronco, los recovecos que pudo detectar en la corteza y en las ramas inferiores. "Sí, creo que éste servirá", pensó Kía y comenzó a trepar. Pero de inmediato se dio cuenta de que esto era muy distinto a escalar el mástil de cedro del Tilopa. La áspera y agrietada corteza sobresalía como afilados cuchillos que le cortaron la piel; las astillas de madera se incrustaron hasta lo más profundo de las plantas de sus pies; las ramas desnudas le rasguñaron el rostro y los hombros con brutalidad. El ascenso parecía no tener fin, era como si el árbol se extendiera más y más para impedirle que llegara a la punta. Kía gruñó y resolló pero no se detuvo. Alcanzaba a ver que el cielo azul se asomaba con timidez entre los espacios vacíos de entre las hojas. ¡Ya casi llegaba! Sólo un poco más, unos cuantos metros más y entonces lo lograría. Pero entonces, el árbol se sacudió hasta que cayó la chica. Literalmente. El árbol se inclinó y se sacudió frente a los ojos de Ryu y de Ari, una y otra vez. Kía se quedó colgando de una rama, pero luego el árbol giró las ramas hacia arriba, hacia abajo, a la izquierda y a la derecha, hasta que ella perdió las fuerzas y se cayó. Su cuerpo se fue golpeando y deteniendo al encuentro con la madera.

—¡Kía! ¡Kía! —gritaron los jovencitos al mismo tiempo que corrían hasta el ensangrentado y torcido cuerpo de la chica que terminó medio enterrada en el lago de hojas podridas.

Cuando voltearon a Kía, Ari se quedó boquiabierto ante la visión de su piel herida. Se alcanzaban a ver sus costillas y de su tórax manaba sangre.

—Ryu, ¿qué vamos a hacer? ¡Se está muriendo! ¡Kía se está muriendo y no tenemos a Isha para ayudarla!

Ryu vaciló por un momento pero luego ahuecó las manos alrededor del rostro de Ari y lo miró directamente a los ojos.

—Yo veo a Isha en ti, Ari —le dijo con suavidad—, veo todo el amor de la creación en ti.

Ari agitó la cabeza sin comprender, pero luego vio la expresión del rostro de Ryu: le recordaba a su madre y a la reina. Toda la gente que alguna vez había cuidado de él parecía fundirse en las redondas mejillas de la chica, en sus resplandecientes ojos que ahora eran tan negros y brillantes como las caras de Isha.

—Podemos hacer esto, Ari —tartamudeó Ryu y una nueva autoridad tiñó las palabras que con tanta gentileza había proferido.

Ari asintió.

Ryu colocó las manos de Ari sobre Kía, y también colocó sus propias manos sobre las de Ari. Cerró los ojos y comenzó a pensar: "Agradezco al amor porque mi experiencia humana es perfecta."

—Lo único que puedo ver es perfección; ella es perfecta así como está… —repitió en voz baja.

Su convicción estaba destruyendo el engaño del sufrimiento. Sabía que no era real y estaba convencida de que, a través de su percepción, podría curar el cuerpo dañado. Ari podía leer sus pensamientos, podía sentir cómo crecía el poder de la convicción en Ryu y en él mismo. En su mente, el cuerpo de Kía estaba lleno de salud: no tenía ni una herida, ni un rasguño, sólo la radiante belleza de su juventud.

—Recuerda —continuó Ryu, aunque Ari no estaba seguro si sus palabras provenían de sus labios o del corazón—, estamos creando todo con perfección para destruir el engaño de la dualidad, y para encontrar amor en todo aspecto. Encontrar la perfección. Ver la perfección en la creación de Kía. Cuando miramos esto desde un corazón puro, todo lo que percibamos como maligno, desaparecerá.

Kía se movió un poco y abrió los ojos. Ryu utilizó su bata para limpiar la sangre. No había heridas, ni rasgaduras, ni rasguños. Todos lloraron al abrazar a Kía con un gozoso alivio y, al hacerlo, los envolvió un delicado rocío con aroma a rosas que los alejó del bosque.

Desconcertada por la belleza de la gran avenida, Sat se sentó sobre el camino de mármol. Los constructores habían usado pizarras negras para formar el camino, y a los lados habían construido edificios que parecían de cristal. Eran de distintas formas: triangulares, circulares, cuadrados. A los lados había palmeras perfectamente alineadas que brindaban sombra a los peatones. También había bancas talladas con gran belleza para ofrecerles momentos de descanso, y fuentes al centro de la plaza, en donde delfines y caballos con colas de pescado escupían riachuelos de agua fresca. Lo que más le sorprendió fue la gracia y la calma que se podía leer en los rostros de la gente que la rodeaba.

Sat nunca había visto a tanta gente tan diferente en su vida: algunos eran tan rubios que se veían dorados, otros eran tan oscuros como las estatuas de hierro. Había algunos con cabello rojo, otros con cabello castaño; unos más que parecían estar haciendo gestos porque sus ojos tenían la forma de las almendras; gente con ojos redondos, color turquesa como los de ella, ojos negros como los de Iko... Los atuendos también eran muy peculiares. Algunas personas se ornamentaban con telas gruesas y brillantes, en tanto que otras apenas estaban cubiertas con cuentas de colores y taparrabos de cuero. Sat no pudo reconocer ninguna de las lenguas que escuchó hablar a su alrededor, pero sí notó la gentileza con la que las hablaban. Se maravilló ante la certidumbre de sus movimientos: parecía que nadie tenía prisa por huir de las caricias del sol y de la fresca brisa. Sin embargo, a pesar de caminar con lentitud, todos parecían dirigirse a un gran edificio que tenía una entrada en forma de arco.

La gente se estaba reuniendo ahí en hileras que más o menos tenían forma. Las personas hablaban entre sí y saludaban a los recién llegados con un afecto genuino, abrazándose como si se estuvieran reuniendo al fin, después de un largo, largo tiempo. De uno de los grupos de personas surgieron bulliciosas risas a todo volumen. Le sonaron muy conocidas a Sat, pero no podía identificar de dónde habían salido. El amor y la alegría manaban de una forma visual de los cuerpos de la gente: en forma de arcoiris individuales que delineaban sus siluetas cuando se movían. Sat sonrió a pesar de su costumbre, ya no recordaba cuándo fue la última vez que había deseado pertenecer a un grupo que no fuera el de sus amigos tandrianos. Una pequeña niña se sintió atraída por Sat. Su rostro brillaba como una estrella, su sonrisa podía borrar, de la mente de una persona, todos los problemas del mundo. Luego una sombra cubrió su hermoso semblante; abrió los ojos aterrorizada y se quejó a toda voz. Era un quejido agonizante, el dolor era tan intenso que su arcoíris tembló y se debilitó por un breve momento casi hasta desaparecer. La gente miró al lugar de donde provenía lo que había asustado a la niña. Dieron un paso atrás en cuanto vieron a Sat. Algunos se cubrieron los ojos de la misma manera en que lo había hecho el cadáver a la entrada del jardín. Otros sólo se alejaron ocultando su cabeza con las manos o con sus capas. El cielo azul se llenó de nubes en forma de piedras. La brisa se transformó en un agudo y frío viento que dobló las palmas y deshojó las flores hasta convertirlas en estacas desnudas. Las personas le dieron la espalda a Sat y se transformaron en una fuerte muralla de cuerpos.

Sat estaba aterrorizada. No sabía qué había hecho para causar tal reacción. Quería disculparse, explicar que no deseaba ningún daño, que no quería ofender a nadie, pero aquella gente sentía un miedo tan intenso por ella, que no se atrevió a hablar. Como no tenía ningún lugar a donde ir, Sat corrió hasta la entrada de un edificio, atravesó el arco y se sumergió en su oscuridad.

Era un espacio desnudo que sólo estaba iluminado por antorchas. No se podía ver con claridad ni el suelo ni el techo. Sat tenía la impresión de que era un lugar redondo, pero claro, no podía estar segura. Al centro había un pequeño estanque redondo con agua negra e inmóvil, muy semejante a las lustrosas superficies de Isha. Sat se sentó al borde del estanque sin que sus pasos hicieran ruido alguno.

—Aquí está —dijo una voz—. El fantasma encarnado.

—¿Qué?

—Está muerta pero, a pesar de eso, camina. Se burla de su mundo y del nuestro.

La voz voló alrededor de Sat como una caliente y sofocante corriente de aire.

—No soy un fantasma.

—¡Mentirosa! Tú mataste con tus propias manos al regalo más preciado de Dios. Eres una asesina por partida doble.

—¡Jamás he matado a nadie en la vida!

—Mataste a tu espíritu.

Sat se echó para atrás horrorizada, así como lo había hecho la multitud afuera del edificio al verla.

—Tu madre y tu padre. ¿Acaso no sacrificaron ellos su vida para salvarte de la esclavitud de los crendin? ¿Y cómo les pagaste? ¿Acaso el rey y la reina no te escogieron para que acompañaras a su único hijo? ¿Y no te salvó el diamante negro de la destrucción de Tandra? ¿No te ha distinguido con sus enseñanzas? ¿No fuiste entregada al cuidado del príncipe y sus amigos? Y a pesar de todo, ¡te niegas a abrir el corazón por completo!

—Sólo estaba tratando de protegerme del dolor...

—Y al hacerlo, te convertiste en su esclava. Sometiste tus deleites y afectos a su poder. Con tu cobardía encadenaste el crecimiento de tu espíritu, no lo niegues. Nosotros nos reflejamos en ti. Dios te bendijo con la vida, con una existencia que deberías recibir y gozar al máximo, y tú le diste la espalda. Dios creó risas y belleza alrededor tuyo y tú los pateaste para que no estorbaran en tu camino, para no sufrir. ¡Prefieres escupirle al regalo de Dios que ofender a tu amo con el deleite que puedes obtener del poder de la vida!

Sat estaba de rodillas y con las manos se protegía su rostro lleno de lágrimas. No podía dejar de temblar ante la contundencia de las verdades que aquellas voces, aquellos espíritus malignos, le gritaban a la cara.

—¿Y si no hay vida, entonces qué queda? Quedamos nosotros, los maldecidos, los fantasmas del jardín que observan por toda la eternidad a aquellos que se han atrevido a vivir y caminar hacia un lugar pleno de júbilo, un lugar al que nosotros, nunca llegaremos.

—¡Yo conozco el camino! —exclamó Sat entre sollozos—. ¡Isha me lo mostró! Es sólo que he estado demasiado ciega para verlo, he sido demasiado orgullosa para admitir que repetí las palabras sin aceptar su significado real. Pero yo conozco el camino, está aquí en mi corazón, rogándome ser libre.

—¿En verdad? ¿Entonces cuál es, demonio?

—El amor. El amor me crea en mi perfección.

Y en cuanto Sat dijo aquellas palabras, un océano de sentimientos se apoderó de ella: halago, gratitud, felicidad, aceptación, generosidad, belleza, perfección... todos trenzados en una sola palabra. Amor. El fulgor de las antorchas se intensificó. Sat miró al estanque y vio aquellas imágenes de su vida que había enterrado en lo más hondo de sí: las risas con su madre, las veces en que se sentó en el regazo de su padre y lo escuchó reír mientras la reina cantaba. Iko, H'ra, Kía, Sha, Tok, Ari, Ryu. Y ella. Se vio de pie con los brazos extendidos y lista para abrazarse a sí misma, para amarse, y cuidarse. Extendió el dedo y lo metió al agua para tocar su reflejo y entonces, todas las palabras de Isha resonaron en el aire y al fin tuvieron sentido para el alma de la chica. El agua brillaba, y en sus profundidades, Sat podía ver una esfera resplandeciente que flotaba con suavidad hacia afuera del estanque para abrazarla y para que la chica se fundiera con ella en su masa de luz.

—¿Y ahora qué? —preguntó H'ra mientras aplicaba más presión a la cortada que tenía en la mano. Trataron durante horas de ir más allá del dolor de las espinas y de separar las rejas, de aflojarlas y quebrarlas, pero no tuvieron éxito. Tampoco les había servido tratar de transmutar la naturaleza de las enredaderas, al contrario, los gruesos tallos vegetales se habían hecho más gruesos y, por lo tanto, más fuertes.

—No lo sé —dijo Iko con la mirada puesta en el cristal negro que yacía en el suelo.

Habían sacado a Isha del saco con el objetivo de que su luz iluminara la oscuridad que los rodeaba. Pero el diamante se había mantenido en silencio, ausente y sordo a sus súplicas.

—Tal vez estamos haciendo algo mal —murmuró H'ra.

—Tal vez. Es que no me puedo concentrar adecuadamente. Necesito saber qué les sucedió a los demás, en especial a Ari y Ryu. Son muy pequeños y nunca se han enfrentado a algo como esto; al menos, no solos.

—Por lo menos tienen a Kía.

—¿Estás seguro?

H'ra se mordió los labios. Él e Iko sentían un profundo dolor en los pulmones, y la imagen del cuerpo lastimado de Kía había aparecido ante los ojos de ambos al mismo tiempo. Y luego, la nada. La conexión que alguna vez tuvieron con ella se desintegró de la misma manera en que había desaparecido su comunicación con Isha.

—Tú la amas, ¿no es así, H'ra?

—Por supuesto que la amo, los amo a todos.

—Ya sabes a lo que me refiero.

H'ra se quedó en silencio.

—Hubo un tiempo en el que creí algo diferente —susurró—. Creí que mi amor, ese amor, era para alguien más, pero no. Estás en lo correcto, la mera idea de que Kía pudiera irse, de no volver a verla, me hace sentir como si alguien me hubiera arrancado una parte invisible. Siento un hueco, Iko, un vacío que palpita y me lastima. Quiero que vuelva… necesito que vuelva.

—Sé cómo te sientes.

—¿Lo sabes por Sat?

—Por Sat…

Se quedaron de pie, espalda contra espalda en medio de la oscuridad, inspeccionando todos los recovecos de la jaula. De la tierra rojiza surgían pequeñas enredaderas que se deslizaban por entre los pies de los jóvenes, retorciéndose alrededor de sus tobillos. Pero los muchachos no parecían darse cuenta de nada que no fuera la tristeza que sentían y la sensación de pérdida, la forma en que este último sentimiento se inflamaba y respiraba dentro de ellos como si fuera un ser vivo que se albergaba en el pecho, en la espalda; una criatura negra que expandía las alas y los convocaba, con su acongojado canto, a sumergirse en las profundidades de la desesperanza.

—Tengo miedo de perderla, de perderlos a todos —dijo H'ra antes de que las enredaderas lo envolvieran.

Iko volteó y, a través del delgado velo de luz que alimentaba a las sombras, vio que su amigo estaba atrapado en una red verde que lo jalaba hacia la tierra. El príncipe trató de moverse pero no pudo hacerlo porque enredaderas y lianas similares también le cubrían los brazos y piernas. Se elevaban con rapidez y aprisionaban su cuerpo con fuerza.

"Nuestros mayores temores se presentan en varias ocasiones. La manera en que nos comportamos ante la presencia del miedo es lo que determina si éste continúa o si se disuelve por completo en el amor. Tus percepciones se te mostrarán como en un espejo, y aquello en lo que decidas enfocarte también se mostrará ante ti."

El diamante negro permaneció en el suelo sin moverse, pero Iko podía escuchar la voz de Isha con toda claridad.

Enfocarse, pero, ¿enfocarse en qué? ¿En el miedo o en la fe? La fe de que sus amigos serían tan capaces como él de defenderse a sí mismos: de que Isha les había brindado una coraza espiritual impenetrable para el mal, porque habían aprendido que el amor estaba sobre todas las cosas. Además ¿un jardín hechizado, forjado por el terror, el dolor y el odio, qué oportunidad de ganar tendría al enfrentarse al inmenso poder del amor?

—¡Ninguna!

—Ninguna —repitió H'ra dentro de la mente de Iko cuando unieron sus conciencias. Aquel lugar no era lo que los había mantenido cautivos; en realidad, los hermanos y las hermanas sólo fueron separados para tener una oportunidad de crecer en el amor. Y si no había nada que los mantuviera cautivos, ¿qué poder podrían tener aquellas enredaderas y espinas sobre ellos? Ninguno.

Las lianas se endurecieron aún más, se secaron, y luego, estallaron para convertirse en polvo; fue como si el sol las hubiera tocado con los dedos. La jaula se sacudió y comenzó a resquebrajarse lentamente para luego hundirse en la estéril y sedienta tierra. Isha se levantó con un sutil murmullo y giró con lentitud sobre su propio eje. Luego surgieron rayos de luz blanca y pura de cada una de sus caras. La luz cubrió toda superficie del infecundo claro y la vida surgió con fuerza primigenia. De la nada nacieron arroyos y riachuelos que inundaron las arterias de la tierra muerta, y hierba suave que cubrió la roja aspereza. De los troncos sin vida surgieron tiernos retoños que pronto se convirtieron en hojas color verde esmeralda, en flores y frutos. El fresco aire transportó el chirrido de los grillos y luego se llenó de aves. Isha continuó bailando y, con cada vuelta, su luz se intensificó hasta que Iko y H'ra tuvieron que cerrar los ojos, y hasta que sus oídos se llenaron de gozo y alabanza. Luego Iko sintió que la superficie del cristal descansaba con suavidad en la palma de su mano. Abrió los ojos, y ahí, en medio de aquel tumulto de colores y perfumes en el que se había tornado el jardín, aparecieron sus hermanas y hermanos. Todos ellos. Corrieron a abrazarse. Se besaron y lloraron, uniéndose en el amor y el conocimiento con un vínculo que la debilidad de la existencia jamás podría quebrantar.

—¡Miren, una puerta! —gritó Sha—. ¡Estamos del otro lado del jardín!

Tenía razón. Había una puerta abierta cuya superficie reflejaba los brillantes rayos del sol, y más allá del umbral de ladrillos, pudieron ver un sendero de grava.

—Vamos, vamos antes de que se cierre —dijo H'ra y tomó a Kía de la mano—. Mantengámonos juntos, ¡ya no quiero más actos de desaparición! —suplicó Ari.

Todos se rieron y atravesaron por la puerta. Se encontraron en la cima de un acantilado, escucharon el mar a los pies de éste y percibieron su salado perfume. Al borde del precipicio había una mesa alta de piedra, y frente a ella, se encontraba Freehas, quien los observaba con severidad. Su rostro humano podría haber sido bello de no ser por la intensidad del odio que se dibujaba en sus rasgos. Del pecho hacia abajo, su piel estaba llena de escamas, luego se volvía áspera y brillante, casi como la coraza metálica de los escarabajos. De cada lado de la parte inferior de su cuerpo, el cual terminaba en una aterradora cola de escorpión, tenía unas patas de insecto.

—La marca de los crendin —susurró Tok.

—Arruinaron mi jardín —declaró Freehas con una voz distorsionada que se dividía en una multitud de ecos—, y a pesar de eso, yo debo cumplirles. ¿Qué es lo que desean, buscadores?

Iko dio un paso al frente.

—La tercera parte del mapa —dijo con firmeza.

Freehas inclinó la cabeza ligeramente.

—Como tú desees —dijo.

Luego puso la mano derecha sobre la mesa de piedra, y cuando la quitó, apareció un estuche de plata para pergaminos.

—Cumplí con mi parte del pacto, ahora soy libre.

Iko caminó hasta la mesa y tomó el mapa. Se sentía pesado y áspero; lo ató a su cinturón sin perder de vista a la criatura porque sabía que el peligro aún no acababa.

—Entonces, ¡ahora cumple mi deseo, Freehas!

Iko y los Siete voltearon, estaban rodeados por soldados crendin. El hombre que había gritado levantó su espada y señaló a Iko.

—Vaya que te has tomado tu tiempo en llegar, Iko, hijo de Al-Athalante-Ez. Llegué a pensar que el mar te había devorado.

Los jóvenes se reunieron en un semicírculo y trataron de analizar sus opciones. Frente a ellos tenían a los crendin, y atrás, a Freehas y el mar.

—¿Cómo nos encontraron? —preguntó Iko para ganar tiempo.

Hamiri le hizo una señal al soldado que venía a su lado y éste le entregó un saco.

—Nos ayudó tu amigo, el rey Kironte por supuesto —contestó el hombre y, al mismo tiempo, sacó la cabeza del monarca.

Ryu se quedó sin aliento. Los soldados rugieron y se mofaron.

—Si te sirve de consuelo, Iko, Kironte no habló sino hasta que asesinamos a su primogénito —continuó Hamiri—. Es extraño cómo algunas personas sienten tanto apego por sus hijos, ¿no lo crees? Yo en lo personal nunca he podido entenderlo.

Iko no podía dejar de mirar el rostro del rey Kironte. De una manera muy bizarra, parecía que seguía vivo y que estaba tratando de no reírse.

—¿Entonces qué quieren? —preguntó H'ra.

—A Isha y al príncipe. Akion, mi amo, desea poder y diversión.

—¿Poder? —preguntó Sat—. Tu amo no tiene idea de lo que encierra el diamante negro. Lo único que hace Isha es elevar el amor. Ante la luz de la maestría de Isha desparecen la necesidad de tener el control, así como otras influencias que están sustentadas por el miedo. Su conocimiento no se puede utilizar para ninguna otra cosa que no sea promover más unión, más amor y más verdad.

Hamiri se chupó los labios.

—Yo no entiendo esas palabras, mujer, pero a ti te voy a llevar conmigo para mi diversión personal —entonces dirigió su atención hacia Iko—. Oh, pobre príncipe, tantas batallas para nada. Siempre actuaste como si en verdad pudieras cambiar a los crendin, y nosotros ni siquiera tuvimos que cruzar el jardín: mientras tú y tus amigos peleaban para salvarse, nosotros estábamos aquí comiendo y bebiendo, apostando cuántos de ustedes lograrían salir, mirando cómo Freehas murmuraba y rezongaba sobre las leyes y los pactos. Lo has hecho muy bien, muchacho, pero ya perdiste. Entrega el Isha y tus amigos vivirán, Iko. Pero si te enfrentas a mí, todos morirán. Y de cualquier manera, me quedaré con el Isha.

—Muy bien —dijo Iko y sacó el diamante de su saco.

—¡No! —gritó Sha.

El resto de los jóvenes miraron angustiados cómo su líder extendía el brazo para entregarle el diamante al enemigo. Hamiri tomó el saco y lo rasgó. Isha flotó con suavidad, cubierto en un sutil destello blanco. Los guerreros crendin lo vieron sorprendidos y bajaron sus lanzas y espadas varios centímetros. Iko caminó lentamente hacia donde estaban sus amigos y los tomó de las manos para formar una cadena. El diamante giró durante algunos segundos más y luego se desplomó al piso como peso muerto. Cuando Hamiri trató de levantarlo, lo único que su mano encontró fue un bulto de carbón pulverizado.

—¿Qué? —susurró Hamiri.

—¡Al mar! —gritó Iko, y todos corrieron hasta el borde del acantilado.

—¡Detenlos, Freehas! —ordenó Hamiri.

La criatura sonrió y entre sus pálidos labios se pudieron ver sus afilados dientes.

—Yo no tengo por qué complacerte —masculló Freehas.

Los muchachos saltaron al abismo y, por instinto, sus cuerpos adoptaron la posición para bucear en el agua. La caída duró muchísimo tiempo y, mientras caían, sentían cómo el aire les rasgaba los oídos. Cuando golpearon con el mar, el agua embistió contra sus cuerpos, apaleó sus músculos, cortó sus pieles y los enroscó hasta que adoptaron posiciones imposibles. Iko pateó con furia para tratar de detener la inmersión infinita. De repente sintió una suave masa debajo de él. Era Pushan. Iko se equilibró sobre el lomo del animal y vio cómo varios delfines, mantarrayas y otras especies de la vida marina, les ayudaban a sus amigos. Los animales cargaron los lastimados cuerpos y los condujeron hasta la superficie, en donde se encontraba el Tilopa.

La fresca noche invitó a los jóvenes a reunirse junto al fuego con cobijas de lana y vino con especias. Se sentaron alrededor del brasero; sus heridas ya habían sanado y sus mentes todavía estaban tratando de encontrar la lógica de todo lo que había sucedido en Shah-veslan. Cada uno de ellos narró su desafío y la manera en que lo había superado. Conforme contaban sus experiencias, se acercaron cada vez más, felices de disfrutar la calidez de la compañía de los otros, de encontrar paz y de sentirse completos con sus propias conciencias. Por fin comprendían que, cuando la gente habla con la verdad y enfrenta sus miedos, estos desaparecen como si nunca hubieran existido. Después de que eso sucede, todo es posible.

—¿Pero cómo supiste que Freehas no nos detendría, Iko? —Preguntó Ryu.

—Escuché con cuidado las palabras del guerrero. A pesar de toda su malignidad, Freehas respeta el pacto del jardín, eso es lo que le da poder sobre todos los buscadores espirituales. Además, los crendin llegaron a burlarse de su ley y a desafiar su decreto. El odio que se veía en su rostro no era contra nosotros, sino contra los crendin. Nosotros respetamos las reglas, y esos guerreros sólo se burlaron de ellas.

—¿Y qué hay respecto a Isha? —preguntó Ari.

Todos contuvieron la respiración en espera de la respuesta de Iko a la pregunta que tanto tiempo llevaba en sus corazones.

—¿Qué hay respecto a Isha? —repitió Iko.

—¿En dónde está?

—Tú dímelo, Ari.

Ari bajó la mirada como si estuviera buscando las respuestas en el fondo, dentro de sí mismo. Luego miró hacia arriba sonriendo.

—Está aquí, dentro de mí.

Los otros asintieron y repitieron las palabras de Ari.

—Pero… —interrumpió Kía— si los crendin no son capaces de entender el amor, si no tienen amor ni entendimiento, entonces no pueden acompañarse de Isha, ¡por eso el diamante nunca estuvo en peligro!

—¡Tienes razón —añadió Tok.

—¿Entonces por qué hacer todo esto? —se preguntó H'ra en voz alta—. ¿Por qué prepararnos?, ¿por qué hacer un plan de escape?, ¿por qué el barco, el mapa?

—Para que pudiéramos crecer —susurró Sha con un tono de voz tan apacible que parecía otra.

—Y para crear un mundo nuevo bajo la iluminación de Isha —dijo Iko.

Se miraron con amor; sus rostros estaban llenos de felicidad. Sin que nadie, excepto el espíritu, les dijera qué hacer, los jóvenes maestros Isha extendieron sus manos hasta el centro del círculo que habían formado con sus cuerpos. Una ráfaga de calor los recorrió, una sensación chispeante que los hizo temblar, reír y llorar al mismo tiempo. Y luego, en el espacio que estaba sobre las manos unidas, se produjo una explosión de luz blanca, un rayo potente que tiñó la noche de azul y la transformó en día por un instante. Los delfines que seguían al Tilopa emitieron un chillido de alegría. Los caballos que estaban en la cubierta inferior patearon y relincharon con emoción. Pushan saltó en el aire delineando un elegante arco. Luego la noche volvió a detenerse y la normalidad retornó al Tilopa. Lo único peculiar de aquel momento era el diamante negro que zumbaba en el aire, reflejaba las estrellas en sus caras, e imitaba con su blanco resplandor a las lunas, los soles, y a todo lo que alguna vez brilló en la creación. El Isha.

DIECINUEVE

Nana falleció una semana después de haber caído en coma. Todo el dolor que Shannon había experimentado antes de eso era sólo una leve molestia al compararlo con lo que sintió cuando perdió a Nana. Quería gritar y patear, quería golpearse y golpear a los demás. ¿Qué iba a ser sin Nana? ¿En dónde volvería a ver su rostro? ¿En dónde la podría encontrar de nuevo?

—En la vida —dijo una tierna voz en el interior de Shannon.

La voz le parecía conocida pero no podía precisar en dónde la había escuchado antes. Su primer instinto fue cerrarse a la voz, refutar aquellas palabras que, en medio del huracán de su desesperanza, no tenían ninguna lógica. Pero luego, lo sintió. Era el suave y cálido latido de su segundo corazón. Shannon se quedó inmóvil ante sus emociones, y entonces, todo su ser se llenó con un profundo amor.

—Puedes elegir el dolor o puedes elegir la certidumbre —dijo la voz al resonar en su alma.

—¿La certidumbre de qué? —preguntó Shannon en silencio.

—Nadie puede alejar su amor de ti.

Shannon se dio cuenta de que era verdad. La punzante sensación en el lado derecho de su pecho desapareció, y la voz se desvaneció como en un sueño. Ya ni siquiera estaba segura si la había escuchado o si se trataba de su subconsciente que le hablaba en un nuevo tono. De cualquier manera, ella estaba dispuesta a darle una oportunidad.

—Elijo el amor —murmuró Shannon cuando bajaron el fé-
retro de Nana para enterrarlo. Y cuando las lágrimas dejaron de
fluir, sintió que su abuela vivía en ella, que le daba fuerza a esa
sólida y valerosa parte de ella que podía soportarlo todo y ayudarle
a continuar.

—Necesito un favor, prima —dijo Iris.

Estaban sentadas en el pórtico, tratando de mantenerse alejadas de todas las personas que habían asistido al funeral de Nana.
Las amigas de Katrina y los socios de negocios de Paul llenaban
la sala de Martha. Era gente que ni siquiera había conocido a la
anciana y, por lo tanto, le resultaba difícil expresar tristeza genuina
por su partida. Iris había llegado desde Inglaterra al día siguiente
de la muerte de Nana, y Shannon se había quedado con Martha y
William para tratar de reconfortarlos y ayudarles en todo lo posible.

—Lo que necesites, Iris —dijo Shannon todavía tratando de
acostumbrarse al sutil acento británico que tenían las palabras de su
prima.

Después de que Iris hubo probado el poder del teatro, colgó
los *shorts* dorados y le dijo adiós a su carrera pop sin arrepentirse
ni un poquito. Se fue a vivir con el director teatral, quien también era su amante, se unió a la Royal Shakespeare Company y
comenzó a hacerse un nombre por sí misma dentro de los círculos
de teatro clásico. Y todo, a pesar de que, como le había confesado
a Shannon, nunca faltaba el chistoso que comenzaba a cantar alguno de sus éxitos pop del pasado durante los ensayos. También
se había creado una nueva personalidad. Se había deshecho de los
rizos y de la ropa llamativa; ahora siempre llevaba el cabello en un
suave chongo, y su ropa era una sinfonía de grises, negros, rojos y
blancos que le brindaban una apariencia intelectual pero sensual.
Era una feliz mezcla de *beatnik*, directora de escuela y dominatriz.

—Bien —continuó Iris—, la cuestión es que Ruben me pidió que me casara con él.

—¡Eso es maravilloso!

—¡Lo sé! —dijo Iris con una resplandeciente sonrisa—. Pero le dije que tenía que pensarlo.

—¿Por qué?

—No quiero que piense que soy una mujer fácil.

Shannon la miró desconcertada.

—Pero, Iris, llevas viviendo años con él.

—Eso era distinto, era una aventura. El matrimonio es algo serio y no quiero que Ruben asuma que me tiene a su merced. Es por eso que acepté una oferta que me hicieron para trabajar aquí en Melbourne, en el Playhouse. Quieren que organice algunos talleres y que interprete a Lady Macbeth. Me preguntaba... si... me podía quedar aquí contigo.

—¿Conmigo?

—Ni siquiera te darás cuenta de que estaré aquí, Shannon, te lo juro. Es decir, entre los talleres, ensayos y presentaciones, tal vez veas más mi taza vacía sobre la mesa que a mí.

La mente de Shannon trabajaba a toda velocidad. ¿Cómo podría negarle algo a Iris? Pero, si aceptaba, ¿cuánto tiempo pasaría antes de que su prima se enterara sobre su trabajo en Ciudad Gótica?

—La tía Martha me contó que siempre estás muy ocupada con los caballos y con tu empleo de banquetes —continuó Iris.

—Sí... mi empleo de banquetes —repitió Shannon.

A su familia y a sus amigos les había dicho que era gerente de una compañía de banquetes. Entre los clientes de la casa de apuestas había varios chefs y gente que se dedicaba al negocio de los banquetes, y ellos le habían dado toda la información que necesitaba para mantener su pantalla. Su historia había llegado a hacer tan verosímil, ¡que mucha gente ya le había pedido que les organizara algún banquete! Para esas situaciones, Shannon ya había inventado una gran excusa: ¡decía que trabajaba para una compañía griega y que sólo organizaban banquetes para bodas y celebraciones griegas! Por suerte para Shannon, jamás se había encontrado a un solo griego entre la gente que formaba parte de su círculo social. Por las noches salía de casa vestida como gerente de banquetes por si se llegaba a encontrar en el camino con alguien, y, hasta ese momento, el engaño había tenido bastante éxito. Nadie le había preguntado nada jamás, y todo parecía indicar que sería difícil que alguien descubriera la verdad.

Shannon continuó vacilando, pero luego vio a sus padres al otro lado de la ventana. Les lanzaban miradas furtivas a ella y a Iris, y entonces, Shannon comprendió.

—Mis padres te pidieron que hicieras esto, ¿no es verdad?

Iris abrió los ojos sorprendida y luego sonrió asintiendo.

—Es que no quieren que atravieses esta pérdida sola, Shannon, y para ser honesta, yo estoy de acuerdo con ellos. Pero todo lo que te acabo de decir es verdad, sí necesito un lugar en donde quedarme, y si me aceptas, prefiero quedarme contigo que en un frío hotel.

Shannon abrazó a su prima.

—¿Por qué no? Creo que hasta voy a disfrutar platicando con tu taza.

Tal como se lo había prometido, Iris se mantuvo lo más alejada de Shannon como le fue posible. Sin embargo, habían acordado que cenarían juntas por lo menos dos veces a la semana. En esas ocasiones, Iris hacía reír a Shannon con todas sus historias acerca del teatro y con las imitaciones que hacía del protagonista. A veces, Shannon se encontraba a Iris caminando por la casa recitando sus líneas, experimentando con maquillaje y montones de pelucas, todo con el propósito de crear "su propia versión de Lady Macbeth".

Más adelante, cuando una repentina caída de la bolsa le pegó con fuerza a la economía australiana, Iris se convirtió en un gran apoyo para Shannon. La industria de las carreras de caballos fue la primera en sufrir, ya que estaba financiada con los recursos extra de la gente que era rica en extremo. La era dorada de Australia parecía estar llegando a un abrupto e inesperado fin. El dólar se desplomó y las tasas de interés se fueron hasta el cielo. Shannon tuvo que dividir su propiedad en Nar Nar Goon y, respaldada por algo llamado sección 52, comenzó a vender los lotes. De manera sorprendente, la ley cambió de la noche a la mañana y Shannon ya no pudo vender. Parecía que todo lo que tocaba se convertía en polvo; cuando las tasas hipotecarias se dispararon al 22 por ciento, Shannon perdió absolutamente todo. Por otra parte, estaba teniendo problemas para trabajar con caballos y comenzó a preguntarse si su empleo en Ciudad Gótica no estaría relacionado con el desastre que había en su vida, si no se trataría de algo como la ira de Dios. Pero si era un castigo divino o no, resultaba irrelevante porque la vida estaba a punto de ponerla aún más a prueba.

—¡Hola, Shannon!

—¡Lance! ¿Cómo estás?

Estaban en una subasta local de caballos, y Lance era un propietario con quien Shannon había trabajado al principio de su carrera como entrenadora de caballos.

—Bien ¿y tú?

—Genial. ¿Vas a comprar o a vender?

—Para ser franco, sólo vine a ver. Por cierto, ¿ya supiste lo de Maxwell?

Shannon sintió que un sudor frío le recorría el cuerpo.

—¿Qué pasa con Maxwell?

Lance aclaró la garganta.

—Está en el hospital, Shannon, tiene cáncer en los pulmones.

—¿Qué? Pero, ¿es serio? Es decir, ¿en qué etapa está?

Lance bajó la mirada.

—Escuché que está agonizando.

A Shannon se le llenaron los ojos de lágrimas. Le agradeció a Lance la información y salió corriendo de la subasta. Dos horas más tarde ya había averiguado en qué hospital estaba Maxwell. Se dirigió corriendo hasta allá aún sin querer creer lo que Lance le había dicho. Cuando llegó al hospital le impresionó lo que encontró: Maxwell había bajado veinte kilos, estaba demacrado y tenía la piel amarillenta. A pesar de todo, los ojos se le iluminaron en cuanto la vio.

—Hola, muchachita —susurró.

—¡No puedo creer que no me hayas avisado, Maxwell!

—Ya me conoces, sigo siendo el fumador de siempre. Vaya, cómo te he extrañado, Shannon.

Shannon no pudo decir nada más porque la emoción ahogaba sus palabras. Maxwell sonrió levemente y le dijo que no había querido preocuparla sin necesidad, que estaba seguro de que se recuperaría muy pronto. Al parecer, el cáncer se estaba extendiendo con rapidez. Las enormes cantidades de Marlboro sin filtro le estaban pasando la factura, o al menos, eso era lo que había dicho el doctor. Pero Maxwell no le creía nada. De cualquier forma, Shannon podía ver que la muerte se cernía sobre él.

—Sólo sácame de aquí, muchachita —le suplicó Maxwell—. Llévame a casa contigo.

—No seas tonto, Max, no estás bien; necesitas atención médica constante.

Maxwell miró en otra dirección.

—Entonces prométeme que, si mejoro, nos casaremos y viviremos juntos.

—Lo que quieras, Maxwell, tú sólo alíviate.

Shannon lo visitó todos los días, y todos los días, volvía a casa devastada.

—Se está yendo, Iris —le dijo a su prima— más y más lejos cada vez.

Por un tiempo, Maxwell se quedó en la casa de su hermana. Estaba muy cerca del hospital y ahí contaba con un servicio médico confiable. La hermana de Maxwell llamaba con frecuencia a Shannon porque ella era la única que podía convencerlo de hacer lo que tenía que hacer. Maxwell era muy necio y rezongón porque estaba acostumbrado a hacer lo que se le daba la gana. Shannon era la única capaz de convencerlo de hacer las cosas que le beneficiaban.

Cuando los doctores ya no pudieron hacer nada más, Sandra y sus hijos se llevaron a Maxwell a su casa, por lo que Shannon ya no pudo verlo más. Una noche despertó muy angustiada porque estaba segura de que Maxwell estaba a punto de morir. Fue corriendo a su casa. Sandra y sus niños más pequeños habían salido al centro, y Brian, su hijo mayor, se había quedado a cuidar a su padre. Brian trató de detener a Shannon, pero ella lo ignoró y lo hizo a un lado. Subió por las escaleras y corrió a la habitación de Maxwell. Él suspiró en cuanto la vio, como si la hubiera estado esperando.

—Tú sabes que nunca quise lastimarte, ¿verdad? —le preguntó débilmente.

—Lo sé.

—Entonces, adiós, muchachita.

—Adiós, Maxwell.

Una película translúcida cubrió los ojos de Maxwell y entonces se hundió en un delirio febril.

—Creo que es mejor que te vayas, Shannon —dijo Brian con rudeza desde la puerta de la habitación—, mi madre llegará en cualquier momento.

Shannon asintió. Besó con dulzura los pálidos labios de Maxwell y salió de ahí. Él murió unas horas después.

—Tienes que dejar de beber de esa manera, Shannon —le dijo Iris al tiempo que le daba una taza de té caliente.

—¿Qué no lo entiendes, Iris? ¡Todo es culpa mía!

—¿Cómo puede ser responsabilidad tuya la muerte de Maxwell?

—Dios me está castigando.

—¿Por qué?, ¿por qué haría eso?

—Por lo que hago para ganarme la vida —gimió Shannon.

—¿Dios no aprueba los banquetes?

—Sí, pero estoy segura que no aprueba las apuestas ilegales, las drogas y ve tú a saber cuántas cosas más.

Iris se dejó caer en la silla. Entre murmullos, Shannon le contó toda la historia, desde que conoció a Rose hasta que llegó a trabajar a Ciudad Gótica. Iris fue a la cocina, abrió un gabinete, sacó una botella de tequilla que Shannon guardaba ahí, y bebió un trago directamente de la botella. Tosió y los ojos se le humedecieron; luego volvió a la mesa y se sentó frente a su prima.

—No sé si Dios te está castigando, Shannon, pero creo que tú sí lo estás haciendo. ¿Por qué alguien tan talentosa como tú estaría interesada en hacer algo así para ganarse la vida?

—¡Oye, soy muy buena en mi trabajo! Los clientes me respetan mucho y siempre me tratan con mucha distinción.

—Bueno, pues tal vez deberías seguir ese ejemplo y comenzar a respetarte más. ¿A dónde crees que vas a llegar con todo esto? ¿Quieres llegar a tener tu propio casino clandestino o algo así?

—Claro que no.

—¿Entonces qué?

—No lo sé… supongo que sólo quiero tener dinero para cubrir mis gastos, es todo.

—Hay muchas maneras de obtener dinero de manera legal para cubrir tus gastos. Finalmente, ¿qué has logrado con ese empleo? Les mientes a tu familia y amigos, casi no tienes vida social, y lo peor de todo es que no tienes un verdadero futuro en eso.

—Y tú suenas como una perra moralista y persignada —dijo Shannon entre dientes y a la defensiva. Era incapaz de afrontar la verdad en lo que le decía Iris. Su prima se rió.

—Por favor, prima ¡soy actriz! He visto suficiente inmoralidad como para que me dure toda una vida. Pero, al menos, mi profesión es legal.

—¿Y qué quieres decir con eso?, ¿que renuncie mañana?, ¿que tome un curso secretarial?

—Tal vez, aunque creo que serías una secretaria terrible. Pero, mira, si te vas a quedar en el negocio de las apuestas ilegales, entonces hazlo como tú dices: para cubrir tus gastos. Y sólo hazlo mientras te preparas para hacer algo que en verdad te llene, Shannon. Encuentra algo que te dé gozo aunque la paga sea muy baja.

Shannon bebió el té de un solo trago. Estaba tan caliente que se le quemó la boca.

—Bueno, ¿y quién se murió o qué te hizo tan sabia? —le preguntó Shannon mientras se limpiaba los labios.

—Shakespeare, nena, ¿quién más?

Algunas semanas después, Shannon estuvo de pronto en medio de una reunión familiar. William y Martha estaban sentados a la mesa en Nar Nar Goon, discutiendo la situación legal de la propiedad. Martha no se sentía bien y había tomado muchos sedantes, por lo que sólo se sentó y escuchó a William expresar sus preocupaciones.

—Shannon, creo que es muy importante que pongamos esta propiedad a tu nombre —dijo William—, porque si algo me llegara a pasar, habría problemas.

Shannon lo miró desconcertada.

—Pero eso es ridículo. Katrina sabe que ésta es mi propiedad.

—No lo sé, creo que será mejor que todo se aclare y quede por escrito.

—No te preocupes papá, no necesitas complicarte la vida. Ya somos mujeres adultas.

Un mes después de la muerte de Maxwell, Shannon recibió una llamada de su madre para informarle que algo andaba mal con William. Martha le suplicó que fuera de inmediato a verlos.

Shannon vivía a una hora de distancia, y cuando llegó, le quedó claro que, efectivamente, algo andaba mal con su padre: estaba muerto.

Era como una pesadilla. El universo le había movido el tapete a Shannon y la caída parecía no tener fin. Menos de seis semanas después de la muerte de William, se hicieron realidad sus predicciones respecto a los problemas que habría con la propiedad. Katrina estaba segura de que su padre quería que ella compartiera la herencia y, ¿por qué no?, ¿por qué querría él privar a sus amados nietos de un lugar tan hermoso? Le había dicho a Martha que no entendía cuál era el problema de Shannon. Katrina y Paul no le estaban negando sus derechos a parte de la propiedad, ni a su parte de todo lo demás. Además, si su padre hubiese querido que el lugar fuera exclusivamente para Shannon, ¿no lo habría expresado así en su testamento? ¿Qué sentido tenía sacrificarse y entregarle la propiedad a Shannon? Ella siempre los abandonaba y los traicionaba. Lo más seguro era que se volviera a ir en poco tiempo. Dios sabe a dónde, tal vez a tener alguna de sus aventuras secretas. ¿Acaso Martha y William no habían hecho ya lo suficiente por ella? ¿No la habían sacado de problemas cada vez que ella tiraba el dinero a la basura? ¿Durante cuánto tiempo seguiría su madre jugando a ese eterno juego del hijo pródigo?

A Martha la había enfermado el dolor y tampoco se había recuperado por completo del tumor en el cerebro. Comenzó a tener dudas y no podía recordar bien la conversación que William había tenido con Shannon respecto a la propiedad. Además, lo que decía Katrina sonaba muy lógico. William adoraba a sus nietos, y Katrina y Paul habían sido muy buenos con ella durante todo el proceso de la muerte de su esposo. Tal vez había llegado el momento de apoyar a Katrina, se lo merecía. Era justo que se compartiera todo con la familia. ¿Por qué tenía que ser tan egoísta Shannon? ¿Para causarle más dolor? Martha creía que lo mejor era que Shannon se fuera y que sólo volviera cuando estuviera dispuesta a actuar con consideración para los demás.

Shannon estaba aturdida. Había perdido a su familia, su carrera y su propiedad, había sido una devastadora avalancha de melancolía. Todo lo que la definía se había ido.

—Creo que ya no puedo soportar más esto, Iris. ¡Es absurdo! ¿Cuántas cosas malas le pueden suceder a una persona? —le dijo Shannon a su prima, gimiendo.

—¿Te he contado de la primera vez en que interpreté a Julieta? —Shannon hizo un gesto de sorpresa.

—No.

—Lloré durante días y días en los que sólo pensé en la muerte de Romeo. Me jalaba el cabello y me daba cachetadas sólo para que mis lágrimas fueran más realistas. La verdad es que casi me quedo calva.

—¿Y?

—A eso voy. Un día Ruben me encontró en el piso con la ropa rasgada y llorando tanto que me podían escuchar desde la calle. ¿Y sabes qué me dijo?

—No, no sé...

—El drama no es real.

Shannon hizo un gesto de dolor y su segundo corazón dio un ligero salto.

—Para citar al gran bardo —continuó Iris—, "El mundo es un escenario, y los hombres y la mujeres, sólo actores." A veces eres la novia feliz, otras eres la sufrida heroína, y en medio de eso te puede tocar ser la villana. Pero nunca a nadie le toca interpretar el papel de la chica agobiada para siempre.

—¿Y entonces qué tratas de decir? ¿Que la vida es una obra de teatro?

"Es una ilusión —repitió la voz dentro de Shannon, la voz que se había hecho perceptible en el funeral de Nana—, y también lo es el dolor que conlleva."

—Así es, y cuando actúas, siempre tienes que conservar tu centro porque, de otra manera, te pierdes en el personaje. Confía en mí, prima —concluyó Iris—, tus días de Julieta se irán pronto.

Shannon no estaba segura de haber entendido lo que le dijo Iris, ni lo que le dijo la voz, pero algo se había movido en su interior.

—¿Sabes lo que necesitamos? —le preguntó Iris de repente.

—Me da miedo preguntar…

—Ir de compras para que te despidas de todo este dolor y yo le diga adiós a mis días de soltera.

—¿Le dijiste que sí a Ruben?

—Sí. Y después de esta aventura me voy a convertir en puro pastel y ropita floreada, voy a subir diez kilos y voy a tener tres hijos de un jalón.

Shannon se rió.

—Pobre Ruben…

—Ah, no te preocupes, él está de acuerdo. Detrás de esa facha de "oh, yo soy un gran artista", en realidad hay un tipo muy tradicional. ¿Entonces?, ¿qué dices?

—Bueno, en realidad creo que tengo la excusa perfecta. Necesito que me ayudes a escoger un vestido para la carrera Mackinnon. Voy a tener una cita.

Entonces Shannon le contó a Iris sobre su peculiar romance telefónico con Monsieur.

—¡Oh, genial! Vamos a volver a repetir las antiguas conductas, ¿verdad? Vamos a enamorarnos del jefe, de un hombre mayor que seguramente está casado y tiene un montón de hijos a los que nunca podrá abandonar. Dios mío, ¡eres tan predecible, prima! —le dijo Iris a Shannon cuando ésta terminó de contarle su historia.

—¿Cómo sabes que es casado? —le preguntó Shannon en un tono defensivo.

—No lo sé, ¡pero es obvio que tú no estás segura de que no lo sea!

Shannon se estremeció; Iris tenía razón. Se había sentido tan cautivada por la elegante forma de hablar de Monsieur y por el emocionante misterio que lo rodeaba, que no se había tomado la molestia de investigar nada concreto respecto a él. El hombre era solamente una encantadora voz en el teléfono.

Pero a pesar de todas sus quejas sobre la cita de Shannon, Iris accedió a ir de compras y a buscar el atuendo perfecto. Después de horas de deliberar, por fin encontraron lo que buscaban en una *boutique* muy exclusiva que estaba algo escondida en Toorak, un suburbio de gente acomodada. Era un perfecto traje blanco y negro con una amplia pamela y zapatos que combinaban. Ella sabía que le encantaría a Monsieur. Cuando iban de regreso a casa, Shannon vio dos motocicletas Harley en el aparador de una agencia de renta de autos.

Iris miró a Shannon con ojos traviesos.

—Tengo tres semanas antes de volver a Inglaterra. ¿Qué tal si hacemos un viajecito?

Shannon asintió.

—Viajecito.

Cuando eran más jóvenes, Shannon e Iris habían tenido motocicletas y la oportunidad de correrlas en caminos estrechos y sinuosos. Claro que eso no lo sabía el hombre que les fue a entregar las Harley que rentaron. Él sólo se quedó sin habla cuando les entregó las llaves de los nuevos y relucientes vehículos. Esas motocicletas tenían 1300 centímetros cúbicos, y eran probablemente las segundas Harley más grandes del mercado. Eran demasiado grandes para que las condujeran unas "chicas". Confundido, el empleado miró a las mujeres y les preguntó:

—¿Tienen mucho tiempo de ser motociclistas?

—No, apenas nos entregaron nuestras licencias para andar en motocicleta —dijo Shannon con los ojos bien abiertos.

El hombre se horrorizó, pero antes de que pudiera protestar o informarles de los peligros que implicaba manejar las motocicletas, Shannon e Iris saltaron sobre ellas y se fueron a toda velocidad por la carretera. A Shannon le fascinó la cara de susto que había puesto el empleado.

El día que salieron de viaje hacía muchísimo frío en Melbourne, por lo que ambas se vistieron como el hombre Michelín. Se fueron despojando de las capas de ropa conforme avanzaron hacia el norte. Se detuvieron en hoteles económicos y compartieron la emoción que sentía toda Australia por participar en los juegos del Commonwealth, en los que el país anfitrión parecía ir ganando en todas las disciplinas. Tanto Iris como Shannon se sentían llenas del orgullo nacionalista que las acompañó por su viaje en motocicleta por todo el centro de Australia. Shannon no dejaba de pensar en Monsieur y extrañaba sus sugerentes y juguetonas conversaciones telefónicas. Era raro extrañar a alguien a quien no conocía en persona, pero a pesar de todo, sentía una poderosa e inexplicable afinidad con aquel hombre. El hecho de que él había confiado en ella tan rápidamente, le hacía sentir más tranquila y más familiarizada con el desconocido.

Durante el viaje se detuvieron a visitar a Elle en el nuevo hotel que había abierto en una zona muy despoblada del desierto. El lugar estaba literalmente en medio de la nada. Cerca del Thornbird Hotel, como se llamaba, no había pueblos, granjas, caminos ni trenes. El lugar estaba lleno de humedad y lo envolvía una especie de depresión colectiva. Cuando Shannon entró al hotel, miró alrededor y pensó: "Elle debe estar haciendo una muy buena cantidad de dinero para querer sentarse aquí a escuchar al montón de borrachos que, del otro lado de la barra, se quejan del clima, de las ovejas y de todo lo que se les ocurre."

Elle tenía un entrenamiento gastronómico de cinco estrellas, pero ahora estaba sirviendo empanadas de carne y tarros de cerveza. A pesar de todo, seguía usando los mismos viejos trucos, bebiendo en exceso y coqueteando con todo el que estuviera más cerca, con el objetivo de destruir su relación amorosa más reciente con todo el gusto y velocidad con los que su ciega ebriedad había destruido todo entre ella y Shannon. Elle se veía hinchada. Había engordado y estaba inflamada; ahora le daba un aire a su bonachona madre.

—Oh, bien —susurró Iris cuando Shannon le comentó lo anterior—, pues como dicen por ahí: "Si quieres saber cómo se verá una mujer cuando sea grande, ¡lo único que tienes que hacer es mirar a su madre!"

Se rieron bastante, pero cuando comenzaron a hablar de tiempos pasados, la novia de Elle se sintió más y más amenazada por la presencia de Shannon. Cuando Iris abrazó a Shannon de la cintura con un ademán posesivo, la novia de Elle se relajó y se comportó encantadora y divertida toda la tarde. Al día siguiente las primas montaron sus Harley y continuaron el viaje en el desierto. Iris tenía razón, pensó Shannon. El dolor era pasajero. Se hizo evidente que el tiempo lo curaba todo; ahora, su obsesión por Elle sólo era un recuerdo distante, y ya ni siquiera quedaba un remanente fugaz de la pasión que antes sintió; era como si jamás hubiera existido. Como si todo hubiera sido una ilusión.

El gran tamaño de la Harley rodeaba a Shannon. Su poderoso motor zumbó a lo largo de las carreteras. Impulsada por la temeridad de la juventud, Shannon se había acostumbrado a andar a toda velocidad en pequeñas motocicletas japonesas con motores grandes. Sin embargo, aquella temeridad se había evaporado en este viaje, y la joven prefirió saborear cada momento. Manejaron hasta doce horas al día, como si el tiempo se hubiera detenido. Terminaron en Carins y vieron que andar en motocicleta en climas tropicales, era maravilloso. La intención de ambas mujeres era pasársela bien, y en cuanto Shannon se reencontró con sus antiguos amigos, salieron a divertirse.

Un día decidieron ir a bucear juntos. Delia, la amiga de Shannon, había sido su compañera de buceo cuando estaban aprendiendo a bucear en una piscina en Melbourne. En esta ocasión aprovecharon de inmediato la oportunidad de explorar el gran arrecife de coral. El grupo se embarcó en un catamarán masivo, en donde había doscientas personas más. Antes de anclar en el arrecife se detuvieron en una pequeña isla. A lo lejos, Shannon pudo ver a una mujer desde atrás. Estaba comprando recuerdos en una tienda para turistas. Su segundo corazón comenzó a palpitar sin razón evidente. Había algo excesivamente íntimo en aquella mujer; Shannon sentía que la conocía de antes, que incluso había hablado con ella y la había tocado, pero el recuerdo no incluía la información sobre dónde o cuándo había sucedido eso.

Cuando finalmente anclaron, sólo había ocho personas buceando. Iris decidió quedarse en el catamarán y esperar a Shannon.

A Iris jamás le había apasionado el buceo, y así le gustaba explicárselo a la gente. Cada integrante del grupo tenía asignada una pareja de buceo. Shannon se sumergió en las claras y templadas aguas. Era un paraíso. El coral resplandecía frente a ella; las algas se contoneaban con languidez y los peces de colores salían disparados de sus escondites. Conforme Shannon buceó más al fondo, imbuyéndose en el silencio infinito, los fragmentos de luz rasgaron el color azul profundo del mar. Lo único que la mujer podía escuchar era el palpitar de su corazón y su respiración ocasional. Y aunque estaba muy consciente de la atención de su pareja de buceo, lo único en lo que Shannon podía pensar era en quitarse el tanque y en continuar sumergiéndose en las profundidades del océano que tan familiares le parecían. Sentía que estaba en casa. El dolor sobre su costilla derecha aumentó cuando la vibración interna comenzó a elevarse más. El chillido de alta frecuencia sólo era perceptible a sus oídos, pero toda la vida marina parecía sentirse atraída a ella. Una enorme mantarraya pasó deslizándose y, con gran suavidad, acarició su cuerpo con sus alas negras. Un tiburón martillo la miró con curiosidad conforme continuaba sumergiéndose. Entonces surgieron las imágenes. Eran visiones de ella como si fuera un hombre. A su memoria regresó el recuerdo de una mujer de cabello castaño y ojos centellantes. Shannon estaba inmersa en sus visiones, vio una orca, y luego una ciudad de cristal que fulguraba en la parte superior. En el centro de la ciudad vio un diamante negro brillante que, desde su centro, manaba luz pura. Shannon quedó atrapada entre ambos mundos por un momento.

—Tuve problemas para alcanzarte: te mueves como delfín en el agua, ¡eres muy rápida! Se nota que buceas desde hace mucho tiempo —le dijo su pareja de buceo con un suave acento de Georgia cuando regresaron al catamarán.

—En realidad no —contestó Shannon mientras se quitaba el equipo—, es la segunda vez que lo hago.

—Pero, pues eso no debería sorprenderte, Shannon, siempre fuiste extremadamente buena en todas las actividades que probaste.

Shannon miró estupefacta a su compañera. Era la misma mujer que había visto en la isla, pero, ¿cómo sabía su nombre?

—¡Señorita Clark! —gritó Iris.

—¿Señorita Clark? —repitió Shannon.

—Por favor, chicas, llámenme Amelia, ya todas somos adultas —dijo Amelia con su dulce acento cantadito.

A Shannon le costó trabajo reconocerla. Sus delgados músculos ahora estaban cubiertos por una acolchonada capa que le brindaba redondez a sus rasgos y los hacía casi bellos. Su cabello ya no era corto, ahora tenía rizos y trenzas flojas, y su antiguo garbo cuasimilitar, se había derretido para dar paso a un desenfado bastante cálido. Todo en la señorita Clark se había suavizado: su rostro, sus movimientos, la forma en que miraba a la gente, ¡y esos ojos! ¿Cómo era posible que Shannon no hubiera notado esos ojos verdes antes?

—¿Y a qué te dedicas ahora, Amelia? —preguntó Iris cuando iniciaron el viaje de vuelta.

—Soy consejera espiritual.

Shannon e Iris se miraron entre sí.

—Ja, sí, la gente suele sorprenderse —dijo Amelia con una sonrisa—. ¿Sabes, Shannon? Estoy organizando un curso que impartiré en Melbourne en algunas semanas. ¿Por qué no vas a echar un vistazo, a ver si te gusta?

Shannon hizo un gesto de disgusto. Era lo único que le faltaba: que la obligaran a ir a un cursito de magia. Si se lo hubiera sugerido cualquier otra persona, se habría negado, pero ésta era la señorita Clark, era Amelia, la mujer que la había ayudado en el pasado, y quien ahora, a pesar del cinismo que Shannon había mostrado, hacía que su alma se moviera de una forma incomprensible. Era como si su nivel de conciencia se hubiera elevado de una manera natural. Comenzó a sentir un espacio distinto, una presencia más sólida dentro de sí misma.

—Claro, Amelia. Sólo llámame para organizar mi agenda. Además, nuestro viaje ya casi llega a su fin. La señorita Iris, se va a casar con un inglés… ¡de entre todos los que pudo escoger!

Las mujeres rieron y la conversación dio un giro, se concentraron en los grandes planes que Iris tenía para su boda. Entre ellos se incluían una ceremonia a la luz de las velas en las ruinas de una capilla, y un par de palomas que serían liberadas al final del evento.

Una semana después de la visita con Amelia, Shannon llevó a Iris al aeropuerto.

—Muy bien, hagamos esto dulce y corto —dijo Iris antes de checar su equipaje, y luego le entregó una tarjeta a Shannon—. Llama a esta mujer, es una maravillosa maestra de canto. No cobra barato, pero nada que valga la pena puede ser barato. Dale un buen uso a ese dinero que ganaste en Ciudad Gótica.

—¿Una maestra de canto?

—Shannon Elizabeth O'Leary, tú naciste para cantar, así que ¡hazlo!

Shannon sonrió.

—¡Entendido, señor!

Iris la abrazó con fuerza.

—Y recuerda, Shannon: tú eres mucho más de lo que eres ahora.

—¿Shakespeare?

—El rey león.

Y con eso, Iris sonrió y se fue.

VEINTE

Me puse en contacto con Amelia en cuanto regresé a Melbourne. Con su ayuda comencé a explorar terapias alternativas y a investigar los chakras, la meditación oriental y la reencarnación. Cuando terminé los talleres de reencarnación decidí buscar a mi madre biológica; no fue nada difícil encontrarla a pesar de que mi nacimiento siempre estuvo rodeado de un halo de misterio.

Después de pasar dos horas conversando con Colleen, mi madre biológica, me quedé sintiendo que el misterio no se había disipado del todo. Colleen era una acérrima católica irlandesa; fue la mayor de trece hijos y escapó de casa a los diecisiete años. Más adelante conoció a mi padre, un músico guapo, alto y moreno, con un fuerte acento, quien despertó la pasión y el romance en ella. Colleen sucumbió ante el exótico carisma del músico y, debido a su ingenuidad, en poco tiempo estuvo en esa situación tan típica entre los jóvenes.

Christian-Paul le exigió a Colleen que abortara, pero la chica era sumamente religiosa y desechó la opción de inmediato. Además, sus temores se acrecentaron gracias al recuerdo de cómo había muerto su tía Mary en un quirófano, mientras le practicaban un aborto, a la "perdida" de la familia.

Afortunadamente para mí, el temor que Collen le tenía a Dios y a la muerte era mucho mayor que su miedo a perder a Christian Paul. En cuanto pudo se escondió para tenerme. Registró mi nacimiento en Melbourne, cuando las hojas llenas de rocío, las hojas color anaranjado y marrón de los árboles de arce comenzaban a caer; cuando la esencia del eucalipto perfumaba el vigoroso aire matinal mientras las aves se preparaban para su larga migración al norte.

Unos días después de mi nacimiento, me dejó en las instalaciones del Ejército de Salvación con la esperanza de que en poco tiempo me recogieran unos padres amorosos.

—Esos iris negros que tienes te hacen muy parecida a él.

—Bien, pues eso es bueno, ¿no? Es decir, mencionaste que era un hombre atractivo.

La mujer pelirroja se rió.

—¡Oh sí! Claro que era un demonio muy atractivo.

Colleen se acercó a la mesita ratonera y de ella tomó una fotografía que me mostró.

—¿Lo ves? Eres igualita a tu padre.

La miré y me sorprendí al ver, por primera vez en la vida, a alguien que se parecía a mí. Sonreí por cortesía.

—En nuestra familia no hay enfermedades mentales, ¿sabes? —dijo Colleen con mucha seriedad.

—Lo sé, ya lo habías mencionado.

Tres veces, para ser precisas, pensé. Mi mente se llenó de imágenes de los incontables tías y tíos con enfermedades mentales que Collen estaría ocultando. Su insistencia en el tema hizo que la poca confianza que por un momento había surgido en mi corazón cuando la conocí, comenzara a marchitarse.

—Somos gente normal, oh sí, todos mis parientes lo son. Lo más cuerdos que se puede estar —dijo Colleen y luego hundió los ojos en las profundidades de la taza de té que tenía frente a ella.

—¿Y qué me cuentas de tus padres, Shannon?

—Oh, fueron grandiosos —contesté—. Siempre dijeron que yo fui un bebé feliz y sonriente; que lo único que hacía era comer y dormir.

—Qué bien.

—Sí, así es —susurré.

De repente sentí deseos de irme. Una sensación de desesperanza se me clavó en las costillas. A pesar de todas las garantías que me había dado Colleen de mi constitución genética, y a pesar de la relativamente romántica historia con la que se llenaban las lagunas de mi pasado, en realidad casi no me había revelado nada. Supe que lo que necesitaba saber para sentirme completa, no me lo podría brindar la mujer que tenía frente a mí.

Después de mi conversación con Colleen comprendí que indagar en mi pasado genético no tendría relevancia alguna para mi presente, por lo que decidí continuar mi viaje espiritual. Terminé un curso que se llamaba "Para cortar los lazos que nos atan". También investigué un poco sobre la curación reiki y sobre la meditación trascendental. Ya estaba abierta a prácticamente todo lo que se me ponía enfrente. Incluso llegué a explorar el potencial de los cristales. Durante esa experiencia tuve vívidas visiones, imágenes de inmensas olas que rompían en la fulgurante ciudad que con tanta frecuencia había visto en mi mente. Los recuerdos me trajeron gran alegría, lo cual parecía una contradicción si pensaba en el caos que aparecía en mis visiones. Una vez más volví a ver al joven de cabello negro que parecía una versión masculina de mí. El aroma del océano se filtraba por mi piel, y de pronto, apareció ante mí una chica de cabello color miel y ojos color turquesa. Su presencia me conmovió de inmediato. Luego la visión se desvaneció y la volví a perder de vista. Las imágenes que aparecían en aquellos sueños eran bastante borrosas y estaban distorsionadas hasta cierto punto. Sin embargo, las sensaciones eran tan intensas que me costaba trabajo creer que no fueran reales. Cada vez que tenía las visiones, mi segundo corazón se agitaba y palpitaba con gran fuerza, con gran vitalidad.

Diseñé un nuevo plan para mi vida en el plano físico. Seguí el consejo que me había dado Iris: regresé a Ciudad Gótica para cubrir mis gastos con las ganancias, pagar por algo que en verdad me encantaba y para tratar de reconstruir mi vida.

Empecé a tomar cinco clases de canto a la semana con la maestra que me había recomendado Iris. Marie Le Blanc era francesa, y tal como me había advertido mi prima, cobraba bastante. De hecho, llegué a molestar a mademoiselle Le Blanc varias veces diciéndole que las complicadas extensiones y remodelaciones que le hacía a su casa, aumentaban a la par que lo hacía mi habilidad como cantante. Marie había estado casada con un exitoso cantante de ópera en París, de quien se separó a los cincuenta y cuatro años para mudarse a Australia con su diseñador japonés de jardines.

Gracias a Marie descubrí que yo tenía un rango de voz muy amplio, pero necesitaba aprender a controlarlo. Marie y yo trabajamos con muchísimo ahínco para que yo pudiera alcanzar un nivel profesional. A ella le encantaba escuchar mis historias sobre la casa de apuestas; en poco tiempo nos convertimos en amigas íntimas. Yo ya no le ocultaba nada. Le conté todo sobre Monsieur, y cuando ya faltaba poco tiempo para la carrera MacKinnon Stakes, ella me ayudó a planear la reunión que había acordado con él de forma tan anticipada.

También me fijé otra meta: sólo trabajaría en Ciudad Gótica el tiempo necesario para reunir el dinero que me hacía falta para comprar una propiedad rural. Mi disputa con Katrina y mi madre, me impidió volver a visitar el refugio de mis padres. Yo siempre sentí mucho apego por aquel lugar, siempre lo consideré mi hogar, pero conforme pasó el tiempo y el resentimiento creció, la casa y los recuerdos comenzaron a desvanecerse: la casa que mi padre William había construido con tanto amor, el tiempo que pasé con los caballos, las veces que reí con Nana y con mi madre saboreando la única temporada de tregua que tuve con Katrina… todo eso había quedado en el pasado.

Viajé con Amelia al sur de Gipsland, un lugar que siempre me había fascinado porque tenía exuberantes colinas y vastas playas. Como estaba obsesionada con encontrar un lugar con una vista perfecta al océano, Amelia y yo vimos unas treinta propiedades. Sin embargo, a pesar de que visitamos, desde extensos sitios en la cima de alguna colina, hasta pequeñas cabañitas, yo no podía dejar de sentir el temor de que nunca encontraría lo que estaba buscando. Estábamos a mitad del invierno y Amelia tenía gripe. Yo la había estado arrastrando por todos lados preguntándole "¿Te gusta ésta? ¿No te recuerda a Escocia? ¿Te gusta aquélla? ¿No te hace pensar en Inglaterra? ¿Y qué te parece ésta? ¡Me hace sentir como si estuviéramos en Italia!"

El hecho de que jamás había visitado aquellos lugares, no parecía limitar mi imaginación en lo absoluto.

—Mujer —dijo Amelia por fin, con los dientes castañeteándole—, cuando me preguntes sobre Georgia, te contestaré, pero mientras no lo hagas, no esperes algo más que un "ajá" y un "sí, Shannon" de mi parte.

—Vamos, Amelia, vemos una más y nos vamos.

—Sólo una más, Shannon, en serio.

El lote de diez hectáreas era inigualable, estaba en un lugar privilegiado de la península de Cabo Liptrap y tenía una espectacular vista panorámica del océano. El denso bosque de eucaliptos terminaba en donde comenzaban las ondulantes curvas de sus verdes colinas. La tierra del frente de la propiedad se extendía hasta el mar, y su belleza virgen natural servía como el escenario perfecto para el retumbar de las olas. No se veía otra casa en kilómetros, y la playa al frente era privada por completo porque no tenía accesos laterales. Era una propiedad inmaculada, uno de los lugares más hermosos que había visto en mi vida. Por si fuera poco, al otro lado de la bahía Waratah, se podía ver, con una claridad deslumbrante, el promontorio Wilsons.

Decidí que aquél sería mi nuevo hogar. Era tres veces más costoso de lo que había pensado comprar, pero cuando caminé por el litoral comenzó a latir mi segundo corazón. Los vientos azotaron el denso bosque y un águila voló por lo alto chillando a todo volumen. De pronto, una manada de por lo menos doscientos delfines se acercó a la playa emitiendo un agudo sonido. Yo casi podía ver la radiante luz blanca que se movía en el interior de mi pecho, que fluía con más poder del que jamás había sentido desde mi niñez. Ya no me quedaba duda alguna: éste se convertiría en mi nuevo santuario.

Todo en Cabo Liptrap tenía un aire mágico. Shannon sabía que no podría vivir ahí de forma permanente porque tenía que volver a Melbourne a trabajar y a estudiar canto. ¡Pero el sitio sería un maravilloso retiro para los fines de semana! Era imposible pedir un lugar más inspirador. Shannon compró el terreno y comenzó a construir una casa. Tenía una sencilla estructura de madera, y aunque era más bien pequeña, poseía un aire pintoresco y acogedor. La chimenea abierta y el romántico paisaje la hacían la cabaña perfecta para un artista. La antigua tina tenía vista al bosque, y desde ahí, se podía ver cómo se asomaban los canguros por la ventana del baño. Shannon se rió cuando Amelia protestó por eso.

—No puedes poner la tina junto a la ventana: ¡todo mundo te va a ver!

—Pero Amelia, si no hay nadie en kilómetros. ¿Quién me va a ver? ¿Las hadas?

—No te rías, mujer, las energías de la vida pueden adoptar muchas formas.

—Bien, pues esperemos que tus duendecitos no sean mirones porque no pienso cambiar la tina de lugar.

Cuando la banda de músicos llegaba los fines de semana para practicar, la casa generaba un eco como el que se produciría en un alargado tren de madera. Era como tocar dentro de una guitarra gigante. El grupo de gente pasaba tanto tiempo ahí, que Shannon decidió construir un segundo piso. Pintó todo de blanco y colocó su cama al centro, frente a una luz circular que parecía un enorme portal. Tenía un vitral de colores que representaba los siete chakras, y cuando le llegaba la luz del sol, los colores del arcoiris se reflejaban en las paredes.

Shannon había logrado formar un grupo con músicos excelentes. Ellos, por su parte, tenían mucha fe en la habilidad de ella para contar historias y para cautivar la atención del público. El estilo único de Shannon mezclaba el *soft-rock* con un sutil aire de música *country*. Su intensa y conmovedora forma de cantar, era un reflejo perfecto del estado anímico que tenía en ese momento. Asimismo, Shannon catalizaba su angustia, su descorazonamiento, abandono, pérdida y desilusión a través de la música; tenía la habilidad de seguir a la voz de su alma, de permitir que su segundo corazón le dictara algunas de las letras para sus canciones. Dichas canciones hablaban del amor que está más allá de la realidad, de un amor que es generoso y dura para siempre, un amor que no es conferido por otra persona, sino por el espíritu de uno mismo. Y mientras más cantaba Shannon, más curaba su alma, aunque, en ese momento, no se daba cuenta de ello.

A pesar de todo, Shannon mantuvo su distancia de todos los que la rodeaban y se negó a involucrarse emocionalmente con alguien. ¿Cómo podría amar a alguien más si no había aprendido a amarse a sí misma por completo? Había días en que sentía que su actitud positiva sólo era una fachada que apenas alcanzaba a ocultar una frágil estructura que carecía de fundamentos.

"Shannon, debes confiar, debes renunciar a esa adicción al sufrimiento y atreverte a vivir de verdad."

—Bueno, eso resulta fácil para una voz imaginaria —se decía Shannon en los días lúgubres—. La confianza, el amor y la libertad no son más que palabras sin sentido.

Sin embargo, los días que lograba permanecer inmóvil dentro de sí misma y cerrar los oídos a todas sus dudas y sarcasmo, lograba creer, incluso entender. Podía ver que en su vida había acuerdos, pactos, y que podía caminar en paz... no obstante, esa determinación sólo duraba hasta que el escepticismo la invadía de nuevo.

Shannon todavía recibía las llamadas de Monsieur cuando trabajaba en Ciudad Gótica. Las llamadas se habían tornado más y más íntimas; ya no sólo compartían anécdotas divertidas y consejos sobre carreras de caballos, ahora compartían sus desilusiones y anhelos más profundos. Al parecer, Monsieur acababa de terminar otro matrimonio fallido más, y ahora estaba concentrando todo su afecto en la hija de treinta y cinco años que tuvo en su primer matrimonio, a quien estaba entrenando para que se hiciera cargo del negocio más adelante. También le había hecho saber a Shannon que estaba interesado en que ella se hiciera cargo de uno de sus negocios. Shannon se enteró, no sin gran asombro, que las casas de apuestas eran parte de una cadena internacional multibillonaria, y que Monsieur había logrado eludir la ley gracias a una cortina de negocios legítimos a través de los cuales, incluso pagaba impuestos. Era un hombre que se sentía como un rebelde luchando contra las manipulaciones y las ataduras de la sociedad tradicional. Todo el respeto que alguna vez tuvo por los gobiernos y sus leyes, murió con la revolución que lo hizo escapar de su tierra natal.

—¿Por qué es incorrecto que la gente use su dinero como mejor le parezca? —le preguntaba a Shannon—. Si regalo mi dinero a obras de caridad, soy un santo; si lo gasto en mí mismo, soy un tipo excéntrico. Si decido apostarlo sin pagarle primero al recaudador, soy un criminal. Verás, tal como lo demuestra la existencia de Las Vegas, las apuestas no son lo que le disgusta al gobierno. Lo que le disgusta es que no le entregues una parte de las ganancias; como si no nos despojaran ya de una parte enorme. ¿Qué derecho tiene el gobierno de decirme qué hacer con lo que gané o heredé?

La gente rica no les debe nada a los presidentes y ministros porque no estudia en sus preparatorias comunitarias ni duerme en sus refugios para indigentes. Al contrario, querida, ellos nos deben a nosotros sus carreteras y edificios públicos, los centros recreativos de los que están tan orgullosos y los salarios con los que pagan sus casas. Así que, ¿a ellos qué les importa lo que hagamos con nuestro dinero? Si perdemos o ganamos, ¿acaso no es nuestro dinero después de todo? Entonces, que nos dejen cometer errores, aprender de ellos y crecer. ¿Qué no es eso de lo que se trata la vida?

Las palabras de Monsieur resonaron en Shannon y exaltaron su propia naturaleza rebelde. En ellas había algo profundo. A veces se quedaba despierta toda la noche fantaseando con él. Su sofisticado mundo estaba tan alejado de la realidad de ella, que resultaba muy propicio para tener millones de fantasías y darle rienda suelta a su creatividad. Shannon comenzó a escribir canciones sobre el intangible "romance" que tenía en la mente.

—Shannon, ya lo estás haciendo otra vez —dijo Amelia mientras barajaba las cartas.

—¿Haciendo qué?

—Te estás haciendo adicta a una persona, a Monsieur.

—¿Eso lo leíste en las cartas?

—No, lo leí en ti, y tienes que dejar de hacerlo, mujer. Esta obsesión que tienes de siempre buscar a alguien más para estar completa, sólo te conduce al dolor y la humillación.

Tal vez Amelia tenía razón, pero Shannon todavía no estaba lista para renunciar a sus fantasías.

—Tal vez si me hubieras seducido en la escuela, nada de esto estaría sucediendo.

Amelia se rió.

—No creas que no me sentí tentada a hacerlo. Si hubieras tenido tres años más… ¿quién sabe? Al menos no estarías fantaseando con voces telefónicas incorpóreas.

—Amelia: sólo lee las cartas.

Con su alargada mano, Amelia colocó tres cartas sobre el mantel color púrpura. Luego tocó el espacio que había entre sus cejas y estudió las imágenes con mucho cuidado.

—¿Qué dicen?

—Bueno, aquí tenemos la torre, y eso por lo general no es bueno porque significa destrucción, significa separarse del mundo que conocemos. Es como si el suelo se despegara de nuestros pies.

—Sí, conozco muy bien esa sensación.

—Luego tenemos a la sacerdotisa. Eso significa sabiduría interior, conocimiento que fluye con lentitud pero que, al final, llega a su destino. Es un maestro secreto.

Shannon se estremeció un poco.

—Y aquí está el juicio: es el karma, aquello que te has ganado; el destino cumpliéndose.

—¿Y qué significa todo eso?

—Estás a punto de tener un rudo despertar, muchacha; tu alma va a abrir los ojos y a seguir al maestro en ti. Las cartas dicen que ya sabes de lo que estoy hablando porque ya escuchaste el llamado alguna vez. Deja de luchar contra él, y mejor, admítelo.

"¡Acepta el mundo como es, Shannon!"

Shannon saltó de la silla cuando escuchó que la voz en su interior literalmente le gritaba esta frase en los oídos.

"Deja de depender de otras personas para ser feliz. Todo este sufrimiento, todo este miedo, no existe. La tragedia sólo es una ilusión."

Amelia le brindó una sonrisa enigmática.

"Ya sabes, cuando gritas con suficiente fuerza, durante mucho tiempo, el universo casi siempre te responde."

Cuando estas palabras surgieron en el fondo de la mente de Shannon, ella cayó en una dimensión desconocida. Podía ver a una joven mujer de una belleza extraordinaria que corría junto a ella sobre la superficie del océano riendo llena de gozo mientras Pushan, la orca, surgía de las profundidades y saltaba sobre ellas delineando un elegante arco. De pronto Shannon se dio cuenta de que ella misma era el joven a quien había visto tantas veces antes. Para los demás, Shannon habría parecido de treinta años, pero su memoria podía extenderse hasta cinco mil años atrás. Vio la ciudad cristalina a lo lejos y, al fin, se dio cuenta de lo que pasaba. La guía que surgía de su segundo corazón confirmó sus sospechas:

—Tú eres Iko —le dijo la voz—, y ésta es Atlantis, la ciudad perdida. Despierta, Shannon, despierta del sueño de este mundo y acepta tu grandeza.

La visión fue tan real que incluso después de que se desvaneció y Shannon volvió al presente, su conciencia continuó expandiéndose y su segundo corazón se activó por completo cuando ella se reconectó con la verdad, y por un instante, por un momento que recordaría el resto de su vida, lo supo: lo único real era el amor.

El silencio fue abrumador. Shannon pensó que casi podía escuchar cómo se reflejaba la luz del sol en el pavimento. El anaranjado cono de viento que se cernía sobre el puente Westgate, colgaba como bandera sin nación. Shannon salió de su carro en el puente; no le pareció extraño que no hubiera más autos porque eran las seis de la mañana de un domingo. Sintió como si alguien hubiera oprimido el botón de pausa de la creación. El hotel Rialto brillaba en toda su gloria. Melbourne colgaba precariamente sobre la bahía Port Phillip. Parecía como si pudiera disolver el océano en cualquier momento. "Creo que el mundo está a punto de acabarse", se dijo Shannon a sí misma en un tono bastante casual, un tono despojado del pánico que hacía eco en sus pensamientos.

La calma y la paz interiores que inundaban su corazón en ese momento, parecían incomprensibles. ¿Cómo era posible que una idea tan devastadora pudiera inspirar una sensación de paz y alegría? Los recuerdos de Atlantis habían disminuido desde su niñez, pero ahora eran mucho más fuertes. Volvieron a su conciencia en cuanto ésta la invadió. Shannon podía recordar cómo habían unificado sus mentes, cómo se enfocaron en el amor incondicional cuando la ilusión de la ciudad comenzó a desaparecer. No sabía con claridad lo que estaba haciendo, pero sabía que era una ocasión maravillosa. Los chillidos de los delfines alcanzaron su frecuencia más alta y el olor del océano se quedó impregnado en cada uno de los poros de su ser.

Shannon saltó de nuevo al auto y se dirigió a Cabo Liptrap. La música surgía de ella con la misma naturalidad que el aire fluía en sus pulmones. Podía visualizar los instrumentos y la forma en que la banda interpretaría la música. Su maestro de guitarra se quedaba estupefacto cuando Shannon asistía a la clase y tocaba canción tras canción para que él las transcribiera, y así, la banda pudiera interpretarlas. Cuando se conectó con su segundo corazón, la pasión que Monsieur le inspiraba, mutaba para convertirse en inmaculada belleza musical. Amor, romance, recuerdos, ángeles, delfines, angustia y deleite; todos estos temas se tejían y creaban el sello distintivo de Shannon: una oración en alabanza a la vida que la hacía sentir completa.

VEINTIUNO

El día de la Mackinnon Stakes, Shannon se vistió con mucha emoción. El evento que abría el carnaval de primavera era el más importante de Australia, el único capaz de inmovilizar a todo el país. De hecho, la Copa Melbourne era considerada el espectáculo de carreras más importante del mundo. Ahí la moda llegaba a su apogeo porque los miembros del *jet set* y las celebridades venían preparados para lucir su sofisticación en cada paso que daban. Monsieur le había enviado a Shannon un pase VIP para que pudiera entrar al área de socios en Flemington. El día de la carrera ella se despertó llena de ansiedad y se aseguró, una vez más, de que todo estuviera listo y perfecto. Toda la emoción que sentía era como el creciente clímax de un prolongado preludio amoroso que, después de estarse construyendo durante diez meses, por fin culminaría en el encuentro que tendría con su príncipe. Shannon estaba un poco confundida porque Monsieur había decidido llevar a su hija, pero él había insistido en que era importante que ambas se conocieran y que, después de que comenzara la carrera, su hija se iría para cumplir con todos los compromisos que tenía.

La limusina de Monsieur apareció a la puerta de Shannon y la condujo con rapidez al estacionamiento para socios de Flemington. Shannon entró al área de socios y a lo lejos vio a un caballero canoso pasmosamente atractivo. La limusina la condujo hasta donde él se encontraba. Luego Shannon vio a la mujer que estaba junto a su jefe. El corazón y el cuerpo se le paralizaron en cuanto se dio cuenta de que era idéntica a ella: el cabello, los rasgos, el tono de piel, la forma en que se paraba, la forma en que miraba a Shannon estupefacta, la boca abierta, el asombro que la amplia pamela que acompañaba su atuendo blanco y negro alcanzaba a medio ocultar.

—Monsieur Dupree —dijo el camarero—, sígame por favor, su mesa está lista.

¿Dupree? La cabeza de Shannon comenzó a dar vueltas cuando recordó su acta de nacimiento. El apellido de su padre biológico era Dupree. También se acordó de la fotografía que le había enseñado Colleen y, entonces, la voz de su madre biológica resonó en sus oídos.

—¿Lo ves? Eres igualita a él —le había dicho Colleen—. Tienes los mismos intensos ojos oscuros y sus rasgos mediterráneos.

Monsieur miró a las dos mujeres y comenzó a pensar en la única explicación que justificaba el parecido. Esto era muchísimo más que una coincidencia. Shannon era idéntica a su hija: la gemela perdida que por siempre ha formado parte de tantos mitos y telenovelas.

—Shannon… no sé… no sé qué decir —tartamudeó el hombre.

Shannon se dio la vuelta para comenzar a correr. Se sentía incapaz de digerir la dolorosa verdad que gritaba en su alma, en su pobre y maltrecha alma que tantas veces había sido vapuleada. Shannon Elizabeth O'Leary se había enamorado de su propio padre. La voz de Amelia se escuchaba como un susurro en su cabeza que no dejaba de dar vueltas.

—*No puedes continuar buscando tu felicidad en otras personas. No puedes seguir dependiendo de lo exterior; tienes que encontrar ese amor dentro de ti misma.*

La sala para socios comenzó a girar. La ciudad cristalina reapareció en un destello que iba y venía en la visión de Shannon. Cuando dio la vuelta para bajar las escaleras y regresar al estacionamiento, sintió que se desmayaría. Pero cuando llegó ahí, llamó con ansiedad un taxi.

Dentro de él continuaron los destellos. Shannon estaba tan abrumada que ni siquiera podía llorar, de hecho, no podía ni respirar. Las visiones se hicieron más claras. Sintió que se ahogaba en una interminable sustancia azul y, justamente cuando pensó que ya no podría soportar más las imágenes, recobró la conciencia y volvió al asiento trasero de piel del taxi. Shannon miró el espejo retrovisor y notó la cara de preocupación del conductor, entonces, trató de controlar sus reacciones. En su mente trataba de encontrar alguna solución, pero lo único que quería hacer su corazón era correr lo más lejos y rápido que fuera posible. Necesitaba escapar, necesitaba encontrar soledad. Toda la tragedia que había sufrido desde la muerte de Cresta Run, ahora le pasaba la factura. Muertes, pérdidas financieras, el empleo ilegal. Su desilusión había llegado al límite; ya no habría Monsieur, ya no habría Ciudad Gótica… era el momento de hacer un cambio dramático.

Cuando regresó a casa desde Flemington, le indicó a Bear que subiera al auto, y con la perrita manejó a toda velocidad hasta Cabo Liptrap. Se detuvo en una licorería y compró dos botellas de Jack Daniel's. Ni siquiera se tomó la molestia de mezclarlo con *diet coke* como siempre lo hacía; sólo bebió directamente de la botella. ¿Cómo podía estar pasando todo eso?, se preguntó. ¿Acaso Dios —asumiendo que existía— estaba furioso con ella? Shannon sintió que era una especie de marioneta y que algún marionetista desconocido se estaba burlando de ella. Sus movimientos estaban totalmente fuera de control.

A la mañana siguiente, cuando despertó en el sofá chesterfield en Cabo Liptrap, las cosas no se habían aclarado en lo absoluto. Bear le lamía la mano con cariño. Durante catorce años, la perrita había sido testigo de los dramas de Shannon, y ella todavía encontraba ese cálido apoyo de siempre, en el amor que su mascota le brindaba.

—¿Qué haría sin ti, Bear? —susurró Shannon.

Bear se quedó viendo a Shannon con una mirada acongojada, como si estuviera tratando con desesperación de resolver todos los problemas de su dueña.

Pero Shannon ya había tenido suficiente. Perdió a su familia adoptiva sólo para descubrir que los miembros de su familia biológica ¡eran una bola de desquiciados! Una madre con tendencias a la inestabilidad mental y un padre con una mente criminal. Ahora que el hechizo se había roto, lo podía ver como realmente era: un hombre que se engañaba a sí mismo, que justificaba sus actos ilegales con discursos sobre la liberación del mundo, un hombre que se comportaba como si fuera el salvador de las clases pudientes. Shannon especuló que Monsieur Dupree se daba tanta importancia, que sus hijas ni siquiera llegaban a parecerse a sus varias madres, ¡sino que eran copias inmaculadas de él! Hombres, mujeres, familia… Ya, ya, pensó Shannon. Lo había intentado todo sin resultados. La única solución que le quedaba era la soledad, la naturaleza y los animales. Tal vez ahí radicaba la respuesta.

VEINTIDÓS

Shannon cambió su carro nuevo por una Harley Davidson Road King, y se embarcó sola en un viaje por Australia. Decidió que iría a Wilpena Pound porque acababa de terminar la temporada de lluvias y en muy poco tiempo las flores desérticas estarían en plena floración. Shannon recordaba las palabras de Nana:

—¿Lo ves, Shannon? Hasta los terrenos más desolados siempre florecerán y revivirán cuando terminen las lluvias. ¡Y mira esos colores! Son como una cálida cobija de brillantes tonos que protegen a la resquebrajada tierra mientras rejuvenece.

Shannon llevaba varios días recorriendo carreteras vacías en las que sólo se detectaba el movimiento de trailers que entregaban sus cargas en los cruces interestatales. La tierra era árida y rara vez se veían algunos emús, ovejas y ganado. Las parvadas de cacatúas blancas y de pecho rosado, abandonaban sus ramas cada vez que escuchaban el rugido de la Harley. Las serpientes se calentaban la panza en el caliente betún del asfalto. Por las tardes Shannon manejaba con más calma: a esa hora salían los canguros a comer. A ellos les parecía que no había necesidad de respetar a la motocicleta, y si Shannon no estaba alerta, de pronto descubría que alguno de ellos había saltado hasta llegar justo frente a ella. En las noches se detenía en bares rurales y los hombres se la quedaban mirando cuando se bajaba de su enorme Harley. Shannon los veía con desdén para evitar que se acercaran a conversar, y de inmediato se disponía a beber y beber hasta olvidar.

—¿Quieres otro trago, cariño? —le preguntó el cantinero del hotel Arkaroola.

—Escucha, Tom, tú sólo pásame la botella para ahorrarte un poco de tiempo —le contestó Shannon.

—Una pregunta, amor —dijo Tom—, ¿crees que vas a poder manejar tu motocicletita mañana que amanezcas con una espantosa resaca?

Shannon se rió. ¡Jamás había manejado la "motocicletita" sin una resaca encima!

—Estaré bien, Tom, pero gracias por preguntar.

Arkaroola era el típico hotel de un pueblo minero en medio de una zona despoblada del desierto en donde sólo se pueden encontrar granjas ovejeras: en el lugar había una sola cantina y como cien borrachos. El color de la tierra era rojo, los "cangus" eran rojos, y las ovejas… también. En verdad éste era el lugar en donde se acababa el mundo. El único ruido que se escuchaba era el zumbido de las moscas que merodeaban a Cliffy, el viejo ebrio que permanecía en la terraza medio inconsciente y murmurando para sí mismo mientras bebía de una botella de vino barato envuelta en una bolsa de papel estraza.

Sobre el techo de lámina se escuchó una sola gota de lluvia seguida por el estruendo de un rayo. Cuando el agua continuó cayendo, la tierra roja comenzó a salpicar como gotas de pintura fresca. En poco tiempo la lluvia se hizo tan intensa que sonaba como si un tren estuviera pasando por encima del local. ¡Genial!, pensó Shannon con cinismo, mañana los ríos estarán crecidos. A la mañana siguiente, cuando la motocicleta rugió, el sol estaba en lo alto y el aire se había renovado. A Shannon le fascinaba el aroma a hierba fresca y la esencia concentrada del eucalipto. Tal vez Nana tenía razón, incluso el terreno más desolado podía florecer y recuperarse.

Shannon apenas había avanzado unos doscientos kilómetros cuando reinició la lluvia en densas capas. El siguiente hotel quedaba a varias horas de distancia y la tormenta era tan fuerte que casi no podía ver. Se detuvo y lo único que distinguió fue a un pastor a su izquierda. El hombre se cubría con un viejo sombrero Akubra y una gabardina *driza bone*, y estaba en medio de unas mil ovejas mojadas. "Qué empleo", pensó Shannon y luego contuvo el aliento. El pastor montaba una Bulldog Kaneer. Se trataba de una casi legendaria silla para montar de treinta años de antigüedad que, posiblemente, ¡había sido fabricada por el mismísimo Syd Hill! Shannon saltó de la motocicleta y corrió como loca bajo la lluvia abriéndose camino entre las ovejas como lo había hecho Moisés en el Mar Rojo.

—¡Disculpe, quisiera comprarle su silla para montar! Por favor, dígame cuánto quiere por ella.

—¿Cuánto quiero por esta cosa vieja llena de agua? —murmuró el pastor y levantó la cabeza.

Shannon se quedó estupefacta: "el pastor" era "ella". Era una mujer con algo de sangre aborigen, a juzgar por su enorme sonrisa y ancha nariz. El agua se derramó como una cascada del sombrero y cubrió su rostro, pero Shannon alcanzó a ver un suave destello en su mirada, los caireles grises que adornaban sus sienes y las sutiles arrugas que marcaban su piel. Debió haber sido muy hermosa cuando era joven, pensó Shannon sin siquiera recordar que estaba en medio de la nada, rodeada por ovejas, cubierta por la lluvia y con el casco todavía puesto.

—¿Cómo te llamas, muchachita? —le preguntó la mujer.

Shannon se quitó el casco y se presentó.

—Verá —dijo Shannon con gran ansiedad—, yo me dedico a amansar caballos purasangre, y esa silla que usted tiene podría significar la diferencia entre caerme y permanecer montada cuando son demasiado rudos: es un asunto de vida o muerte para mí.

La mujer se rió.

—¿Siempre eres así de dramática, jovencita?

Shannon se sonrojó.

—Muy bien, muchacha, pues si quieres la silla tendrás que regresar por el camino hasta llegar al hotel Arkaroola porque, si tú crees que voy a montar a la vieja Rosy doscientos kilómetros bajo la tormenta y sin silla, ¡entonces estás más loca de lo que pareces!

—¡Pero acabo de dejar ese horrible hotel! —protestó Shannon—. ¿Cuánto tiempo le va a tomar a usted llegar hasta allá?

—Pues bien, muchachita, eso va a depender aquí de Rosy... pero no creo que sean más de cuatro días.

—¿Cuatro días? ¿Cuatro días? —gritó Shannon sin creerlo.

—No va a ser más rápido si lo sigues repitiendo, muchachita —dijo la mujer entre risas—. Además, me da la impresión de que te vendría bien bajar la velocidad y mirar bien alrededor. Tal vez encuentres algo interesante en la vieja cantina.

—¿Algo como qué? —dijo Shannon poniendo cara.

—No puedes huir por siempre, chiquita, algún día tendrás que volver al hogar que mora en ti misma.

La pastora le indicó a Rosy que avanzara.

—¿Cómo se llama usted? —gritó Shannon por encima del balido de las ovejas.

—La gente me llama Charlie —dijo la sonriente mujer, y sus ojos se llenaron con un brillo que le hicieron a Shannon acordarse de Nana.

Cuando Charlie se alejó, el segundo corazón de Shannon comenzó a palpitar. Se sentó en su Harley bajo la lluvia y lloró desde el fondo de su ser. Lloraba por Nana, por su padre, por Maxwell, por ella misma. Si de verdad hubiera creído en Dios, habría llorado hacia el cielo, pero el hecho de que ya no creía en nada la hacía sentirse aún más miserable.

Shannon volvió al hotel Arkaroola con la canción de los Eagles sonando en su cabeza: "Bienvenido al Hotel California, puedes hacer el *check-out* cuando quieras, pero jamás podrás irte..." Shannon también pensaba en Charlie porque quería su silla con desesperación, pero, sobre todo, porque sentía que aquella mujer tenía algo mucho más importante que brindarle. Cuando pensaba en ella, crecía la ansiedad de su segundo corazón... *algún día tendrás que volver al hogar que mora en ti misma*, le había dicho, "¿Qué habría querido decir con eso?", se preguntaba Shannon. Tal vez no debería emborracharse esa noche.

Tom se sorprendió cuando vio a Shannon de vuelta en el hotel.

—¿No pudiste vivir sin nosotros, amor? —preguntó Tom con una sonrisa burlona—. ¿O la lluvia te obligó a regresar?

Shannon sonrió.

—Es que te extrañaba, Tom.

—Seguro que sí. ¿Te sirvo lo mismo, amor?

—No, sólo una Coca, por favor —dijo Shannon.

Si Tom se había sorprendido cuando vio a Shannon volver, esta respuesta lo dejó atónito. A lo largo de su vida había visto pasar muchas almas torturadas, y le pareció que Shannon estaba destinada a seguir ahogando sus penas por un buen rato más.

—¿Cuánto tiempo te vas a quedar, corazón?, ¿sólo por hoy?

—Creo que me quedaré tres noches, Tom. Estoy esperando a alguien, a una pastora llamada Charlie. Me va a vender su silla de montar.

Tom sonrió.

—Bien, pues ahora sí estoy comenzando a entenderte, amor.

—¿La conoces, Tom?

—Sí, amor. La vieja Charlie es una especie de leyenda por estos lares.

—¿Por qué?

—Pues bien, amor, esa es una historia muy larga. Cuando Charlie era joven era igual de salvaje que una serpiente tigre arrinconada. Su padre era el dueño de uno de los criaderos de ovejas más grandes que había por aquí; contaba con unas cien mil hectáreas.

—Se ve que ella es mitad aborigen —dijo Shannon sorprendida de que en aquellos tiempos a los que se refería Tom, un aborigen hubiera podido ser dueño de un criadero tan grande.

—Así es, amor. Su madre era mestiza, pero Rowan Mackenzie estaba loco por ella y no le importó nada, se casó con la mujer aborigen. La madre de Charlie murió cuando ella tenía cuatro años. Al igual que su madre, Charlie también tenía muchas cualidades. Era hábil como un látigo y rápida como un emú. Su padre quería que tuviera todas las oportunidades posibles y por eso, cuando tuvo doce años, la envió a una de esas costosas escuelas privadas de Sydney. Charlie protestó a gritos. Eso fue hace unos cincuenta años. Los tiempos eran distintos, eran difíciles debido a los prejuicios raciales; a pesar de todo su dinero, Charlie jamás tendría oportunidades iguales a las de los otros niños que no eran mestizos. Charlie era inteligente y hermosa, había trabajado como ayudante en el criadero desde que cumplió cuatro años. En realidad no hay nada que la vieja Charlie no sepa acerca de agricultura o ganadería. Bueno, de cualquier forma, estudió medicina. Tuvo mucho éxito y siempre fue la consentida de su padre, pero luego algo sucedió; nadie sabe qué. De repente, a los treinta años ensilló su caballo y se internó en el desierto. Su padre envió grupos de rescate durante cinco años, pero su desaparición terminó destruyéndolo. Murió asumiendo que ella se había perdido. Muchos dicen que estaba embarazada y que el bebé murió cuando ella estaba en las zonas despobladas, otros decían que se había hecho adicta o alcohólica. Nadie sabe bien qué sucedió, pero cuando apareció de nuevo, había cambiado. Si yo fuera un hombre religioso diría que encontró la gracia divina. Ahora, cuando te mira, Charlie transmite tanta calidez que dan ganas de llorar o algo así. Cuando te escucha lo hace como si fueras la única persona del mundo. Yo en realidad no podría asegurar nada, ¿sabes? Pero ahí tienes la historia.

Charlie apareció tres días después montando a la vieja Rosy y jalando a otro caballo. Cuando llegó, puso sobre él la silla que Shannon tanto anhelaba.

—Vamos, muchachita —gritó Charlie—, ven y prueba la silla.

El alazán que traía Charlie miró con nerviosismo a Shannon cuando ésta se acercó a él. Charlie susurró con suavidad en el oído del animal mientras ajustaba los estribos. El caballo se sobresaltó y saltó a un lado.

—¡Es algo aterrador! —dijo Shannon.

Charlie se rió.

—¡Creí que habías dicho que eras amansadora de caballos, muchachita! ¿No tendrás miedo, verdad?

"¿Miedo?, ahorita le voy a dar miedo", pensó Shannon con el temperamento irlandés bastante inflamado. En un instante se impulsó y se sentó bien en la vieja silla. Y luego, se desató el infierno. El potro alazán bajó la cabeza, comenzó a bramar y a sacudirse como caballo de rodeo. Shannon se mantuvo bien sentada hasta que la cincha se rompió y ella salió volando en el aire.

—Supongo que te parece divertido —dijo Shannon gruñendo mientras se sacudía el polvo.

—¡Lo estás haciendo muy bien, muchachita! Te diré algo, si me amansas a este testarudo potro, te doy la silla. Tengo que visitar la cerca para ver cómo están los recién nacidos. Acompáñame; en un par de semanas habremos terminado.

A Shannon no le gustaba no tener "la última palabra", tampoco le gustaba que la reprendieran. Miró a Charlie con una mezcla de enojo y curiosidad, pero había algo en esa extraña mujer que le hacía sentir cariño. Shannon se sobrepuso a su orgullo lastimado, y aceptó, aunque realmente no sabía por qué.

Shannon y Charlie se sentaron en la terraza del hotel Arkaroola. Rosie dormía bajo la sombra de un árbol y el potro alazán resoplaba bajo la suya propia. Todavía seguía algo alterado por su interacción con Shannon.

—¿Qué es lo que ves ahí? —preguntó Charlie de repente.

—No lo sé... ¿lodo rojo?

—Comienza con el cielo —agregó Charlie.

—Nubes. Nubes oscuras que vienen desde el sur.

—Ahora mira alrededor.

—Hormigas. Montones de hormigas que llevan hojas a los cimientos del hotel.

—Ahora mira por allá.

—Ovejas debajo de un árbol. Todas miran al norte y le dan la espalda al árbol.

—¿Qué es lo que ves, Shannon?

El segundo corazón de Shannon se agitó ligeramente como las alas de una mariposa.

—Ya veo... es la sincronía. Todos los animales están conscientes de que va a llover.

—¿Y cómo lo saben? —preguntó Charlie.

—Por instinto.

—No es sólo instinto —dijo Charlie—. Lo saben porque están presentes, porque leen las señales. Los animales ven las señales con claridad, las ven tal como son porque están aquí en este momento. No están en el pasado ni en el futuro; están aquí, ahora.

Shannon sintió que un calor radiante relajaba sus músculos.

—Tú nunca estás presente, Shannon. Vives en tu cabeza, en el pasado, en tu sufrimiento. El único momento en que tu cabeza deja de torturarte es cuando estás ebria.

La suavidad del cuerpo de Shannon desapareció porque de repente se enderezó por completo.

—¿Cómo puedes hablar así de mí, Charlie? ¡No tienes ni idea de quién soy!

—Te conozco porque me veo en ti, Shannon. Quiero que en este viaje me cuentes todo, todo lo que lamenta tu corazón. Cuando expulses a tus demonios, tus ojos se abrirán de nuevo. Pero tienes que empezar brindándome tu confianza.

Shannon suspiró. Había pasado toda la vida alejando al amor y ahora sentía que era demasiado tarde. Sentía que toda la confianza había fenecido en su interior.

—Si quieres un cambio —dijo Charlie—, tendrás que hacer algo radicalmente diferente.

Shannon Elizabeth O'Leary miró a Charlie y estudió cada una de sus arrugas, cada rasgo, cada inflexión en la voz de la mujer que la había hecho esperar cuatro días en aquel hotel infernal para luego montarla en un potro salvaje con una cincha endeble; la mujer que ahora esperaba que Shannon la siguiera al desierto nada más porque sí; que esperaba que la siguiera a pesar de que la única prueba que había presentado de su poder curativo eran sus palabras. Shannon sabía tan poco sobre ella que bien podría ser una asesina serial. Pero, por otra parte, ¿qué tenía que perder? Ya estaba muerta por dentro. Tal vez la muerte real no era mayor problema, después de todo. Tal vez era solamente un largo y eterno descanso sin sueños. Tal vez la muerte significaba alcanzar la paz al fin.

Emprendieron el viaje a la mañana siguiente. Sin embargo, le llevó a Shannon varios días comenzar a contar su historia: los hombres, las pérdidas, su segundo corazón, las visiones de Atlantis, su nana, los sueños rotos, el desencanto y, finalmente, Monsieur. A veces rieron juntas, pero Shannon también lloró cuando llegó a estar en lugares dentro de ella que estaban repletos de dolor. Todo se remitió al primer abandono: a la conmoción de ser adoptada, al dolor y al miedo primigenio que le había producido enterarse. Tal vez no le parecía lógico a Shannon, pero comenzó a mirar en su interior y se dio cuenta de que nunca se había sentido suficientemente buena para nada. Como no se había sentido merecedora de amor, siempre tuvo una larga cadena de amantes que no se comprometían con ella. Continuó saboteándose una y otra vez. En el fondo sentía que había hecho algo muy malo.

Charlie comenzó a enseñarle cómo enfocarse en su segundo corazón, y cómo hacer crecer la paz y la conciencia que éste le brindaba. Le dijo a Shannon que tenía que aprender a valorar la perfección del momento, a agradecer todo lo que tenía en vez de enfocarse en lo que sentía que estaba mal en su vida. Para Shannon fue muy difícil entender esa visión que Charlie tenía de que todo era perfecto. Sin embargo, envuelta por los interminables horizontes y la cambiante y árida majestuosidad del desierto australiano, Shannon pudo comenzar a ver lentamente a través de los ojos de aquella mujer.

—A veces las lluvias no llegan, Shannon, y entonces todo lo débil se muere. Las presas se secan y en las riberas se amontonan los cadáveres. A veces hay inundaciones que hacen puré todo lo que existe y lo van a tirar a los desfiladeros con tal fuerza que la destrucción es absoluta. Los corderitos se pierden, terminan alejados del cuidado de sus madres, y su destino final es alimentar a los dingos en su cubil. Las serpientes se tragan los huevos que encuentran en los nidos de las águilas. Así es la vida, Shannon; va y viene. Lo que importa es la manera en que tú te desenvuelves cuando estás en medio de esa dura realidad. Siempre tienes una opción; debes usar tu segundo corazón para elegir el amor y para encontrar la alegría dentro de la dualidad de la perfección. Para volver a percibir lo que me rodea, tengo que aprender a reconocer la pérdida. Para percibir la luz, tengo que reconocer la oscuridad. Para percibir el amor, tengo que reconocer el miedo… y luego disiparlo hasta que regrese a la ilusión de donde surgió. Enfócate en tu corazón, Shannon. Elige el amor. Cuando las cosas se pongan complicadas y el amor te abandone, enfócate en tu corazón y deja de pensar.

Shannon sonrió. Su segundo corazón había crecido muchísimo y su paz había comenzado a anclarse en ella. Aquella serenidad también estaba teniendo un efecto en el potro alazán. Después de poner a prueba la capacidad de Shannon al máximo, el carácter salvaje del caballo dio paso a un período de calma. Shannon recordó su infancia. Pensó en aquella ocasión en la que estaba sentada en el museo de Melbourne mirando un *phar lap* de peluche, el mejor caballo que jamás pisó suelo australiano. Se acordó de que Nana le había preguntado por qué quería ver a ese caballo todo el tiempo si sólo la hacía llorar. Entonces se dio cuenta de que lloraba porque percibía la grandeza del caballo, el valor y el corazón que habían sostenido el amor de una nación entera a pesar de todo. Nada había podido detener al *phar lap*, y Shannon se dio cuenta de que ella también tenía un corazón así, un corazón dispuesto a enfrentarse a todas las adversidades.

Shannon y Charlie estaban recostadas en sus sacos de acampar mirando al fuego. El cielo nocturno brillaba como si fuera una cueva llena de luciérnagas. Charlie había colocado un brebaje de extraño aroma en una cacerola de metal sobre las brasas. Shannon nunca preguntó qué era lo que estaban comiendo, pero por la mente le pasaron imágenes de larvas de polilla y estofado de walabí, y prefirió no preguntar. Llevaban dos semanas a caballo, revisando a los corderos y a los terneritos recién nacidos. No habían tenido muchos decesos y todo parecía ir bien en el criadero. Las flores salvajes habían comenzado a perder su brillo y era obvio que el duro verano estaba a punto de caer sobre el terreno desértico.

—Creo que no vamos a tener mucho de qué preocuparnos este verano —dijo Charlie—. Las presas están llenas porque la temporada de lluvias fue particularmente generosa este año.

—¿Crees en Dios? —preguntó Shannon de repente.

—De acuerdo con la experiencia que he tenido, no hay nada que no sea Dios, muchachita —le contestó Charlie sin siquiera inmutarse por la inesperada pregunta—. Y lo único que es real es el amor.

—¿Cómo logras entender todas estas cosas, Charlie? ¿Es porque tienes sangre aborigen? ¿Eso te hace ser más espiritual? —preguntó Shannon.

—El cuerpo, la raza, el credo, el color, la religión… todo eso es parte de una ilusión, Shannon. Todos somos lo mismo, somos una mente consciente de amor puro. La separación que percibimos no es real; a veces sólo confundimos nuestro cascarón y pensamos que eso es lo que somos.

—¿Nuestro cascarón?

—Sí, me refiero a la personalidad y las creencias. Nosotros las tomamos de nuestra esencia, por eso es que las defendemos con tanta furia. Sin embargo, son cosas superficiales y frágiles. Es algo completamente distinto al amor. El amor nunca necesita defenderse porque sabe que nadie le puede hacer daño, Shannon, pero hasta que no puedas comprender eso, continuarás siendo una especie de huevo.

Shannon levantó la ceja izquierda en un gesto inquisitivo.

—El huevo tiene un cascarón que protege el contenido hasta que éste madura —explicó Charlie—. Pero el verdadero potencial del huevo continúa oculto. El cascarón protege al embrión mientras se desarrolla y se convierte en la majestuosa criatura que está destinada a ser. Pero el águila no es el cascarón, el águila es la reina del cielo. Sin embargo, mientras permanece en el cascarón, no está consciente de lo anterior. Tú crees que eres el cascarón, Shannon, pero en realidad eres mucho más. A veces da miedo deshacernos de esa idea de lo que somos, pero a ti te llegó el momento de hacerlo: tienes que deshacerte de todo el dolor que te agobia, tienes que quebrar tu cascarón y aprender a volar. Llegó la hora de despertar.

—¿Pero cómo, Charlie? ¿Cómo se hace?

Charlie sonrió.

—Imagina por un momento que toda la creación es un espejo, y que lo único que está enfrente de ella es tu yo interior. Todo lo que tú creas en el interior se reflejará al exterior, en la superficie del espejo. Te daré un ejemplo, Shannon. Cuando yo era joven sabía que era diferente a los demás. Mi padre era un hombre muy rico pero, debajo de todo eso, siempre hubo risitas y prejuicios raciales porque yo era mestiza. Mi madre murió cuando yo tenía cuatro años y yo creí que había sido mi culpa. Por supuesto eso no era verdad porque mi madre tenía cáncer. Sin embargo, en el fondo yo siempre creí que había algo malo en mí. Es algo parecido a lo que estás empezando a ver, a estos profundos miedos respecto a tu adopción y tu abandono. Todos atravesamos esa desvinculación de la inocencia. Yo, así como tú, llegué a pensar que no merecía ser amada. Tenía todo a mi favor, Shannon: dinero, buena educación, belleza... pero el exterior siempre me recordaba que yo no era suficientemente buena para los demás. Me la pasé tratando de demostrarles que sí lo era; me convertí en doctora y me gradué con honores. Fui novia del hijo de un prominente político, con dinero y clase británica. Llevamos nuestra relación más lejos de lo necesario y me embaracé. Asumí que nos casaríamos porque era lo que se esperaba en esos tiempos y porque estábamos muy enamorados, pero cuando lo sugerí, él me miró como si estuviera loca.

Yo era una hermosa y adinerada doctora pero, a pesar de eso, en el aspecto social lo único que podían ver en mí era mi ascendencia aborigen. Sentí que era víctima de mi raza, de mi apariencia, de mi madre, y por eso comencé a odiar esa parte de mí. Entonces el mundo reflejó ese odio en mí, Shannon. Me fui de Sydney y volví de inmediato a Arkaroola. Estaba muy avergonzada de mí misma, sentía que era una mujer vencida; ni siquiera podía enfrentar a mi padre. Ensillé a la abuela de la vieja Rosy, y me fui al desierto a morir. Yo era como tú, Shannon: comencé a beber para morirme, encontré la manera de tener amantes, gente que ni siquiera sabía cómo amarse a sí misma y que siempre me rechazaría. Dos semanas después de haberme internado en el desierto, mi caballo resbaló en un acantilado poco profundo. Yo caí con fuerza contra el suelo y perdí al bebé, y así como tú, Shannon, cuando más necesitaba ayuda, alguien apareció para conducirme al hogar que moraba en mí.

—¿Encontraste a tu propia Charlie?

—Así es, muchachita, encontré a mi propia Charlie, y aquí me tienes, enamorada de mí y de esta maravillosa creación que llamamos vida. Cada día es más especial y hermoso que el anterior.

—Yo también te quiero, Charlie —dijo Shannon.

Entonces una estrella brillante cayó del cielo y en un murmullo apenas perceptible, Shannon dijo:

—Y a ti también te quiero, Nana.

Cuando despertó Shannon a la mañana siguiente, se dio cuenta de que Charlie se había ido. Shannon se preparó para volver a Melbourne, pero no sentía ninguna pérdida. Ahora sabía que Charlie ya era parte de ella y que siempre viviría en su corazón.

VEINTITRÉS

¿En dónde estaba aquel libro? Shannon no había tenido ganas de abrirlo desde que murió Nana, pero ahora se sentía obligada a terminarlo. Después de buscarlo algún tiempo entre todas las cosas que empacó después del funeral, lo encontró envuelto en un chal que le había dejado su abuela.

XVII

El viaje de los jóvenes continuó. Las semanas se convirtieron en meses, los meses en años. Siguieron el mapa, fueron de las islas a los continentes, y luego a la vastedad del mar abierto. Cuando llegaron al punto más meridional del mundo, se encontraron con un grupo de enormes ballenas. Iko y los Siete contemplaron atónitos su magnificencia. Su increíble tamaño los dejó pasmados; el sobrecogimiento que inspiraba su presencia, irradiaba una serenidad absoluta. Las ballenas observaron a los humanos con los ojos pletóricos de un amor incondicional, y los maestros Isha se maravillaron ante la capacidad de sentimiento de aquellos animales, porque en ningunos otros habían detectado tal profundidad.

Los jóvenes nadaron por debajo de los enormes cuerpos de las ballenas y se sintieron consumidos ante su amorosa presencia. Montaron sus lomos y rieron con deleite cuando éstas aceleraron el paso y comenzaron a nadar justamente bajo la superficie a toda velocidad antes de saltar contra las olas. Los jóvenes se asieron con fuerza, cautivados por un instante congelado en la infinita bóveda del cielo nocturno. Hasta Pushan se había convertido en amigo de las ballenas, quienes lo adoptaron como propio. Las ballenas migraban en una de las enormes curvas del océano. Su objetivo era llegar a aguas más cálidas en el norte, en donde darían a luz a los bebés de la temporada. La ruta acercó al Tilopa a su destino final, y todos se sintieron felices de continuar el viaje con una compañía tan inspiradora. Los maestros Isha pasaron con las ballenas todo el tiempo que les fue posible para aprender de su amorosa naturaleza y su silenciosa sabiduría.

Finalmente, Iko y los Siete arribaron a una hermosa bahía a donde jamás había llegado la presencia humana. El Tilopa entró a la playa para descansar después de un viaje tan increíble, y las ballenas se reunieron en las aguas más serenas para dar a luz. Había pasado mucho tiempo desde la última vez que los jóvenes pusieron pie en tierra firme. Se habían compenetrado tanto con el océano, que les resultaba difícil volver a la inmovilidad y la solidez del suelo. Bajaron a los caballos del barco para que pudieran andar a medio galope por la playa y probar la suculenta hierba de los bosques que estaban un poco más al fondo. Créstula galopó con salvajismo en las inmaculadas arenas. Sat se aferró con desesperación a la espalda de Iko porque iba a necesitar algo de tiempo para readaptarse a la tierra, y mucho más para volver a acostumbrarse a montar un caballo. Mientras tanto, los jóvenes regresaron con frecuencia a las zonas menos profundas para ver cómo se amamantaban los ballenatos, y como, después de algún tiempo, aprendían a romper la superficie y dar su triunfante salto en el aire. Una de las madres dio a luz a una hermosa ballena blanca al atardecer. La pequeña brillaba como una perla bañada por el sol. La llamaron Hiranya, que quería decir, "la dorada". Cuando los jóvenes maestros Isha se acostumbraron más a su nuevo entorno, comenzaron a explorar aquel nuevo reino en busca de un lugar en el que pudieran dar fin a su travesía.

Después de empacar el campamento base que habían establecido en la playa, Iko y los Siete se encaminaron a las cumbres nevadas que apenas se podían ver en el horizonte distante. Desde aquellas cumbres, planeaban estudiar el área que los rodeaba y aprender más sobre su nuevo hogar. La expedición hacia las montañas fue larga y ardua porque tuvieron que internarse en el denso bosque y cruzar peligrosos pantanos. En el camino encontraron especies extrañas y maravillosas que jamás habían visto, y a las que tendrían que darles nombre: lagartijas gigantes que parecían guerreros armados pero que flotaban en las aguas de los ríos como si fueran canoas, cerdos peludos con colmillos como de elefante, enormes serpientes tan gruesas y largas como troncos. Resplandecientes papagayos blancos que, cuando veían pasar a los jóvenes, emprendían el vuelo gritando, abandonando así los enormes árboles en donde tenían sus nidos. Las grullas los miraban con desdén y los acechaban entre los pantanos en donde buscaban aquellos suculentos pececillos que las aguas de los ríos llevan consigo.

Para cuando llegaron a las primeras colinas y salieron de las planicies del bosque, encontraron que las montañas se elevaban ante ellos con una marcada inclinación, y que sus majestuosas cumbres les señalaban el largo ascenso que les esperaba. Antes de comenzar la subida, decidieron comunicarse con Isha.

Cuando los obstáculos que tenemos frente a nosotros parecen infranqueables, debemos permanecer en el momento y dar un solo paso a la vez. Entonces veremos que nuestras aspiraciones no tienen límites. Sólo cuando nos esforzamos por alcanzar los límites más altos y por conquistar nuestros mayores miedos, podemos acceder en verdad a un futuro nítido y nuevo.

La emocionante subida les tomó varios días pero, conforme avanzaban, los jóvenes siempre podían voltear y mirar la costa a la que habían llegado. El Tilopa se veía a lo lejos como una diminuta mancha en la delgada y brillante playa. Asimismo, Hiranya, la ballenita color blanco leche, saltaba de repente y podía verse. Cuando la temperatura bajó y la nieve comenzó a aparecer bajo sus pies, los maestros Isha sintieron que se estaban aproximando a su destino. Iko fue el primero en llegar a la cumbre. Se quedó jadeando de pie mientras miraba hacia abajo para gozar de la vista más increíble. Sintió un leve mareo que no tenía nada que ver con la altitud. Frente a él se mostraba el sueño que habían estado persiguiendo desde que salieron de Tandra. En el horizonte se extendía un poderoso río plateado que se abría hacia el océano. Ahí, sus dulces aguas se encontraban con las profundidades saladas, justamente como lo había descrito Bhagaji. La tierra era verde y ondulada; los densos bosques estaban repletos de frutos, flores y una abundante vida salvaje. Los maestros Isha observaron con la boca abierta las maravillas que se mostraban frente a ellos. Por fin habían llegado a casa.

—Nuestro nuevo reino tendrá el nombre de mi padre —declaró Iko—. Atlantis será un lugar de visión, de conciencia; un lugar en donde surgirá una nueva civilización sustentada por las enseñanzas de Isha y de la cuarta cara: la unidad de Om. La unidad es la vibración de amor más alta posible que se puede alcanzar en el plano humano. Construiremos un palacio cristalino que refleje nuestro propio brillo interior. Nuestros niños no conocerán la guerra ni el sufrimiento de ningún tipo. Pasarán sus días jugando en maravillosos mundos marinos. Sólo les enseñaremos sobre el amor, el gozo, la creación y la ilimitada percepción de la conciencia humana total. Atlantis será la más grande civilización que jamás haya existido.

XVIII

Durante siglos, el mundo que Akion había creado se quedó atrapado en un círculo vicioso, un lugar en el que se recreaban los mismos conflictos e injusticias de una generación a otra. Los crendin adoptaron los miedos que habían estado arraigados en sus ancestros. Su ceguera trajo consigo caos y distorsión a todas las naciones que habían conquistado.

Separada por completo de la experiencia de aquellas naciones crendin, la unidad absoluta de la conciencia humana total se mantuvo bien afianzada en los confines de la ciudad de cristal de Atlantis. Ahí, todos los ciudadanos nacían y vivían en perfecta armonía, y jamás se perdían de vista a sí mismos. Libre de las creencias que se basaban en el miedo, esta sociedad era más abierta, tolerante y unida que cualquier otra en la historia de la Tierra. La ciudad era como un enorme espejo que reflejaba la claridad de la conciencia infinita porque había sido construida para representar el interior de la iluminación que sus fundadores lograron en un principio. Era un espléndido monumento a la gloria de los atlantianos.

Los maestros Isha formaron el Consejo de la Unidad, el cual funcionaba como el cuerpo gobernante de la ciudad. La amorosa sabiduría que las enseñanzas de Isha les habían inspirado lograron que aquella espléndida visión se concretara, y juntos gobernaron la tierra en un acuerdo absoluto. Desde sus curules en el Consejo, los maestros observaban con triunfante satisfacción aquella civilización pura y espectacular que estaba enmarcada en los límites de la perfección de la conciencia humana.

Toda la ciudad era una isla artificial construida en donde el gran río plateado se encontraba con el océano. Sus edificios estaban separados por oleajes ondulantes de transparente agua color turquesa. Los arquitectos de la nación habían desarrollado una comprensión muy profunda de la estructura molecular del universo, y al refinar su conciencia al nivel subatómico, pudieron incluso escuchar la resonancia ultrasónica de las partículas más pequeñas de la materia. A ese nivel cuántico pudieron ver que la estructura de la materia era una ilusión en realidad, y que la luz de la conciencia pura era la base de toda la creación. Después de aprender a manipular sus frecuencias, pudieron respirar nuevas vibraciones y cambiar las armonías existentes en la dimensión subatómica. La materia sólida se convertía en arcilla entre sus manos, lo cual los liberaba de las restricciones arquitectónicas que antes existían.

En el centro de la ciudad estaba la Cámara del Amor Incondicional. Era una estructura imponente en donde tenían lugar las reuniones del Consejo. La Cámara flotaba entre siete capiteles que sujetaban la estructura del diamante negro sin tocarlo, como si fueran los dedos de una mano inmensa que salía de la tierra para acariciar a la brillante joya con suavidad. Afuera de esa construcción se extendía toda la ciudad de Atlantis.

La genialidad estética de Atlantis iba más allá de los muros de sus edificios, incluía a toda la atmósfera que los rodeaba. La ciudad disfrutaba de un clima perfecto gracias a diminutas partículas electromagnéticas que mantenían la temperatura a 27 grados Celsius de manera permanente. Había sido diseñada de tal forma que, a pesar de que los edificios flotaban sobre el océano, los atlantianos podían moverse por toda la ciudad con tan sólo caminar sobre los senderos líquidos. Cuando el calor de sus cuerpos hacía contacto con la superficie del agua, su estructura molecular se cristalizaba momentáneamente y soportaba el peso, permitiéndoles realizar sus actividades diarias con tan sólo moverse entre ola y ola.

Los atlantianos viajaban a grandes velocidades sobre opalescentes naves aerodinámicas que volaban por el aire con la misma facilidad, fluidez y silencio con los que se transportaban en el fondo del océano. A pesar de todo, muchos preferían viajar en hipocampos gigantes como lo seguía haciendo la consejera Sat. Esos animales eran parte de las muchas especies que habían tenido una enorme evolución debido al contacto con el intenso nivel de conciencia que irradiaba la ciudad. Además de ser una maravillosa compañía, el hipocampo de Sat era un espécimen con una inteligencia superior. Su avanzada genética le permitía volar por encima de la ciudad o zambullirse más allá de la superficie del océano. Las calles estaban llenas de fuentes que rociaban como cascadas, producían sonidos burbujeantes y repartían luz sobre las enormes flores que, al madurar, se transformaban en mariposas bailarinas del color azul más exótico visto. En los pasillos de los hogares atlantianos, había panteras que se deslizaban sigilosamente sobre los pisos de alabastro como un ornamento orgánico. A los animales les encantaba estar con los atlantianos, quienes habían desarrollado una fuerte empatía con todos los seres vivos.

La Gran Sala de Música era el centro cultural de la sociedad. La vasta estructura de su domo capturaba a la perfección los sutiles matices de las complejas y vibrantes composiciones de Atlantis. En los conciertos atlantianos, la gente participaba activamente. Sus campos de energía interactuaban con las ondas sonoras y contribuían de esa manera a la resonante totalidad musical. En el aire pulsaban armonías que hacían eco, mientras el Coro Nacional de Atlantis cantaba al unísono. Todos los miembros del coro eran niños, y cada una de las voces de los pequeños tenía un sello distintivo que era como una huella dactilar o la retina de un ojo. Sin embargo, cuando cantaban, las voces de los niños atlantianos se unían en un magnífico todo, y cuando hacían un *crescendo*, se percibía sólo el sonido más puro. Ese vibrante cenit de inocencia absoluta era lo más parecido a la singular vibración de Isha. Cuando alcanzaba su punto más alto, la energía del diamante negro cantaba como una respuesta directa a la esencia libre de Dios.

En la universidad de la ciudad se albergaba una biblioteca sin igual. La información que contenía no se encontraba en libros, sino en portales de energía que conducían al buscador de la verdad hasta las verdades en su interior. Los atlantianos jamás imponían el conocimiento, en lugar de eso, ofrecían las caras. Los niños las repetían y, de esa manera, iniciaban un viaje interior para despertar su sabiduría interna. Como los atlantianos entendían bien la naturaleza evolutiva de la conciencia, no se limitaban a las restricciones del conocimiento previo. Conforme se expandía el amor, sus fórmulas iban cambiando y los nuevos secretos se desplegaban. La ilusión era compleja, enigmática y cambiaba todo el tiempo; el misterio y el descubrimiento eran las claves esenciales para una vida que estaba basada en el gozoso proceso.

Todo este entendimiento provenía de las enseñanzas de Isha, a quienes los atlantianos reconocían, no como una fuerza externa confinada entre las paredes de un diamante negro brillante, sino como su propio ser, su "yo", la naturaleza pura e inamovible de lo único que existía.

Isha les enseñó la importancia de vivir el momento siempre y escoger el amor. Isha les decía a sus estudiantes que eran perfectos así como eran, que siempre habían sido perfectos y siempre lo seguirían siendo. El único cambio que se producía era en relación con una vibración mayor del amor incondicional. Así era como se mostraba el juego. Isha enseñaba que la vida era una ilusión, que se trataba de una experiencia de dualidad que tenía Dios, una experiencia de separación. De hecho, todo mundo era Dios. Dios era sólo uno, y todos eran Dios. El truco de la matriz del intelecto era lo que hacía que la gente siempre mirara hacia atrás, que reforzara sus temores y que, después, los proyectara hacia el futuro. El intelecto sabía que si no miraba atrás, sus comparaciones, juicios y limitaciones se disolverían en el poder del ahora.

XIX

Iko miró con amor a Sat cuando se soltó el cabello dorado y sus ojos color esmeralda se tornaron azules por el reflejo del océano. A lo largo de los años tuvieron muchos hijos juntos. Los niños jugaban en los parques submarinos desde el amanecer hasta el anochecer. A los bebés les encantaba treparse al chorro de agua que las ballenas expulsaban por sus espiráculos. Los animales equilibraban a los niños sobre sus chorros el mayor tiempo posible antes de dejarlos caer a la burbujeante agua. Bajo el mar, los niños descubrieron una multitud de criaturas, incluyendo a muchas de las especies altamente evolucionadas que eran desconocidas afuera de la ciudad de cristal, como los dragones de agua. Los niños de Iko crecieron sin limitaciones. Atlantis era un lugar de creación, juegos, ligereza y celebración.

Pasaron 5 mil años desde la fundación de la ciudad de cristal. Los miembros del Consejo seguían siendo jóvenes y delgados, y parecía que sólo habían pasado unos 30 años tandrianos para ellos. La conciencia en Atlantis era tan elevada que el proceso de envejecimiento había reducido su velocidad casi de manera indefinida. La ciudad todavía no había vivido su primera muerte. En Atlantis no había problemas de salud; no había enfermedades. Lo único que se modificaba era la expansión constante de la conciencia.

Cuando Iko y los Siete escudriñaron su creación, se maravillaron ante su belleza. Todos los deseos se habían cumplido y las búsquedas habían llegado a su fin. La ciudad de Atlantis era una joya brillante, un maravilloso homenaje a la impecabilidad de la unión.

Atlantis era perfecta. En aquella magnífica ciudad de cristal se habían cumplido los deseos de todos los individuos. Los impresionantes capiteles de sus edificios públicos llegaban hasta los cielos y eran una expresión tangible de la alabanza que subyace al universo. La ciudad llegó a su pináculo cuando los ciudadanos alcanzaron su mayor logro: un nivel de conciencia que ya no podría sustentar la dualidad. Atlantis vibraba en una frecuencia de amor tan aguda que ya no podía mantener su forma física. Sin cambio no había tiempo ni espacio. La ciudad se movía más allá del plano físico y arriesgaba la existencia de todo el universo. Los atlantianos no temían a la muerte y recibieron con amor la decisión unánime de destruir la ciudad.

Por encima de la estructura de cristal del Consejo de Unidad, Iko y los Siete se colocaron para cumplir su pacto. Unificando el tremendo poder de sus mentes, generaron un pulsante campo de energía. Cuando se incrementó la vibración, el campo comenzó a derretir la estructura molecular de la isla y un sonido retumbó y se elevó desde las profundidades del océano. Cuando el sonido llegó a su máximo punto, la ciudad se convulsionó. Atlantis se convirtió en una cascada sobre sí misma cuando el océano que rodeaba la isla artificial lo cubrió todo con sus brazos de agua.

Al sucumbir Atlantis, Iko insertó el diamante negro de caras perfectas en su costilla derecha. Él y los siete maestros Isha se transformaron en delfines y juraron reunirse al llegar el nuevo milenio.

***

Shannon pasó la última página, cerró la suave tapa de piel y sostuvo entre sus manos el ligero libro. Su segundo corazón comenzó a palpitar con sutileza. Había algo ahí que todavía tenía que asimilar. Decidió pasar un tiempo reflexionando en Cabo Liptrap; quería bucear dentro de su alma y continuar lo que había comenzado con Charlie. Pasó largos días sentada en silencio, enfocada en su segundo corazón. En ese tiempo aparecieron emociones y llegaron recuerdos. Ella sólo se permitió sentir con inocencia todo lo que esas emociones y recuerdos le provocaban. Cuando se daba cuenta de que su mente estaba vagando hacia el futuro, o veía que los antiguos miedos comenzaban a surgir de nuevo, volvía sin piedad a ese momento y se enfocaba de nuevo en su corazón. Luego se preguntaba algo muy sencillo "¿Qué es lo que está mal en este momento?" La respuesta siempre era muy sencilla: nada.

Shannon dio largos paseos por la playa. Bear trotaba fiel a su lado, pero ella siempre estaba consciente de que tenía que mantener su atención enfocada en sí misma. Comprendió que podía estar totalmente presente en el momento y percibir el entorno desde un lugar de mayor claridad. Comenzó a notar los movimientos que se producían en la naturaleza, a escuchar sus sonidos sutiles y a distinguir sus diversas esencias. Sus sentidos se agudizaron cuando se hizo más consciente del presente. Desde su interior había comenzado a emerger un gozo que nunca antes había experimentado.

Era el gozo de ser.

Las viejas angustias regresaban a veces. Las sentía y le expresaba su dolor a Bear. Luego volvía al momento presente. Era curioso, pero cuando miraba los oscuros de ojos de Bear, tenía la sensación de que todos aquellos que la habían amado sin condiciones, la veían desde el fondo de aquella conmovedora mirada: Charlie, su padre, Nana... todos los que siempre la habían creído perfecta. En esos momentos, Shannon comprendía que el amor nunca se había ido, que el amor siempre estaba ahí, dentro de ella.

Todo lo que estaba afuera era sólo un espejo, tal como se lo había dicho Charlie.

Cuando miraba hacia la bahía Waratah, el olor del océano siempre volvía y el estruendoso silencio vibraba en sus oídos al mismo tiempo que su segundo corazón latía con furia. Una vez más, Shannon se movió entre dos mundos. Vio la línea costera y una manada de delfines que empujaban algo hacia la playa. Había una mujer pelirroja de ojos verdes que parecía estar embarazada y trataba de alcanzar lo que los delfines habían dejado en la playa. Luego, Shannon se desplomó hacia el fondo del mar. Se encontró de repente en una habitación negra con forma de diamante. Había ocho caras mirándola, mezclándose con ella. Una de las caras era la de la misma Shannon. Todas vibraban, era una frecuencia de amor tan extrema, que la fantástica ciudad que las rodeaba comenzó a disolverse en el océano.

Shannon lloró y se abrazó a sí misma como una niña. No podía dejar de gemir y de dar alaridos. La ilusión se estaba desplegando frente a ella. Ya no tenía nada a qué asirse, nada en qué creer, y sus miedos al abandono crecieron hasta un nivel intolerable.

—Ríndete al amor, suelta el control.

Shannon hundió la cabeza entre sus brazos y buscó algo de alivio dentro de sí, pero no lo encontró. Todo aquello era como caer en un pozo de soledad. Las paredes de piedra se extendían hasta la eternidad, y el agua que debería amortiguar su caída, no se veía por ninguna parte.

No tenía idea de cuánto más podría caer.

—¡Despierta!

En un acto de desesperación, Shannon escuchó a la voz al fin. Y se rindió ante ella. Soltó todo lo demás y enfocó toda su atención en su segundo corazón. Éste emitió un ruido muy agudo, pero en lugar de caer de nuevo en la dimensión atlantiana, estalló y se convirtió en parte de la totalidad de la creación. La ilusión se había terminado y el miedo y la separación, se desvanecieron como si jamás hubieran existido.

Lo único presente era el amor incondicional. Ella era el amor. Todo era amor, y ese amor era Dios.

VEINTICUATRO

Querida Iris,

Fue muy agradable verte después de tantos años. Tienes razón: soy la misma persona y, al mismo tiempo, no. Aprendí mucho. Tú has sido testigo de los muchos giros y vueltas que ha dado mi vida. Te agradezco por motivarme a dejar todo y enfocarme en la enseñanza. La conciencia es la fuerza curativa más poderosa de mi vida, y mi mayor alegría y regalo es compartir mi experiencia.

En tu siguiente visita me gustaría que vinieras a este hermoso refugio junto al océano. Tenemos reuniones increíbles. Cientos de personas: mayores y jóvenes que vienen de todo el mundo. La energía es espectacular y mi corazón sabe (ambos corazones) que esta labor está incrementando la conciencia de la humanidad y cambiando la vida de la gente de una manera sorprendente.

Hay una niña muy especial, Javiera. Ella me recuerda a mí misma cuando me negaba a usar ropa de niña, cuando era tan ágil como cualquiera de los varones de ocho años. A ella le encanta leer. A veces me ayuda en la oficina y vamos a caminar juntas a la playa. Me recuerda el tiempo que pasé con Nana. Cuán especiales se vuelven algunas personas en nuestras vidas. Sin embargo, todos somos especiales.

Le dije a Javiera que puede traer tres amigas para que se queden a dormir y celebremos el Año Nuevo. Vamos a tener una celebración enorme porque el número 2000 no llega con mucha frecuencia.

Espero que tu Año Nuevo esté lleno de felicidad y que nos podamos ver otra vez muy pronto.

Pásala bien, prima. Te quiero.

Shannon.

Shannon dejó su pluma sobre la carta y miró al océano. A pesar de que ahora lo que veía era el Atlántico, contenía la misma agua que rompía en la bahía Waratah. No había distancia. Shannon no sentía anhelo cuando se sentaba y miraba el mar.

La luz entraba por las grandes ventanas y se extendía sobre el piso de mármol. Shannon cruzó la espaciosa habitación y tomó la caja de ónix que estaba encima del librero. Era el libro de Nana. Lo sacó con cuidado de su estuche de terciopelo. Lo llevó hasta su silla preferida, frente a la ventana más grande con vista a la playa. Y mientras ponía su mano izquierda con suavidad sobre el libro, comenzó a escribir con la derecha.

Cuando terminó, salieron dos delfines disparados del mar. Chillaban con deleite. Luego desaparecieron en la línea azul oscura del lejano horizonte.

VEINTICINCO

Las cuatro niñas de ocho años se sentaron en un círculo. El rojo cabello rizado de Javiera a veces se veía como un halo.

Es el juego de los secretos, Javiera. Vamos, tienes que decirnos algo que no sepamos.

—Bien, nuestra maestra tiene un diario secreto.

—Te reto a que lo busques en la habitación en donde lo guarda —dijo María Noel—. Te retamos a que nos lo leas.

Javiera no quería entrar a la oficina de Shannon cuando ella no estuviera ahí, pero las otras niñas se iban a poner furiosas si no seguía las reglas del juego.

—Ella nunca te ha dicho que no puedes entrar, ¿verdad? —dijo Florencia.

—No —asintió Javiera—, pero...

Shannon estaba abajo con todos sus estudiantes. Era seguro que no iba a subir a ver qué estaban haciendo. Confiaba en Javiera por completo, y eso hacía que se le revolviera aún más el estómago.

Cuando se acercó a la puerta y vio a las otras niñas susurrando emocionadas, se sintió peor. Cuando la abrió y todas miraron adentro, Javiera sintió que le palpitaba el corazón con fuerza.

Entró de puntitas y caminó por el piso hasta llegar al brillante escritorio negro de Shannon. Las otras niñas la siguieron. Sintió que el estómago le daba vueltas cuando abrió el cuaderno blanco que estaba en el centro del mueble. Levantó la cubierta con las manos temblorosas y lo acomodó para leer la primera página.

Las niñas se reunieron alrededor de Javiera y extendieron el cuello para ver lo que estaba sucediendo.

—"Sólo existe el amor..."

Javiera leyó las palabras en voz alta y una dulce voz hizo eco en toda la oficina, repitiendo las palabras con toda claridad. Las cuatro niñas escucharon con la boca abierta y luego salieron disparadas de la oficina tropezándose.

—Eso fue aterrador —dijo Florencia jadeando.

—Sólo que no era una voz aterradora —dijo María Noel.

—Bueno, no fue lo suficientemente aterradora —dijo Javiera.

En silencio juntaron sus dedos meñiques e hicieron el gesto de que guardarían el secreto. Acababan de hacer un pacto y jamás le dirían a nadie lo que acababan de ver con sus propios ojos y escuchar con sus oídos... Pero jamás, jamás olvidarían.

"Sólo existe el amor sobre todas las cosas. Mi nombre es Isha y te amo."

FIN

(por ahora)

Este libro terminó de imprimirse en abril de 2012
en Editorial Penagos, S.A. de C.V., Lago Wetter
núm. 152, Col. Pensil, C.P. 11490, México, D.F.